Die Fürsorgepflicht

(Reichsverordnung über die Fürsorgepflicht, Reichsgrundsätze, fürsorgerechtliche Nebengesetze, Bayerische Ausführungsverordnungen, diese mit Erläuterungen)

von

Dr. Geiger
Ministerialrat

Dr. Heß
Regierungsrat I. Klasse

beide im B. Staatsministerium für Soziale Fürsorge

2. erweiterte Auflage

1926

München, Berlin und Leipzig
J. Schweitzer Verlag (Arthur Sellier)

Druck von Kastner & Callwey in München.

Vorwort zur ersten Auflage.

Auszug.

Die schon vor längerer Zeit angekündigte Handausgabe mit Anmerkungen zur Reichsverordnung über die Fürsorgepflicht von Ministerialrat Dr. Geiger und Regierungsrat Dr. Heß, beide im Staatsministerium für Soziale Fürsorge, wird sobald als möglich erscheinen. Augenblicklich besteht aber nach Zuschriften aus verschiedenen Teilen Bayerns mit Rücksicht auf das Erlöschen der Amtsdauer der Armenräte und die Nötwendigkeit der Neubildung von Fürsorgeausschüssen in allen Gemeinden des Landes, bei den Gemeindebehörden, den seitherigen Armenräten und Wohlfahrtsausschüssen, bei den Mitarbeitern der öffentlichen und der freien Wohlfahrtspflege wie bei den Verbänden der Fürsorgebedürftigen das dringende Bedürfnis, die in diesen Tagen neu erschienene bayerische Verordnung über die Verwaltung der Fürsorgeverbände in einer handlichen Ausgabe zu besitzen. Der unterzeichnete Verlag hat sich daher entschlossen, die Reichsverordnung über die Fürsorgepflicht, nebst den Reichsgrundsätzen und den amtlichen Erläuterungen, die bayerische vorläufige Ausführungsverordnung sowie die bayerische Verordnung über die Verwaltung der Fürsorgeverbände, diese mit einer Einleitung und kurzen Anmerkungen, vorweg herauszugeben.

München, 14. Januar 1925.

J. Schweitzer Verlag
(Arthur Sellier).

Vorwort zur zweiten Auflage.

Die erste Auflage ist vergriffen.

Die zweite Auflage, wesentlich erweitert, bringt eine Verbindung von Textausgabe und erläuternder Handausgabe.

Im 1. Teil sind die Reichsverordnung über die Fürsorgepflicht und die Reichsgrundsätze über Voraussetzung, Art und Maß der öffentlichen Fürsorge, dann die wichtigsten fürsorgerechtlichen Nebengesetze, zum Teil mit Anmerkungen, wiedergegeben.

Im 2. Teil werden die bayerische vorläufige Ausführungsverordnung zur RFV. und die bayerische Verordnung über die Verwaltung der Fürsorgeverbände erläutert.

Möge das Schriftchen der Praxis der Fürsorge Nutzen bringen!

München, 14. Januar 1926.

Dr. Geiger. Dr. Heß.

Für die mühevolle Arbeit der Durchsicht der Korrekturbogen sei Herrn stud. jur. Eyermann-Nürnberg auch an dieser Stelle bestens gedankt.

Inhalt.

Abkürzungen, zugleich Schrifttumhinweise.

Arb. Vers. = Zeitschrift Arbeiterversorgung, Verlag Troschel, Berlin-Lichterfelde.
ArmG. = Bayer. Armengesetz vom 21. 8. 1914.
Baath = Verordnung über die Fürsorgepflicht, 3. Aufl., Verlag F. Vahlen, Berlin 1925.
Bayer. Gem.V.Z. = Bayer. Gemeinde- und Verwaltungszeitung, J. Schweitzer, Verlag, München.
Bayer. Verw.Bl. = Bayer. Verwaltungsblätter, C. H. Beck'scher Verlag, München.
BAH. = Bundesamt für das Heimatwesen.
Behrend-Stranz-Hurwitz = Wohlfahrtsgesetze, Guttenberg'sche Sammlung, Verlag W. de Gruyter, Berlin.
BFV. = Bezirksfürsorgeverband.
BGB. = Bürgerliches Gesetzbuch.
Bl. f. ö. Fürs. = Blätter für öffentliche Fürsorge und Versicherungswesen, Kommunalschriftenverlag München.
Bürgermeister = Bayerischer Bürgermeister, Kommunalschriftenverlag München.
Caritas = Zeitschrift Caritas, Freiburg i. Br.
Denkschrift = Denkschrift des Reichsarbeitsministeriums über Vorarbeiten zu einem Reichswohlfahrtsgesetz.
D. Jur. Z. = Deutsche Juristenzeitung.
D. Zeitschr. f. Wohlf. = Deutsche Zeitschrift für Wohlfahrtspflege, C Heymanns Verlag, Berlin.
Diefenbach = Ein Reichsarmengesetz, Verlag G. Braun, Karlsruhe 1920.
Distr.G. = Bayerisches Distriktsratsgesetz vom 28. 5. 1852.
3. StNV. = Tritte Steuernotverordnung vom 14. 2. 1924.
Dünner = — Julia Dr., Reichsfürsorgerecht. C. H. Beck Verlag 1925.
E. = Entscheidung.
E. BAH. = Entscheidungen des Bundesamts für das Heimatwesen, herausgegeben von Baath, F. Vahlen Verlag, Berlin.
E. RG. (Ziv. Straff.) = Entscheidungen des Reichsgerichts, Zivilsachen, Strafsachen.
E. VGH. = Sammlung von Entscheidungen des Bayer. Verwaltungsgerichtshofes.
E. ObstLG. Zivs. Straff. = Entscheidungen des Obersten Landesgerichts, Zivilsachen, Strafsachen.
Fürsorge = Zeitschrift Die Fürsorge, Berlin, Verlag Emil Hartmann.
Fleischmann-Jäger = Das Verfahren in Fürsorgesachen. Bayer. Kommunalschriftenverlag 1925.
Freiz.G. = Freizügigkeitsgesetz vom 1. 11. 1867.

I. Reichsrecht.

1.

Reichs-Verordnung über die Fürsorgepflicht vom 13. Februar 1924.

(RGBl. I S. 100)

Auf Grund des Ermächtigungsgesetzes vom 8. Dezember 1923 (Reichsgesetzbl. I S. 1179) verordnet die Reichsregierung zum Vollzuge der dritten Steuernotverordnung nach Anhörung eines Ausschusses des Reichsrats und eines aus 15 Mitgliedern bestehenden Ausschusses des Reichstags:

A. Träger der Fürsorge.

Fürsorgeaufgaben.[1] § 1.

I Die nachstehenden öffentlich-rechtlichen Fürsorgeaufgaben sind, soweit Reichsgesetze nichts anderes bestimmen, von den Landesfürsorgeverbänden und den Bezirksfürsorgeverbänden zu erfüllen:

a) die soziale Fürsorge für Kriegsbeschädigte und Kriegshinterbliebene und die ihnen auf Grund der Versorgungsgesetze Gleichstehenden,
b) die Fürsorge für Rentenempfänger der Invaliden- und Angestelltenversicherung, soweit sie nicht den Versicherungsträgern obliegt,
c) die Fürsorge für die Kleinrentner und die ihnen Gleichstehenden,
d) die Fürsorge für Schwerbeschädigte und Schwererwerbsbeschränkte durch Arbeitsbeschaffung,
e) die Fürsorge für hilfsbedürftige Minderjährige,
f) die Wochenfürsorge.

II Den Fürsorgeverbänden liegt auch weiterhin die Armenfürsorge ob; das Land kann ihnen weitere Fürsorgeaufgaben übertragen.

---

[1] Die Stichworte und Absatzziffern befinden sich **nicht** im Verordnungswortlaut.

Fürsorgeverbände. § 2.

I Das Land bestimmt, wer Landesfürsorgeverband und wer Bezirksfürsorgeverband ist, sowie welche der Aufgaben die Landesfürsorgeverbände und welche davon die Bezirksfürsorgeverbände zu erfüllen haben.

II Ein Land kann mehrere Landesfürsorgeverbände oder Zweigverbände solcher bilden; mehrere Länder können sich oder Teile ihres Gebiets zu gemeinsamen Landesfürsorgeverbänden zusammenschließen.

III Das Land kann zu Bezirksfürsorgeverbänden Gemeinden oder Gemeindeverbände erklären oder besondere Fürsorgeverbände bilden und ihre Einrichtung bestimmen. Die Bezirksfürsorgeverbände sind so zu bestimmen, daß sie ihren Aufgaben gewachsen sind.

IV Das Land bestimmt, wie der Aufwand seiner Fürsorgeverbände zu decken ist, insbesondere inwieweit diese andere Fürsorgeverbände, Gemeinden oder Gemeindeverbände an ihren Lasten beteiligen können und inwieweit die Landesfürsorgeverbände die Kosten gemeinsamer Einrichtungen aller oder einzelner Bezirksfürsorgeverbände zu tragen, die Lasten auszugleichen oder Zuschüsse an nicht leistungsfähige Fürsorgeverbände zu leisten haben.

V Das Land kann die Ersatz- und Übernahmepflicht seiner Fürsorgeverbände im Verhältnis zueinander abweichend von dieser Verordnung regeln.

Fürsorgebehörden. Verfahren. § 3.

I Welche Behörden oder sonstige Stellen die Aufgaben der Landes- und Bezirksfürsorgeverbände durchzuführen haben, bestimmt das Land; die Fürsorgeaufgaben desselben örtlichen Bereichs sollen tunlichst von der gleichen Stelle durchgeführt werden.

II Das Land regelt im Rahmen der reichsrechtlichen Vorschriften Verfahren, Beschwerde und Aufsicht. Es bestimmt, in welcher Weise Personen aus dem Kreise der Hilfsbedürftigen bei der Durchführung der Fürsorge zu beteiligen sind; es bestimmt ferner, inwieweit die Gemeinden von den Fürsorgeverbänden und die Bezirksfürsorgeverbände von den Landesfürsorgeverbänden zur Durchführung ihrer Aufgaben herangezogen werden können.

III Das Land kann Aufgaben, die diese Verordnung den

Fürsorgeverbänden überträgt, auch Versicherungsträgern unter deren Verantwortung widerruflich übertragen, sofern sie damit einverstanden sind.

Rechtsfähigkeit. § 4.

Die Fürsorgeverbände sind Körperschaften des öffentlichen Rechtes. Das Land kann bestimmten Zwecken dienenden Teilen ihres Vermögens gesonderte Rechtsfähigkeit verleihen.

Freie Wohlfahrtspflege. § 5.

I Das Land kann einzelne der Aufgaben, die diese Verordnung den Fürsorgeverbänden überträgt, unter seiner Verantwortung auch Verbänden oder Einrichtungen der freien Wohlfahrtspflege übertragen, sofern sie damit einverstanden sind.

II Der Fürsorgeverband kann einzelne seiner Aufgaben unter seiner Verantwortung derartigen Verbänden oder Einrichtungen übertragen, sofern sie damit einverstanden sind. Das Land kann sich die Zustimmung dazu vorbehalten; es kann die Übertragung nach Anhörung des Fürsorgeverbandes und der Vertretung der beteiligten freien Wohlfahrtspflege zurücknehmen, wenn ein wichtiger Grund dazu vorliegt.

III Die Fürsorgeverbände sollen eigene Einrichtungen nicht neu schaffen, soweit geeignete Einrichtungen der freien Wohlfahrtspflege ausreichend vorhanden sind.

IV Die Fürsorgestellen (§ 3) sollen für ihren Bereich Mittelpunkt der öffentlichen Wohlfahrtspflege und zugleich Bindeglied zwischen öffentlicher und freier Wohlfahrtspflege sein; sie sollen darauf hinwirken, daß öffentliche und freie Wohlfahrtspflege sich zweckmäßig ergänzen und in Formen zusammenarbeiten, die der Selbständigkeit beider gerecht werden. Die Reichsregierung kann mit Zustimmung des Reichsrats und eines Ausschusses des Reichstags Grundsätze für diese Zusammenarbeit aufstellen; solange und soweit dies nicht geschieht, können es die Länder.

B. Umfang der Fürsorge.

§ 6. [1]

I Voraussetzung, Art und Maß der zu gewährenden Fürsorge bestimmt im Rahmen der reichsrechtlichen Vorschriften das Land.

[1]) Der Reichstag hat am 14. Juli und 12. August 1925 die Einschaltung des folgenden Absatzes III beschlossen:

„Bei der Festsetzung von Unterstützungen öffentlich-rechtlicher Art bleiben von dem Einkommen der Hilfsbedürftigen aus den Bezügen

II Mit Zustimmung des Reichsrats kann die Reichsregierung Grundsätze*) hierüber aufstellen.

C. Zuständigkeit.

Vorläufige u. endgültige Fürsorgepflicht.

§ 7.

I Jeder hilfsbedürftige Deutsche muß vorläufig von demjenigen Bezirksfürsorgeverband unterstützt werden, in dessen Bezirk er sich bei Eintritt der Hilfsbedürftigkeit befindet.

II Zur Fürsorge endgültig verpflichtet ist derjenige Bezirksfürsorgeverband, in dessen Bezirk der Hilfsbedürftige bei Eintritt der Hilfsbedürftigkeit den gewöhnlichen Aufenthalt hat; ist ein solcher nicht vorhanden oder zu ermitteln, so ist derjenige Landesfürsorgeverband endgültig verpflichtet, dem der vorläufig verpflichtete Bezirksfürsorgeverband angehört.

III Der Bezirksfürsorgeverband des Ortes, an dem die Familie Wohnung und Haushalt hat, ist zur Fürsorge für die Mitglieder der Familie endgültig verpflichtet, auch wenn sie bei Eintritt der Hilfsbedürftigkeit ihren Aufenthalt an einem anderen Orte hatten.

IV Zur Familie im Sinne dieser Vorschrift gehören Ehegatten und Verwandte auf- und absteigender Linie.

Uneheliche Kinder.

§ 8.

I Wird ein uneheliches Kind innerhalb von sechs Monaten nach der Geburt hilfsbedürftig, so ist derjenige Bezirksfürsorgeverband endgültig verpflichtet, in dessen Bezirk die Mutter im zehnten Monat vor der Geburt zuletzt ihren gewöhnlichen Aufenthalt gehabt hat, oder in Ermangelung eines solchen der Landesfürsorgeverband, in dessen Bezirk sie sich in diesem Monat zuletzt aufgehalten hat. Ist ein solcher Bezirks- oder Landesfürsorgeverband nicht vorhanden oder nicht zu ermitteln, so ist der Landesfürsorgeverband zuständig, dem der vorläufig verpflichtete Bezirksfürsorgeverband angehört.

---

auf Grund der sozialen Versicherungsgesetze und der Fürsorgegesetze mindestens drei Viertel des Betrages, bis zu 270 Reichsmark, außer Ansatz."

Reichsregierung und Reichsrat vertreten den Standpunkt, daß dieses Initiativgesetz nicht formgültig zustande gekommen ist; es wurde daher im Reichsgesetzblatt nicht verkündet. Vgl. unten S. 85, Anm. 1 und S. 43 Fußnote.

*) Abgedruckt unten S. 19 ff.

II Das gleiche gilt für die uneheliche Mutter hinsichtlich der innerhalb von sechs Monaten nach der Geburt des Kindes notwendig werdenden Fürsorgemaßnahmen, auch wenn die Hilfsbedürftigkeit vor der Geburt eingetreten ist, es sei denn, daß die Hilfsbedürftigkeit offensichtlich außer Zusammenhang mit der Geburt steht.

Anstaltsinsassen, Kinder in Pflege. § 9.

I Durch den Eintritt oder die Einlieferung in eine Kranken-, Entbindungs-, Heil-, Pflege- oder sonstige Fürsorgeanstalt, in eine Erziehungsanstalt oder eine Straf-, Arbeits- oder sonstige Zwangsanstalt wird an dem Anstaltsort ein gewöhnlicher Aufenthalt nicht begründet.

II Tritt die Hilfsbedürftigkeit während des Aufenthalts in einer derartigen Anstalt oder bei der Entlassung daraus ein, so ist der Fürsorgeverband endgültig verpflichtet, der es bei dem Eintritt oder der Einlieferung in die Anstalt gewesen wäre.

III Entsprechendes gilt für die Unterbringung von Kindern in Pflege.

Geschäftsunfähigkeit. § 10.

Der Einwand, daß ein Aufenthalt wegen Mangels der Geschäftsfähigkeit oder der Willenserklärung nicht habe begründet oder aufgehoben werden können, ist unzulässig.

Dienst- u. Arbeitsort. § 11.

I Erkrankt eine Person, die an einem Orte mindestens eine Woche hindurch gegen Lohn oder Gehalt in einem und demselben Dienst- oder Arbeitsverhältnis gestanden hat, während der Fortdauer dieses Dienst- oder Arbeitsverhältnisses oder innerhalb einer Woche nach seiner Beendigung, so hat der Bezirksfürsorgeverband des Dienst- oder Arbeitsorts die Kosten der erforderlichen Kur und Verpflegung für die ersten 26 Wochen nach dem Beginne der Krankenpflege endgültig zu tragen oder, wenn die Krankenpflege von einem anderen Fürsorgeverbande gewährt worden ist, diesem zu erstatten.

II Die Verpflichtung des Bezirksfürsorgeverbandes des Dienst- oder Arbeitsorts erstreckt sich auf die Fälle der Erkrankung der Ehefrau und der noch nicht 16 Jahre alten Kinder des Dienstverpflichteten oder Arbeiters, die sich bei ihm befinden, sofern nicht ein anderer Bezirksfürsorgeverband deshalb verpflichtet ist, weil die Ehefrau oder die Kinder selbst im Dienst- oder Arbeitsverhältnis gestanden haben.

III Wird im Falle der Erkrankung einer der vorbezeichneten Personen Kur und Verpflegung auf Kosten einer Krankenkasse gewährt und muß bei Beendigung der Leistungen der Krankenkasse die Fürsorge eintreten, so sind die Kosten der letzteren von dem Bezirksfürsorgeverbande des Dienst- oder Arbeitsorts in derselben Weise zu tragen oder zu erstatten, wie wenn die Fürsorge schon in dem Zeitpunkt eingetreten wäre, in welchem die Leistungen der Krankenkasse begonnen haben.

IV Entsprechendes gilt für Lehrlinge.

V Schwangerschaft an sich ist nicht als eine Krankheit im Sinne der vorstehenden Bestimmung anzusehen.

Auslandsdeutsche. § 12.

I Sind Deutsche, staatlose ehemalige Deutsche oder staatlose Personen deutscher Abkunft beim freiwilligen oder erzwungenen Übertritt aus dem Ausland hilfsbedürftig oder werden sie es binnen eines Monats nachher, so ist endgültig verpflichtet der Bezirksfürsorgeverband, in dem der Hilfsbedürftige innerhalb des letzten Jahres vor dem Austritt aus dem Reichsgebiete zuletzt seinen gewöhnlichen Aufenthalt gehabt hat.

II Ist ein solcher nicht zu ermitteln oder hat die Abwesenheit aus dem Reichsgebiete länger als ein Jahr gedauert, so ist zur Fürsorge für Deutsche oder staatlose ehemalige Deutsche das Land endgültig verpflichtet, dessen Staatsangehörigkeit der Hilfsbedürftige besitzt oder zuletzt besessen hat, im übrigen das Land, das die Reichsregierung oder die von ihr bestimmte Stelle für endgültig verpflichtet erklärt.

III Die Verpflichtung zur Fürsorge für staatlose ehemalige Deutsche erstreckt sich auf Ehefrauen und minderjährige Kinder, auch wenn diese die Reichsangehörigkeit nicht besessen haben, diejenige für staatlose Personen deutscher Abkunft auch auf Ehefrauen nichtdeutscher Abkunft.

IV Das Land bestimmt, welcher seiner Fürsorgeverbände die ihm obliegende Fürsorgepflicht endgültig zu erfüllen hat. Soweit die Reichsregierung oder die von ihr bestimmte Stelle ein Land für endgültig verpflichtet erklärt, erstattet das Reich diesem Lande die Kosten der Fürsorge.

V Bis zur Übernahme der Fürsorge durch den endgültig verpflichteten Fürsorgeverband hat der Bezirksfürsorgeverband die Fürsorge zu leisten, in dessen Bezirk der Hilfsbedürftige sich befindet. Dieser Bezirksfürsorgeverband kann, wenn das Land nichts anderes bestimmt, von dem Landesfürsorgeverbande, dem er angehört, die vorschußweise Zahlung der aufzuwendenden Kosten verlangen.

Ausländer.

§ 13.

Ein Ausländer muß vorläufig von dem Bezirksfürsorgeverband unterstützt werden, in dessen Bezirk er sich bei Eintritt der Hilfsbedürftigkeit befindet. Das Land, dem der Bezirksfürsorgeverband angehört, hat ihm die Kosten zu ersetzen, es sei denn, daß ein Landesgesetz etwas anderes bestimmt.

Kostenersatz, Übernahme.

§ 14.

I Der vorläufig Fürsorge gewährende Fürsorgeverband kann von dem endgültig verpflichteten Fürsorgeverband Ersatz der Kosten und Übernahme des Hilfsbedürftigen in eigene Fürsorge verlangen. Der zur Übernahme verpflichtete Fürsorgeverband trägt die Kosten der Überführung. Er kann die Übergabe verlangen.

II Der Bezirksfürsorgeverband des Ortes, an dem die Familie Wohnung und Haushalt hat, ist nur zur Übernahme des hilfsbedürftigen Familienmitglieds verpflichtet.

III Leben die Ehefrau oder Kinder bis zu 16 Jahren mit dem Hilfsbedürftigen an einem Orte zusammen, so kann nur die gleichzeitige Übergabe oder Übernahme auch dieser Personen verlangt werden.

IV Übergabe oder Übernahme kann nicht verlangt werden:

a) bei nur vorübergehender Hilfsbedürftigkeit,
b) wenn eine Trennung der hilfsbedürftigen Ehefrau von dem Ehemann oder des hilfsbedürftigen Kindes von den Eltern oder einem Elternteil eintreten würde,
c) wenn sie eine offensichtliche Härte bedeuten oder zur Gefährdung eines Familienangehörigen führen würde.

Fortdauer der Hilfsbedürftigkeit.

§ 15.

Die Pflicht zur endgültigen Fürsorge dauert, soweit nichts anderes bestimmt ist, bis zur Beendigung der Hilfsbedürftigkeit.

D. Kostenersatz.

Höhe des Kostenersatzes. § 16.

I Die Höhe der zu ersetzenden Kosten richtet sich nach den Grundsätzen, die am Unterstützungsorte für die Unterstützung Hilfsbedürftiger gleicher Art gelten. Allgemeine Verwaltungskosten des Fürsorgeverbandes dürfen nicht angerechnet werden.

II Für den Kostenersatz können Tarife aufgestellt werden, und zwar für den Kostenersatz zwischen den Fürsorgeverbänden desselben Landes durch die Landesregierung, sonst durch die Reichsregierung mit Zustimmung des Reichsrats.

III Ersatz kann nicht verlangt werden, wenn die für den einzelnen Hilfsbedürftigen aufgewendeten Kosten weniger als zehn Reichsmark[1]) betragen.

Abschiebung. § 17.

I Ist die Unterstützungspflicht eines Fürsorgeverbandes durch eine pflichtwidrige oder gegen Treu und Glauben verstoßende Handlung entstanden, die ein anderer Fürsorgeverband zu vertreten hat (Abschiebung), so kann der dadurch belastete Fürsorgeverband von dem anderen außer der Übernahme Ersatz der Fürsorgekosten und Vergütung für seinen Verwaltungsmehraufwand verlangen; er kann dabei, auch wenn für den Ersatz Tarife bestehen, die tatsächlichen Aufwendungen und als Vergütung für Mehrarbeit ohne weiteren Nachweis 25 vom Hundert des Tarifsatzes oder der tatsächlichen Aufwendungen ansetzen.

II Das gleiche gilt, wenn ein Fürsorgeverband die verlangte Übernahme eines Hilfsbedürftigen (§ 14) schuldhaft verzögert oder unterläßt, von dem Zeitpunkt ab, in dem er die Übernahme hätte vollziehen können.

III Verzögert oder unterläßt ein Fürsorgeverband schuldhaft die verlangte Übergabe des Hilfsbedürftigen, so verwirkt er den Ersatzanspruch von dem Zeitpunkt ab, in dem er die Übergabe hätte vollziehen können.

IV Geht in einem zwischen den Fürsorgeverbänden anhängigen Streitverfahren hervor, daß der eine Fürsorgeverband den Ersatz völlig unberechtigt abgelehnt oder gefordert hat, so kann der andere Vergütung für seinen Verwaltungsmehraufwand verlangen, und zwar ohne weiteren Nachweis in Höhe von 25 vom Hundert des streitigen Betrags.

---

[1]) Statt der ursprünglichen Fassung „Goldmark" nunmehr „Reichsmark". § 2 VO. v. 12. 12. 1924 (RGBl. I S. 775).

Ersatzanspruch, Anmeldung. § 18.

I Der Fürsorgeverband, der von einem anderen Kostenersatz verlangen will, hat ihm dies spätestens binnen drei Monaten nach begonnener Unterstützung anzumelden.

II Er kann dabei eine Frist mit der Wirkung setzen, daß die Erstattungspflicht als abgelehnt gilt, wenn sie nicht bis zu ihrem Ablauf anerkannt wird. Die Frist muß wenigstens vierzehn Tage betragen.

III Kann er den ersatzpflichtigen Fürsorgeverband nicht ermitteln, so meldet er den Ersatzanspruch bei seiner Aufsichtsbehörde an.

IV Unterläßt er die Anmeldung innerhalb der Frist, so sind nur die Kosten ersatzfähig, die drei Monate vor der Anmeldung entstanden sind oder nachher entstehen.

E. Arbeitspflicht und Unterhaltspflicht.

Arbeitsfürsorge. § 19.

Die Unterstützung Arbeitsfähiger kann in geeigneten Fällen durch Anweisung angemessener Arbeit gemeinnütziger Art gewährt oder von der Leistung solcher Arbeit abhängig gemacht werden, es sei denn, daß dies eine offensichtliche Härte bedeuten würde oder ein Gesetz dem entgegensteht.

Arbeitszwang. § 20.

I Wer, obwohl arbeitsfähig, infolge seines sittlichen Verschuldens der öffentlichen Fürsorge selbst anheimfällt oder einen Unterhaltsberechtigten anheimfallen läßt, kann von der Verwaltungsbehörde auf Antrag des vorläufig oder endgültig verpflichteten Fürsorgeverbandes oder desjenigen, der dem Fürsorgeverbande die Kosten der Unterstützung zu ersetzen hat, in einer vom Lande als geeignet anerkannten Anstalt oder sonstigen Arbeitseinrichtung zur Arbeit untergebracht werden, wenn er Arbeit beharrlich ablehnt oder sich der Unterhaltspflicht beharrlich entzieht.

II Als unterhaltsberechtigt im Sinne dieser Vorschrift gilt auch ein uneheliches Kind demjenigen gegenüber, der in öffentlicher Urkunde sich zur Unterhaltszahlung verpflichtet hat oder rechtskräftig dazu verurteilt ist.

III Die Unterbringung ist unzulässig, wenn sie eine außergewöhnliche Härte bedeuten würde; sie darf nicht in einer Strafanstalt erfolgen.

IV Die Länder können Vorschriften über weitere Voraussetzungen und Dauer der Unterbringung, über die Zuständigkeit und das Verfahren erlassen.

Unterhaltspflicht. § 21.

I Die Verpflichtungen Dritter, einen Hilfsbedürftigen zu unterstützen, werden durch diese Verordnung nicht berührt.

II Der Fürsorgeverband, der auf Grund dieser Verordnung einen Hilfsbedürftigen unterstützt hat, kann zum Ersatze Rechtsansprüche, die der Hilfsbedürftige einem Dritten gegenüber hat, in dem Maße und unter denselben Voraussetzungen geltend machen, wie der Hilfsbedürftige selbst. Das gilt auch dann, wenn er einen Ersatzanspruch gegenüber einem anderen Fürsorgeverbande hat.

Ersatzpflicht der Kinder. § 22.

I Der Fürsorgeverband kann in den Grenzen des notdürftigen Unterhalts Ersatz seiner Aufwendungen von den Kindern des Hilfsbedürftigen auch dann verlangen, wenn sie nach den Vorschriften des Bürgerlichen Rechtes (§ 1603 BGB.) lediglich deshalb nicht unterhaltungspflichtig sind, weil sie sonst ihren standesmäßigen Unterhalt gefährden würden.

II Dies gilt nicht, wenn der in Anspruch Genommene aus dem gleichen Grunde nicht verpflichtet ist, seiner Ehefrau oder seinen Kindern den standesmäßigen Unterhalt zu gewähren, oder wenn durch die Ersatzleistungen sein Fortkommen oder das seiner Ehefrau oder Kinder unbillig erschwert würde.

Verwaltungsverfahren. § 23.

I Der Unterhalts- oder Ersatzpflichtige kann auf Antrag des vorläufig oder endgültig verpflichteten Fürsorgeverbandes im Verwaltungswege zum Kostenersatz oder zur Erfüllung seiner Unterhaltspflicht angehalten werden.

II Bestreitet er die Unterhaltspflicht, so kann die Verwaltungsbehörde vorbehaltlich des ordentlichen Rechtswegs die Unterhaltspflicht feststellen.

III Zuständigkeit und Verfahren bestimmt das Land. Die Entscheidung ist vorläufig vollstreckbar.

IV Zur Durchführung des Verwaltungsverfahrens haben sich Verwaltungsbehörden und Gerichte Rechtshilfe zu leisten.

V Verneint ein im ordentlichen Rechtsweg ergehendes Urteil rechtskräftig die von der Verwaltungsbehörde festgestellte Unterhaltspflicht, so hat der Fürsorgeverband dem in Anspruch Genommenen seine Leistungen oder Mehrleistungen zu ersetzen.

Anstalten. § 24.

Eine Anstalt (§ 9) kann zur Deckung ihrer Verpflegungskosten für ihre Insassen Anträge auf Fürsorgeleistungen stellen und die Leistungen in Empfang nehmen. Der Fürsorgeverband kann Auszahlungen von der Vorlage einer Vollmacht abhängig machen und den Betrag bestimmen, der dem Hilfsbedürftigen unmittelbar zugewendet werden muß.

Ersatzpflicht Hilfsbedürftiger. § 25.

I Das Land bestimmt im Rahmen der reichsrechtlichen Vorschriften, inwieweit ein Hilfsbedürftiger, der zu hinreichendem Vermögen oder Einkommen gelangt, die aufgewendeten Kosten dem Fürsorgeverbande zu ersetzen hat.

II Der Ersatzanspruch kann auch gegenüber dem Erben des Hilfsbedürftigen geltend gemacht werden; er gilt als Nachlaßverbindlichkeit (§ 1967 BGB.).

Verjährung. § 26.

Ersatzansprüche, die ein Fürsorgeverband auf Grund dieser Verordnung erheben kann, verjähren in zwei Jahren vom Ablauf des Jahres ab, in dem der Anspruch entstanden ist.

F. Schluß- und Übergangsvorschriften.

Rechtshilfe. Auskunft. § 27.

I Die Verwaltungsbehörden sind verpflichtet, den im Vollzuge dieser Verordnung an sie ergehenden Ersuchen der Fürsorgestellen (§ 3) zu entsprechen. Diese Rechtshilfe haben auch die Fürsorgestellen einander sowie die Organe der Versicherungsträger zu leisten. Die Finanzbehörden haben den Fürsorgestellen Auskunft zu geben über die ihnen bekannten Einkommens- und Vermögensverhältnisse des Hilfsbedürftigen und des Unterhalts- oder Ersatzpflichtigen, die Arbeitgeber über Art und Dauer der Beschäftigung und über den Arbeitsverdienst.

II Die Unterhalts- oder Ersatzpflichtigen haben den Fürsorgestellen bei Anfragen Auskunft über alle für die Fürsorge erheblichen Tatsachen zu geben.

Gebührenfreiheit. § 28.

Verhandlungen und Urkunden, insbesondere Vollmachten und amtliche Bescheinigungen, die bei Beantragung, Feststellung, Auszahlung oder Ersatz einer nach dieser Verordnung zu leistenden öffentlichen Unterstützung nötig werden, sind stempel- und gebührenfrei.

Unterstützungswohnsitzgesetz, Verfahren. § 29.

Das Reichsgesetz über den Unterstützungswohnsitz in der Fassung vom 30. Mai 1908 (Reichsgesetzbl. S. 381) wird aufgehoben. Bis zur Neuregelung des Rechtsverfahrens werden jedoch Streitigkeiten zwischen Fürsorgeverbänden nach den Bestimmungen der §§ 37 bis 57, 58 Abs. 2 dieses Gesetzes entschieden.

Armenrechtl. Ausweisung. § 30.

§ 5 des Gesetzes über die Freizügigkeit vom 1. November 1867 (Bundesgesetzbl. S. 55) wird durch folgende Vorschrift ersetzt:

I Einem Hilfsbedürftigen, dem Armenfürsorge gewährt wird, kann die Fortsetzung des Aufenthalts in einer Gemeinde versagt werden, wenn diese nicht im Bezirke des endgültig verpflichteten Fürsorgeverbandes liegt und die Übernahme durch den endgültig verpflichteten Fürsorgeverband verlangt werden kann (§ 14 der Verordnung über die Fürsorgepflicht vom 13. Februar 1924, Reichsgesetzbl. I S. 103). Die Versagung muß sich zugleich gegen die Personen richten, deren gleichzeitige Übergabe oder Übernahme nach der angeführten Verordnung verlangt werden muß.

II Dies gilt nicht für uneheliche, vollverwaiste oder getrennt von beiden Elternteilen untergebrachte eheliche Minderjährige.

Landesrecht. § 31.

Soweit nach Landesrecht eine gesetzliche Regelung erforderlich ist, werden bis dahin die in dieser Verordnung den Ländern vorbehaltenen Bestimmungen von den Landesregierungen erlassen; diese können bis dahin auch mit Gesetzeskraft feststellen, welche von dieser Verordnung berührten landesrechtlichen Vorschriften noch gelten oder als aufgehoben anzusehen sind.

Aufhebung v. Reichsgesetzen, Übergangsregelung.

§ 32.

I Aufgehoben werden

a) das Reichsgesetz über Notstandsmaßnahmen zur Unterstützung von Rentenempfängern der Invaliden- und Angestelltenversicherung vom 7. Dezember 1921 (Reichsgesetzblatt S. 1533) nebst seinen Ergänzungsgesetzen und -verordnungen,

b) das Gesetz über Kleinrentnerfürsorge vom 4. Februar 1923 (Reichsgesetzbl. I S. 104),

c) das Gesetz über die Kosten der Kriegsbeschädigten- und Kriegshinterbliebenenfürsorge vom 8. Mai 1920 (Reichsgesetzbl. S. 1066) sowie alle sonstigen Vorschriften, nach denen das Reich Kosten der sozialen Fürsorge im Sinne des Reichsversorgungsgesetzes zu tragen hat,

d) das Gesetz über die Wochenfürsorge vom 9. Juni 1922 (Reichsgesetzbl. I S. 502) und die Verordnung über Wochenfürsorge vom 18. August 1923 (Reichsgesetzbl. I S. 816).

II Bis zum Erlasse neuer Vorschriften gelten die bisherigen Bestimmungen über die Fürsorge für Rentenempfänger der Invaliden- und Angestelltenversicherung, Kleinrentner, Kriegsbeschädigte und Kriegshinterbliebene sowie diejenigen über Wochenfürsorge, soweit sie Voraussetzung, Art und Maß der Fürsorge betreffen, als Vorschriften im Sinne des § 6.

III Die Heranziehung von Personen aus dem Kreise der Fürsorgeberechtigten bei Festsetzung von Art und Höhe der Fürsorgeleistungen ist im bisherigen Umfang sicherzustellen.

IV. Im § 14 Abs. 2 der Verordnung über die Auflösung der Flüchtlingslager vom 17. Dezember 1923 (Reichsgesetzbl. I S. 1202) werden die Worte „nach Maßgabe des Gesetzes über den Unterstützungswohnsitz“ durch „nach Maßgabe der Verordnung über die Fürsorgepflicht vom 13. Februar 1924 (Reichsgesetzbl. I S. 100)“ und das Wort „Armenverbände“ durch „Fürsorgeverbände“ ersetzt.

Schwerbeschädigtengesetz.

§ 33.

Das Gesetz über die Beschäftigung Schwerbeschädigter in der Fassung vom 12. Januar 1923 (Reichsgesetzbl. I S. 57) wird durch folgende Vorschrift ergänzt:

„§ 27. Die Landeszentralbehörden können die in diesem Gesetze den Hauptfürsorgestellen und Fürsorgestellen übertragenen Aufgaben auch anderen Behörden übertragen unter der Voraussetzung, daß eine den Vorschriften dieses Gesetzes entsprechende Mitwirkung der Beteiligten gesichert ist."

Soziale Kb.- u. Kh.-Fürsorge.

§ 34.

In der Verordnung über die soziale Kriegsbeschädigten- und Kriegshinterbliebenenfürsorge vom 8. Februar 1919 (Reichsgesetzbl. S. 187) wird § 1 Satz I durch folgende Vorschrift ersetzt:

„Die soziale Fürsorge für Kriegsbeschädigte und Kriegshinterbliebene wird von den Landes- und Bezirksfürsorgeverbänden nach Maßgabe der Grundsätze erfüllt, die die Reichsregierung mit Zustimmung des Reichsrats aufstellt."

§ 2 wird durch folgende Vorschrift ersetzt:

I „Der beim Reichsarbeitsministerium errichtete Reichsausschuß der Kriegsbeschädigten- und Kriegshinterbliebenenfürsorge ist Körperschaft des öffentlichen Rechtes. Er setzt sich zusammen aus acht Vertretern der Hauptfürsorgestellen der Kriegsbeschädigten- und Kriegshinterbliebenenfürsorge, acht Vertretern solcher Vereinigungen der Kriegsbeschädigten und Kriegshinterbliebenen, die ihre Wirksamkeit auf das Reich erstrecken und eine entsprechende Mitgliederzahl haben, ferner aus drei Vertretern aus den Kreisen sozial erfahrener Personen.

II Welche Hauptfürsorgestellen und Vereinigungen von Kriegsbeschädigten und Kriegshinterbliebenen Vertreter in den Reichsausschuß entsenden, bestimmt der Reichsarbeitsminister nach Anhörung der Beteiligten; er beruft auch die sozial erfahrenen Personen.

III Die Satzung des Reichsausschusses und ihre Änderung bedürfen der Genehmigung des Reichsarbeitsministers.

IV Die Reichsregierung kann mit Zustimmung des Reichsausschusses seine Aufgaben auch anderen Körperschaften übertragen, in denen die Kriegsbeschädigten und Kriegshinterbliebenen vertreten sind."

Im § 4 werden die Vorschriften unter Nr. 1 und 3 gestrichen.

§ 10 erhält folgenden Zusatz:

„Sie können die Aufgaben der Hauptfürsorgestellen und Fürsorgestellen auch anderen Behörden übertragen unter der

Voraussetzung, daß ihnen Beiräte nach Maßgabe der §§ 6 und 7 zur Seite gestellt werden oder die Mitwirkung von Vertretern der Kriegsbeschädigten und Kriegshinterbliebenen in anderer Weise hinreichend gesichert ist. Sie können ferner das Beschwerdeverfahren abweichend von den Vorschriften der §§ 7 und 9 regeln, sofern die Mitwirkung von Vertretern der Kriegsbeschädigten und Kriegshinterbliebenen wenigstens in einem Rechtszug gesichert ist."

§ 11 wird aufgehoben.

Reichsversorgungsgesetz u. a.

§ 35.

Aufgehoben werden ferner:

a) § 22 Abs. 2 des Reichsversorgungsgesetzes vom 12. Mai 1920 in der Fassung vom 30. Juni 1923 (Reichsgesetzbl. I S. 523),

b) § 5 des Altrentnergesetzes vom 18. Juli 1921 in der Fassung vom 30. Juni 1923 (Reichsgesetzbl. I S. 542),

c) die Bekanntmachung, betreffend Einwirkungen der Flüchtlingsfürsorge auf das Armenrecht, vom 16. Mai 1918 (Reichsgesetzbl. S. 409).

Ersatzansprüche in der Übergangszeit.

§ 36.

I Ersatzansprüche von Armen-, Fürsorge- oder anderen öffentlich-rechtlichen Verbänden auf Grund der bisherigen Bestimmungen können nach Inkrafttreten dieser Verordnung derartigen Verbänden gegenüber nicht mehr geltend gemacht werden, wenn **ihr Betrag weniger als zehn Reichsmark[2]) beträgt; Kosten, die er**setzt sind, können nicht mehr zurückgefordert werden.

II Ein Verband, der bisher nur vorläufig verpflichtet ist, kann nach dem Inkrafttreten dieser Verordnung von einem anderen Ersatz nicht mehr verlangen, wenn er nach den Bestimmungen dieser Verordnung endgültig verpflichtet wäre.

III Ein Verband, dessen endgültige Verpflichtung zur Fürsorge vor Inkrafttreten dieser Verordnung durch Anerkennung oder durch rechtskräftige Entscheidung festgestellt ist, bleibt bis zur Beendigung der Hilfsbedürftigkeit endgültig verpflichtet.

---

[1]) Reichsversorgungsgesetz v. 12. Mai 1920, nunmehr i. d. F. v. 31. Juli 1925 (RGBl. I S. 165); Abdruck des amtlichen Wortlauts mit kurzen Bemerkungen, Verlag E. S. Mittler u. S., Berlin 1925. Auszug unten S. 53.

[2]) Statt der ursprünglichen Fassung „Goldmark" nunmehr „Reichsmark". § 2 VO. v. 12. 12. 1924 (RGBl. I S. 775).

Geht er in einem anderen Verband auf, so tritt dieser, sofern das Land den Übergang nicht anders regelt, an seine Stelle.

Reichstag, Mitwirkung. **§ 37.**

Die in dieser Verordnung vorgesehene Zustimmung eines Ausschusses des Reichstags ist nicht erforderlich, wenn der Reichstag vertagt oder aufgelöst ist. Die erlassenen Vorschriften sind dem Reichstag nach seinem Zusammentritte von der Reichsregierung mitzuteilen und auf sein Verlangen außer Kraft zu setzen.

Auslegungsgrundsätze mit Gesetzeskraft. **§ 38.**

Die Reichsregierung kann mit Zustimmung des Reichsrats Grundsätze für die Auslegung dieser Verordnung aufstellen und bestimmen, daß und inwieweit der gewöhnliche Aufenthalt an einem Orte erst nach Ablauf einer Frist als begründet gilt, und daß mit seiner Verlegung sich die endgültige Fürsorgepflicht trotz Fortdauer der Hilfsbedürftigkeit allgemein oder für bestimmte Gruppen von Hilfsbedürftigen ändert.

Inkrafttreten. **§ 39.**

Diese Verordnung tritt am 1. April 1924 in Kraft. Die Reichsregierung kann mit Zustimmung des Reichsrats den Zeitpunkt des Inkrafttretens hinausschieben; sie muß es auf Antrag des Reichsrats, wenn nicht bis 1. April 1924 die Neuregelung des Finanzausgleichs in Kraft tritt.

Berlin, den 13. Februar 1924.

Der Reichskanzler
Marx
Der Reichsarbeitsminister
Dr. Brauns
Der Reichsminister des Innern
Dr. Jarres

2.

Grundsätze[1]) über Voraussetzung, Art und Maß öffentlicher Fürsorgeleistungen vom 27. März 1924 (RGBl. I 379.)

Auf Grund des § 6 Abs. 2 der Verordnung über die Fürsorgepflicht vom 13. Februar 1924 (RGBl. I S. 100) in Verbindung mit § 32 Abs. 2 dieser Verordnung und Artikel II Satz 2 der Verordnung über das Inkrafttreten des Reichsgesetzes für Jugendwohlfahrt vom 14. Februar 1924 (RGBl. I S. 110) sowie auf Grund des § 1 Satz 1 der Verordnung über die soziale Kriegsbeschädigten- und Kriegshinterbliebenenfürsorge vom 8. Februar 1919 (RGBl. S. 187) in der Fassung des § 34 der Verordnung über die Fürsorgepflicht werden mit Zustimmung des Reichsrats über Voraussetzung, Art und Maß der zu gewährenden Fürsorge folgende Grundsätze aufgestellt:

1. Im Falle der Hilfsbedürftigkeit ist — erforderlichenfalls auch ohne Antrag — als Mindestmaß der unentbehrliche Lebensunterhalt, insbesondere Obdach, Nahrung, Kleidung, die erforderliche Pflege in Krankheitsfällen und nach dem Ableben ein angemessenes Begräbnis zu gewähren. Hilfsbedürftigen Schwangeren und Wöchnerinnen ist die erforderliche Fürsorge zu gewähren.

2. Für hilfsbedürftige Minderjährige gilt § 49 Abs. 1 und 2 des Reichsgesetzes für Jugendwohlfahrt vom 9. Juni 1922 (RGBl. I S. 633).

3. Darüber hinaus gelten über die Fürsorge für Kriegsbeschädigte, Kriegshinterbliebene, Sozial- und Kleinrentner die bisherigen Bestimmungen mit Ausnahme der Höchstsätze für Sozial- und Kleinrentner.

4. Art und Maß der Fürsorge richtet sich nach dem Einzelfalle.

5. Bei Kriegsbeschädigten und Kriegshinterbliebenen soll in der Regel, soweit es sich um Maßnahmen der sozialen Fürsorge handelt, eine Erstattung der aufgewendeten Kosten — § 25 der Verordnung über die Fürsorgepflicht — nicht beansprucht werden. Unterhaltspflichtige sollen zum Ersatz der Aufwendungen nur in besonderen Fällen und nur dann herangezogen werden, wenn es sich um besondere Aufwendungen handelt, die nicht auf

[1]) Vorläufige Grundsätze. Seit. 1. 1. 25 ersetzt durch die (endgültigen) Reichsgrundsätze vom 4. 12. 24 (abgedr. S. 19).

Grund des § 21 des Reichsversorgungsgesetzes in der Fassung vom 30. Juni 1923 (RGBl. I S. 523) gewährt worden sind.

6. Anrechnungsfrei sollen in der Regel bleiben die Schwerbeschädigtenzulage nach § 27, die Pflegezulage nach § 31 und die Rente, die einer Witwe nach § 37 Abs. 2 oder 3 des Reichsversorgungsgesetzes zusteht, insoweit ihr Betrag die Rente nach Abs. 1 übersteigt, ferner die Hilflosenrente nach §§ 560, 930, 1065 der Reichsversicherungsordnung, insoweit sie die Rente des völlig Erwerbsunfähigen übersteigt.

Ferner ist Hilfsbedürftigen, die trotz starker Beschränkung ihrer Erwerbsfähigkeit unter Aufbietung besonderer Tatkraft einem Erwerbe nachgehen, ein angemessener Teil des Arbeitsverdienstes bei der Berechnung des zur Deckung des unentbehrlichen Lebensunterhalts erforderlichen Einkommens in der Regel frei zu lassen.

7. Bei Durchführung des § 19 der Verordnung über die Fürsorgepflicht sollen, soweit nicht bestehende Gesetze, wie das Gesetz über die Beschäftigung Schwerbeschädigter in der Fassung vom 12. Januar 1923 (RGBl. I S. 57) und das Reichsversorgungsgesetz, etwas anderes bestimmen, die persönlichen Verhältnisse, insbesondere die berufliche Ausbildung und bisherige soziale Lage des Hilfsbedürftigen, berücksichtigt werden.

8. Diese Grundsätze gelten bis zum 1. Juli 1924.[1])

Berlin, den 27. März 1924.

Der Reichsarbeitsminister
Dr. Brauns

Der Reichsminister des Innern
In Vertretung:
Zweigert.

---

[1]) Verlängert zunächst bis 1. 11. 24 durch Verordnung v. 26. 6. 24 (RGBl. I S. 660), sodann bis 1. 12. 24 durch Verordnung v. 24. 10. 24 (RGBl. I S. 720), endlich bis 1. 1. 25 durch Verordnung v. 27. 11. 24 (RGBl. I S. 756).

3.

Reichsgrundsätze über Voraussetzung, Art und Maß der öffentlichen Fürsorge vom 4. Dez. 1924[1])

(RGBl. I S. 765.)

Auf Grund des § 6 Abs. 2 in Verbindung mit § 32 Abs. 2 der Verordnung über die Fürsorgepflicht vom 13. Februar 1924 (RGBl. I S. 100),

des § 1 Abs. 1 der Verordnung über die soziale Kriegsbeschädigten- und Kriegshinterbliebenenfürsorge vom 8. Februar 1919 (RGBl. S. 187) in der Fassung des § 34 der Verordnung über die Fürsorgepflicht und in Verbindung mit §§ 21 bis 23 des Reichsversorgungsgesetzes in der Fassung vom 30. Juni 1923 (RGBl. I S. 523)

sowie auf Grund des Artikels 2 Satz 2 der Verordnung über das Inkrafttreten des Reichsgesetzes für Jugendwohlfahrt vom 14. Februar 1924 (RGBl. I S. 110)

werden mit Zustimmung des Reichsrats über Voraussetzung, Art und Maß der öffentl. Fürsorge folgende Grundsätze aufgestellt:

A. Fürsorge im allgemeinen.

1. Aufgaben (§§ 1—4).[2])

§ 1.

I. Die Fürsorge hat die Aufgabe, dem Hilfsbedürftigen den notwendigen Lebensbedarf zu gewähren. Sie muß dabei die Eigenart der Notlage berücksichtigen.

II. Sie soll den Hilfsbedürftigen tunlichst in den Stand setzen, sich und seinen unterhaltsberechtigten Angehörigen den Lebensbedarf selbst zu beschaffen.

§ 2.

I. Die Fürsorge muß rechtzeitig einsetzen; sie ist nicht von einem Antrag abhängig.

II. Sie muß der Notlage nachhaltig entgegenwirken und zu verhüten suchen, daß vorübergehende Not zu dauernder wird.

§ 3.

Um drohende Hilfsbedürftigkeit zu verhüten, kann die Fürsorge auch vorbeugend eingreifen, besonders um Gesundheit

[1]) Abgeändert durch VO. v. 7. 9. 25, Einschaltung des § 33 a R.Gr. (RGBl. I S. 332).

[2]) Die Stichworte und Absatzziffern befinden sich nicht im Wortlaut der Grundsätze.

und Arbeitsfähigkeit zu erhalten. Bei Minderjährigen kann sie, soweit dazu nicht die Jugendhilfe berufen ist, auch eingreifen, um Störungen der körperlichen, geistigen oder sittlichen Entwicklung zu verhindern.

§ 4.

Die Fürsorge soll auch Einrichtungen für Hilfsbedürftige, besonders solche zur Beschäftigung Erwerbsbeschränkter, fördern, wenn sie die Einzelfürsorge entlasten, sparsam wirtschaften und die öffentlichen Mittel zweckentsprechend verwenden.

2. Voraussetzung der Fürsorge §§ 5—9). a) Hilfsbedürftigkeit.

§ 5.

Hilfsbedürftig ist, wer den notwendigen Lebensbedarf für sich und seine unterhaltsberechtigten Angehörigen nicht oder nicht ausreichend aus eigenen Kräften und Mitteln beschaffen kann und ihn auch nicht von anderer Seite, insbesondere von Angehörigen erhält.

b) notwendiger Lebensbedarf.

§ 6.

Zum notwendigen Lebensbedarf gehören
a) der Lebensunterhalt, insbesondere Unterkunft, Nahrung, Kleidung und Pflege,
b) Krankenhilfe sowie Hilfe zur Wiederherstellung der Arbeitsfähigkeit,
c) Hilfe für Schwangere und Wöchnerinnen,
außerdem
d) bei Minderjährigen Erziehung und Erwerbsbefähigung,
e) bei Blinden, Taubstummen und Krüppeln Erwerbsbefähigung.

II. Nötigenfalls ist der Bestattungsaufwand zu bestreiten.

c) Arbeitspflicht.

§ 7.

I. Jeder Hilfsbedürftige, auch der nicht voll arbeitsfähige, muß seine Arbeitskraft zur Beschaffung des notwendigen Lebensbedarfes für sich und seine unterhaltsberechtigten Angehörigen einsetzen. Die Fürsorge soll ihm, soweit möglich, Gelegenheit dazu bieten, Schwerbeschädigte soll sie geeignetenfalls mit Hilfe des Reichsgesetzes über die Beschäftigung Schwerbeschädigter unterbringen.

II. Ob dem Hilfsbedürftigen eine Arbeit billigerweise zugemutet werden kann, soll nach Lebensalter, Gesundheitszustand, häuslichen Verhältnissen und, soweit angängig, auch nach der beruflichen Ausbildung beurteilt werden; das gilt besonders auch dann, wenn die Hilfe durch Anweisung von Arbeit gewährt oder von deren Leistung abhängig gemacht werden soll (§ 19 der Verordnung über die Fürsorgepflicht).

III. Frauen soll Erwerbsarbeit nicht zugemutet werden, wenn dadurch die geordnete Erziehung ihrer Kinder gefährdet würde; auch sonst sind bei Frauen die Pflichten besonders zu berücksichtigen, die ihnen die Führung eines Haushalts oder die Pflege von Angehörigen auferlegt.

d) eigene Mittel (Anrechnung). § 8.[1])

I. Zu den eigenen Mitteln, die der Hilfsbedürftige einsetzen muß, ehe ihm die Fürsorge Hilfe gewährt, ist sein gesamtes verwertbares Vermögen und Einkommen zu rechnen, besonders Bezüge in Geld oder Geldeswert aus gegenwärtigem oder früherem Arbeits- oder Dienstverhältnis und aus Unterhalts- oder Rentenansprüchen öffentlicher oder privater Art.

II. Als verwertbar gelten nicht Gegenstände, die zur persönlichen Fortsetzung der Erwerbstätigkeit unentbehrlich sind.

III. Die Fürsorge soll, besonders bei alten, bei noch nicht erwerbsfähigen und bei erwerbsbeschränkten Personen, die vorherige Verwertung kleiner Vermögen oder Vermögensteile nicht verlangen, wenn dadurch die Not des Hilfesuchenden oder seiner unterhaltsberechtigten Angehörigen erheblich verschärft oder zur dauernden würde.

IV. Bei Prüfung der Hilfsbedürftigkeit, der Art und des Umfanges der Hilfe bleiben Zuwendungen außer Ansatz, die die freie Wohlfahrtspflege oder ein Dritter zur Ergänzung der öffentlichen Fürsorge gewährt, ohne dazu eine rechtliche oder eine besondere sittliche Pflicht zu haben. Dies gilt nicht, wenn die Zuwendung die wirtschaftliche Lage des Unterstützten so günstig beeinflußt, daß öffentliche Fürsorge ungerechtfertigt wäre.

V. Ebenso soll bei Personen, die trotz vorgerückten Alters oder trotz starker Beschränkung ihrer Erwerbsfähigkeit unter Aufwendung besonderer Tatkraft einem Erwerbe nachgehen, ein angemessener Betrag des Arbeitsverdienstes außer Ansatz bleiben; das gilt besonders bei Blinden, Hirnverletzten und anderen Schwererwerbsbeschränkten.

---

[1]) S. dazu § 84 Aufwertungsgesetz, abgedr. unten S. 88.

e) Vorbehalt der Zurückzahlung.

§ 9.[1])

I. Muß die Fürsorge eintreten, weil das Vermögen oder Einkommen des Hilfesuchenden vorerst nicht verwertet werden kann oder soll, so kann sie ihre Hilfe ausdrücklich von der Verpflichtung abhängig machen, die aufgewendeten Kosten zurückzuzahlen. Dasselbe gilt, wenn der Hilfsbedürftige später Vermögen oder hinreichendes Einkommen zu erwarten hat. Sie kann zugleich verlangen, daß die Zurückzahlung sichergestellt wird, besonders durch Abschluß von Rentenverträgen, Bestellung von Hypotheken und Verpfändung von Vermögenswerten.

II. Die Zurückzahlung soll in der Regel nur ausbedungen werden, wenn sie voraussichtlich ohne besondere Härte möglich ist.

III. Wird Zurückzahlung aus dem Nachlaß ausbedungen, so ist auf unterhaltsberechtigte Angehörige Rücksicht zu nehmen, die beim Tode des Hilfsbedürftigen selbst der öffentlichen Fürsorge anheimfallen würden. Dasselbe gilt gegenüber Geschwistern oder anderen Personen, mit denen der Hilfsbedürftige in häuslicher Gemeinschaft gelebt hat oder die ihn ohne rechtliche Verpflichtung und ohne entsprechende Gegenleistung, wenn auch in der Erwartung einer Zuwendung von Todes wegen, unterstützt oder gepflegt haben.

3. Art und Maß der Fürsorge (§§ 10 u. 11).

§ 10.

I. Was im Einzelfall im Rahmen des notwendigen Lebensbedarfes (§ 6) an Hilfe zu gewähren ist, hat sich nach der Besonderheit des Falles zu richten, namentlich nach Art und Dauer der Not, nach der Person des Hilfsbedürftigen und den örtlichen Verhältnissen.

II. Bei Störungen der körperlichen, geistigen oder sittlichen Entwicklung Minderjähriger ist die Hilfe so ausreichend zu bemessen, daß gründliche und dauernde Abhilfe zu erwarten ist.

§ 11.

Die Hilfe kann in Geld, Sachleistung oder persönlicher Hilfe bestehen und in offener oder geschlossener (Anstalts-)Pflege gewährt werden. In einer Anstalt oder einer fremden Familie soll der Hilfsbedürftige nur untergebracht werden, wenn sein körperlicher, geistiger oder sittlicher Zustand besondere Maßnahmen zur Heilung, Pflege oder Bewahrung erfordert. Zwangsweise darf dies nur geschehen, wenn ein Gesetz es gestattet.

[1]) S. dazu § 85 Aufwertungsgesetz, abgedr. unten S. 88.

4. **Wochenfürsorge.**[1]) § 12.

Schwangeren und Wöchnerinnen (§ 6 c) sind je nach Art und Grad der Hilfsbedürftigkeit ärztliche Behandlung, Entbindungskostenbeitrag und Wochengeld, Wöchnerinnen, die ihr Kind stillen, außerdem Stillgeld zu gewähren. Die Hilfe soll ihnen das sicherstellen, was die Reichsversicherungsordnung den Familienangehörigen eines Versicherten gewährt (Familienwochenhilfe). An die Stelle barer Beihilfen können auch Sachleistungen treten.

5. **Arbeitsscheue.** § 13.

I. Bei Arbeitsscheu oder offenbar unwirtschaftlichem Verhalten sind die Voraussetzungen der Hilfsbedürftigkeit aufs strengste zu prüfen sowie Art und Maß der Fürsorge auf das zur Fristung des Lebens Unerläßliche zu beschränken. Bei Hilfsbedürftigen, die den berechtigten Anordnungen der zuständigen Stellen beharrlich zuwiderhandeln, kann entsprechend verfahren werden.

II. Bei Arbeitsscheu oder offenbar unwirtschaftlichem Verhalten kann die Hilfe auf Anstaltspflege beschränkt, offene Pflege aber abgelehnt werden.

III. Wird die Fürsorge einem Hilfsbedürftigen gegenüber beschränkt, so ist, soweit möglich zu verhüten, daß davon seine Angehörigen oder andere Hilfsbedürftige mitbetroffen werden, mit denen er in häuslicher Gemeinschaft lebt.

B. Besondere Bestimmungen.

a) für Kleinrentner, Sozialrentner und die ihnen Gleichstehenden.[2])

1. **Kleinrentner** (§§ 14 u. 15). § 14.

I. Bei alten oder erwerbsunfähigen Personen, die infolge eigener oder fremder Vorsorge ohne die eingetretene Geldentwertung nicht auf die öffentliche Fürsorge angewiesen wären (Kleinrentner), ist bei Prüfung der Hilfsbedürftigkeit, der Art und des Umfangs der Hilfe auf ihre früheren Lebensverhältnisse Rücksicht zu nehmen; dabei aber auch die allgemeine Verschlechterung der Lebenshaltung des Deutschen Volkes zu beachten. Das gilt besonders, wenn die Hilfe in einer Anstalt oder durch Anweisung von Arbeit gewährt oder von deren Leistung abhängig gemacht werden soll.

[1]) S. auch § 33 a Abs. II R.Gr.
[2]) S. auch § 33 a Abs. I RGr.

II. Als erwerbsunfähig ist ein Kleinrentner dann anzusehen, wenn er infolge körperlicher oder geistiger Gebrechen nicht nur vorübergehend außerstande ist, sich durch Arbeit einen wesentlichen Teil seines Lebensbedarfs zu beschaffen.

§ 15.

I. Die Fürsorge soll bei Kleinrentnern insbesondere nicht abhängig gemacht werden vom Verbrauch oder der Verwertung

a) kleinerer Vermögen,

b) eines angemessenen Hausrats, wobei die bisherigen Lebensverhältnisse des Hilfsbedürftigen zu berücksichtigen sind,

c) von Familien- und Erbstücken, deren Entäußerung den Hilfsbedürftigen besonders hart treffen würde oder deren Verkehrswert außer Verhältnis zu dem Werte steht, den sie für den Hilfsbedürftigen oder seine Familie haben.

d) von Gegenständen, die zur Befriedigung geistiger, besonders wissenschaftlicher oder künstlerischer Bedürfnisse dienen und deren Besitz nicht Luxus ist,

e) eines kleinen Hausgrundstücks, das der Hilfsbedürftige ganz oder zum größten Teil zusammen mit bedürftigen Angehörigen bewohnt und das nach seinem Tode diesen weiter als Wohnung dienen soll.

II. Auch sonst soll von der Verwertung des Vermögens und von der Sicherstellung des Ersatzes abgesehen werden, wenn dies eine besondere Härte für den Hilfsbedürftigen oder seine unterhaltsberechtigten Angehörigen bedeuten würde.

2. **Sozialrentner.** § 16.

In entsprechender Weise wie die Kleinrentner sind alte oder invalide oder berufsunfähig gewordene Rentner der Arbeiter- oder Angestelltenversicherung zu betreuen. Die Rentenerhöhung, die ein Hilfloser zur Pflege und Wartung erhält (§§ 560, 930, 1065 der Reichsversicherungsordnung bleibt bei jeder Hilfe außer Ansatz, die nicht demselben Zweck dient.

3. **Gleichstehende.** § 17.

Den Kleinrentnern können alte oder durch geistige oder körperliche Gebrechen erwerbsunfähig gewordene Personen gleichgestellt werden, die trotz wirtschaftlicher Lebensführung auf die öffentliche Fürsorge angewiesen sind. Die oberste Landesbehörde kann sich die Gleichstellung vorbehalten oder sie allgemein vorschreiben.

b) für Kriegsbeschädigte und Kriegshinterbliebene.

1. Allgemeine Kb.- u. Kh.-Fürsorge.

§ 18.

I. Kriegsbeschädigten und Kriegshinterbliebenen gegenüber (§ 20) soll jede Art der Fürsorge wenigstens die Rücksichten nehmen, die für Kleinrentner vorgeschrieben sind (§§ 14 und 15).

II. Die Pflegezulage, die ein Beschädigter für Pflege und Wartung erhält, bleibt bei jeder Hilfe außer Ansatz, die nicht demselben Zwecke dient; das gilt auch für die den Blinden gewährte Führerhundzulage.

III. Vergünstigungen, die Personen erhalten, weil ihr Einkommen unter einer bestimmten Höhe bleibt, können Kriegsbeschädigten und Kriegshinterbliebenen, die ihren Lebensunterhalt ausschließlich oder überwiegend aus den Versorgungsgebührnissen bestreiten müssen, auch dann gewährt werden, wenn ihr Einkommen diese Höhe erreicht oder nur unwesentlich übersteigt.

2. Soziale Kb.-u Kh.-Fürsorge (§§ 19—32).

§ 19.

Die soziale Fürsorge, die nach den Versorgungsgesetzen Kriegsbeschädigten und Kriegshinterbliebenen über die allgemeine Fürsorge hinaus Hilfe zu gewähren hat, richtet sich nach den Bestimmungen der §§ 20—32.

Personenkreis.

§ 20.

I. Als Kriegsbeschädigte und Kriegshinterbliebene gelten

a) die nach dem Reichsversorgungsgesetz Versorgungsberechtigten,

b) die nach dem Offizierpensionsgesetze vom 31. Mai 1906 (Reichsgesetzbl. S. 565) Versorgten selbst und ihre nach dem Militärhinterbliebenengesetze vom 17. Mai 1907 (Reichsgesetzbl. S. 214) versorgten Angehörigen, wenn jene im Kriege eine Dienstbeschädigung erlitten haben oder an ihren Folgen verstorben sind.

II. Den Kriegsbeschädigten und Kriegshinterbliebenen stehen Personen gleich, denen andere Reichsgesetze soziale Fürsorge im Sinne des Reichsversorgungsgesetzes zubilligen.

III. Wenn es besondere Gründe der Billigkeit rechtfertigen, soll ein Versorgungssucher schon vor der Anerkennung seines Anspruchs hinsichtlich der Fürsorge wie ein Versorgungsberechtigter behandelt werden.

Familienfürsorge. § 21.

Die soziale Fürsorge für einen Beschädigten umfaßt auch die Familienmitglieder, deren Ernährer er gewesen ist oder ohne die Dienstbeschädigung voraussichtlich geworden wäre.

Ursächlicher Zusammenhang. § 22.

Die soziale Fürsorge gewährt ihre Hilfe in der Regel nur, wenn die Notlage mit der Dienstbeschädigung oder dem Verluste des Ernährers zusammenhängt; der Zusammenhang wird angenommen, soweit nicht das Gegenteil offenkundig oder nachgewiesen ist. Auch ohne diesen Zusammenhang kann sie eintreten, wenn es besondere Gründe der Billigkeit rechtfertigen.

Hilfsbedürftigkeit, Art u. Maß der Hilfe, Anrechnung. § 23.

I. Die soziale Fürsorge gewährt ihre Hilfe auch dann, wenn zwar der Beschädigte oder die Hinterbliebenen selbst oder ein unterhaltspflichtiger Angehöriger die Leistungen aus ihrem Einkommen oder Vermögen bestreiten könnten, es aber unbillig wäre, dies zu verlangen.

II. Bei Prüfung der Hilfsbedürftigkeit und der Art und des Umfangs der Hilfe ist entgegenkommend zu verfahren; dabei ist besonders auch der Aufwand für Erziehung und Erwerbsbefähigung von Kindern zu berücksichtigen, der nach ihren Anlagen und Fähigkeiten und nach der Lebensstellung der Eltern berechtigt ist.

III. Bei Prüfung, inwieweit ein Schwerbeschädigter den Lebensbedarf aus eigenen Mitteln bestreiten kann, soll die Schwerbeschädigtenzulage einschließlich des auf sie entfallenden Betrags an Ausgleichs- und Ortszulage in der Regel außer Betracht bleiben.

IV. Mehrausgaben, die einem Schwerbeschädigten infolge seiner Beschädigung erwachsen, sollen angemessen berücksichtigt werden. Bei einer Witwe soll in der Regel die Rentenerhöhung außer Betracht bleiben, die sie erhält, weil sie erwerbsunfähig ist oder ein Kind zu versorgen oder das 45. oder ein höheres Lebensjahr vollendet hat.

Ziel und Aufgaben (§§ 24, 25). § 24.

Die soziale Fürsorge hat zum Ziele, den Beschädigten tunlichst wieder erwerbsfähig zu machen und ihn dem Wirtschaftsleben zu erhalten, der Witwe die Fortführung ihres Hausstandes und die Erziehung, Ausbildung ihrer Kinder tunlichst aus eigenen Kräften zu ermöglichen und den Waisen die Erlangung einer ihren Fähigkeiten angemessenen Lebensstellung zu erleichtern.

§ 25.

Die soziale Fürsorge hat den Beschädigten und Hinterbliebenen bei der Berufsausbildung und bei der Unterbringung und Erhaltung im Erwerbsleben beizustehen und behilflich zu sein, die Folgen einer erlittenen Dienstbeschädigung oder des Verlustes des Ernährers nach Möglichkeit zu überwinden oder zu mildern.

Arbeits- und Berufsfürsorge (§§ 26, 27).

§ 26.

I. Hat ein Beschädigter nach dem Reichsversorgungsgesetz einen Anspruch auf unentgeltliche berufliche Ausbildung, so muß ihm die soziale Fürsorge diese gewähren und während der Ausbildung auch den notwendigen Lebensbedarf für ihn und seine unterhaltsberechtigten Angehörigen, soweit er ihn nicht aus eigenen Mitteln beschaffen kann.

II. Inwieweit darüber hinaus Beschädigten und Hinterbliebenen Berufsausbildung gewährt werden soll, richtet sich nach den Besonderheiten des Einzelfalles.

§ 27.

I. Die soziale Fürsorge soll Beschädigte und Hinterbliebene in Versorgungs-, Fürsorge- und Familienangelegenheiten beraten oder diese Beratung vermitteln.

II. Sie soll für Berufsberatung, Arbeitsvermittlung und Arbeitsbeschaffung im Zusammenwirken mit den Arbeitsnachweisen sorgen und Schwerbeschädigte bei Wahrung ihrer Rechte aus dem Reichsgesetz über die Beschäftigung Schwerbeschädigter unterstützen.

III. In geeigneten Fällen soll sie auch die Ansiedlung und Selbständigmachung Beschädigter und Hinterbliebener, besonders kinderreicher Familien, fördern.

Heilfürsorge, Siechenfürsorge.

§ 28.

I. Die soziale Fürsorge soll den dauernd erwerbsunfähigen Schwerbeschädigten die durch die Dienstbeschädigung verursachten körperlichen Beschwerden erleichtern, soweit dies nicht durch die Versorgungsheilbehandlung zu geschehen hat.

II. Soweit Beschädigte dauernder Pflege bedürfen, aber nicht auf Kosten des Reichs unter entsprechender Anrechnung der Versorgungsgebührnisse Anstaltspflege erhalten, soll die soziale Fürsorge für angemessene Pflege und Unterkunft sorgen.

III. Während der Heilbehandlung eines Beschädigten soll die Fürsorge, wenn nötig, die Versorgungsleistungen durch Fürsorgemaßnahmen für ihn und seine Angehörigen ergänzen.

Kinderfürsorge. § 29.

I. Die soziale Fürsorge hat die Berufsausbildung von Waisen und von Kindern Schwerbeschädigter nachdrücklich zu fördern; sie soll dabei die Anlagen und Fähigkeiten des Kindes und die Lebensstellung der Eltern angemessen berücksichtigen.

II. Die soziale Fürsorge soll auch sonst auf die Erziehung von Waisen und von Kindern Schwerbeschädigter sowie auf die Pflege ihrer Gesundheit besonderes Gewicht legen und ihnen die Teilnahme an Einrichtungen der Gesundheits- und Erholungsfürsorge möglichst erleichtern.

Krankenhilfe für Hinterbliebene. § 30.

Für hilfsbedürftige nicht versicherte Hinterbliebene soll durch Vereinbarung mit den Krankenkassen oder auf andere Weise für die notwendige Krankenhilfe gesorgt werden.

Darlehen. Zurückzahlung von Fürsorgeleistungen. § 31.

I. Um die wirtschaftliche Selbständigkeit Beschädigter und Hinterbliebener zu sichern, soll von der Möglichkeit, ihnen Darlehen gegen Verpfändung von Versorgungsgebührnissen zu gewähren, tunlichst Gebrauch gemacht werden.

II. Im übrigen soll die soziale Fürsorge ihre Hilfe nur dann von der Zurückzahlung der aufgewendeten Kosten abhängig machen, wenn es mit Rücksicht auf Art und Zweck der Fürsorgeleistungen und die gegenwärtigen oder zu erwartenden wirtschaftlichen Verhältnisse des Hilfesuchenden unbillig wäre, hiervon abzusehen; die berufliche Ausbildung, auf die ein Beschädigter nach dem Reichsversorgungsgesetz Anspruch hat (§ 26), darf sie nicht davon abhängig machen.

III. Wenn sich die soziale Fürsorge bei ihrer Hilfe nicht ausdrücklich die Zurückzahlung der aufgewendeten Kosten ausbedingt, kann sie Ersatz nicht verlangen.

Allgemeine Einrichtungen. § 32.

Die soziale Fürsorge soll allgemeine Einrichtungen, die auch Kriegsbeschädigten und Kriegshinterbliebenen zugute kommen, besonders fördern.

C. Schlußbestimmungen.

Erwerbslosenfürsorge. § 33.

Die besonderen Bestimmungen über die Fürsorge für Erwerbslose werden durch diese Grundsätze nicht berührt.

§ 33a[1])

Die oberste Landesbehörde oder die von ihr bestimmten Stellen setzen den örtlichen Verhältnissen angepaßte Richtsätze für die Bemessung des notwendigen Lebensunterhalts der Hilfsbedürftigen fest. Für Sozial- und Kleinrentner und ihnen Gleichstehende (§§ 14 bis 17) müssen diese Sätze so bemessen sein, daß der Hilfsbedürftige entsprechend den Bestimmungen der §§ 14 u. 16 gegenüber der allgemeinen Fürsorge eine angemessene Mehrleistung erhält. Diese Mehrleistung soll, soweit nicht nach § 84 des Aufwertungsgesetzes vom 16. Juli 1925 und § 26 des Gesetzes über die Ablösung öffentlicher Anleihen vom gleichen Tage (Reichsgesetzbl. I S. 117 u. 137) eine weitergehende Erhöhung einzutreten hat, in der Regel wenigstens ein Viertel des allgemeinen Richtsatzes betragen.

Die oberste Landesbehörde oder die von ihr bestimmten Stellen setzen ferner den örtlichen Verhältnissen angepaßte Einkommensätze fest, bei deren Nichterreichung eine Wöchnerin Wochenfürsorge (§ 12) stets dann erhält, wenn nicht Tatsachen die Annahme rechtfertigen, daß die Hilfe nicht benötigt wird.

Ausländer. § 34.

Ausländern ist im Falle der Hilfsbedürftigkeit Lebensunterhalt, insbesondere Unterkunft, Nahrung, Kleidung und Pflege sowie Krankenhilfe zu gewähren. Nötigenfalls ist der Bestattungsaufwand zu bestreiten. Die übrigen Bestimmungen gelten für Ausländer nur, soweit es die Reichsregierung mit Zustimmung des Reichsrats oder ein Staatsvertrag bestimmt.

---

[1]) Eingeschaltet durch VO. v. 7. 9. 1925 (RGBl. I S. 332). Bayer. Vollzugsbek. v. 24. 10. 1925 (Staatsanz. Nr. 247); abgedr. unten S. 42 u. 46.

Landesrecht. § 35.

I. Die vorstehenden Grundsätze hindern die Länder, und soweit nicht landesrechtliche Vorschriften entgegenstehen, auch die Fürsorgeverbände nicht, den Hilfsbedürftigen darüber hinaus Hilfe zu gewähren.

II. Der Ersatz der aufgewendeten Kosten kann von den Fürsorgeverbänden eines anderen Landes nur verlangt werden, soweit sich die Hilfe im Rahmen dieser reichsrechtlichen Grundsätze hält.

Inkrafttreten. § 36.

Diese Grundsätze treten am 1. Januar 1925 in Kraft. Mit diesem Zeitpunkt treten außer Kraft:

a) die im Artikel 2 der Verordnung vom 14. Februar 1924 (RGBl. I S. 110) über das Inkrafttreten des Reichsgesetzes für Jugendwohlfahrt noch aufrechterhaltenen Vorschriften des § 49 Abs. 1 und 2 des Reichsgesetzes für Jugendwohlfahrt vom 9. Juli 1922 (RGBl. I S. 633),

b) die im § 32 der Verordnung über die Fürsorgepflicht vom 13. Februar 1924 (RGBl. I S. 100) noch aufrechterhaltenen Bestimmungen über die Fürsorge für Rentenempfänger der Invaliden- und Angestelltenversicherung, Kleinrentner, Kriegsbeschädigte und Kriegshinterbliebene sowie diejenigen über Wochenfürsorge.

Berlin, den 4. Dezember 1924.

Der Reichsarbeitsminister:
Dr. Brauns.

Der Reichsminister des Innern:
Dr. Jarres.

4.

Der Reichsarbeitsminister.
V A (VIII) 10 665.
Der Reichsminister des Innern.
II 9627/24 B.

Berlin, den 13. Dezember 1924.

Erläuterungen zu den Reichsgrundsätzen über Voraussetzung, Art und Maß der öffentl. Fürsorge.

Die Verordnung über die Fürsorgepflicht vom 13. Februar 1924 (Reichsgesetzbl. I S. 100) regelt Voraussetzung, Art und Maß der zu gewährenden Fürsorge nicht selbst. Sie überläßt in § 6 die Regelung im Rahmen der reichsrechtlichen Vorschriften den Ländern, gibt aber der Reichsregierung zugleich die Befugnis, mit Zustimmung des Reichsrats Grundsätze hierüber aufzustellen, um die Gleichmäßigkeit der Fürsorge insoweit zu wahren, als es im Interesse der Hilfsbedürftigen und der ersatzberechtigten und -verpflichteten Fürsorgeverbände geboten oder aus wohlfahrtspflegerischen Gründen dringend erwünscht ist.. Außerdem bestimmt § 1 der Verordnung über die soziale Fürsorge für Kriegsbeschädigte und Kriegshinterbliebene vom 8. Februar 1919 (Reichsgesetzbl. S. 187) in der Fassung des § 34 der Verordnung über die Fürsorgepflicht, daß die soziale Fürsorge für Kriegsbeschädigte und Kriegshinterbliebene nach Grundsätzen zu erfüllen ist, die die Reichsregierung mit Zustimmung des Reichsrats aufstellt.

Bis zur Aufstellung dieser Grundsätze hat die Fürsorgepflichtverordnung in § 32 Abs. 2 die bisherigen reichsrechtlichen Bestimmungen über die Fürsorge für Rentenempfänger der Invaliden- und Angestelltenversicherung, Kleinrentner, Kriegsbeschädigte und Kriegshinterbliebene sowie diejenigen über Wochenfürsorge aufrechterhalten, soweit sie Voraussetzung, Art und Maß der Fürsorge betreffen. Ebenso sind durch Artikel 2 Abs. 2 der Verordnung über das Inkrafttreten des Reichsgesetzes für Jugendwohlfahrt vom 4. Februar 1924 (Reichsgesetzbl. I S. 110) die Vorschriften des § 49 Abs. 1 und 2 des Reichsjugendwohlfahrtsgesetzes bis zum Erlasse neuer Vorschriften aufrechterhalten.

Unterm 4. Dezember 1924 sind nunmehr die

Reichsgrundsätze über Voraussetzung, Art und Maß der öffentlichen Fürsorge

mit Zustimmung des Reichsrats erlassen worden. Sie sind im Reichsgesetzbl. 1924 Teil I S. 765 bekanntgegeben und treten am 1. Januar 1925 in Kraft.

Zu ihrer Erläuterung wird bemerkt:

Die Fürsorgepflichtverordnung will die bisherige Zersplitterung der öffentlichen Wohlfahrtspflege in Gesetzgebung und Vollzug tunlichst beseitigen. Sie will durch Schaffung leistungsfähiger Träger und durch einheitliche Zuständigkeitsvorschriften die Durchführung einer zweckgestalteten Fürsorge erleichtern; sie will aber nicht Art und Umfang der Fürsorge auf ein Gleichmaß da herabdrücken, wo die Verhältnisse Verschiedenartigkeit erfordern und ertragen. Die Grundsätze lehnen daher eine Einheitsfürsorge ab, die alle Hilfsbedürftigen ohne Rücksicht auf Art und Ursache der Not gleichbehandelt. Sie versuchen vielmehr den Gedanken zu verwirklichen, den die im Jahre 1923 gefertigte Denkschrift des Reichsarbeitsministeriums über die Vorarbeiten zu einem Reichswohlfahrtsgesetze zum Ausdruck bringt, „daß für Hilfsbedürftige, die durch die besonderen Dienste, die sie oder ihr Ernährer der Allgemeinheit geleistet haben, oder die auf Grund einer Vorsorge, die Recht oder Sitte verlangt oder anerkennt, einen Anspruch auf Fürsorge erworben haben, Rechte und Richtmaße der Fürsorge in der Regel höher bemessen werden sollen als bei denjenigen, denen die Fürsorge lediglich kraft ihres Daseins zugestanden wird". Das gilt vor allem für die Kriegsbeschädigten und Kriegshinterbliebenen, denen das Reichsversorgungsgesetz eine besondere Art der Fürsorge zuerkennt. Es gilt aber auch für die Kleinrentner, die infolge eigener oder fremder Vorsorge ohne die Geldentwertung der Fürsorge nicht anheim gefallen wären und für die bisher schon eine der Art nach gehobene Fürsorge eingeführt war. Es gilt ferner für die Sozialrentner, die nach einem Leben von Arbeit und Mühe hilfsbedürftig werden. Von der Invalidenversicherung wurde auch vor dem Kriege nicht erwartet, daß sie den ganzen Lebensunterhalt des vom Versicherungsfalle Betroffenen deckt. Die in der Sozialversicherung organisierte Selbsthilfe bedarf der Ergänzung durch weitere eigene Vorsorge, durch Familienhilfe und, soweit diese nicht ausreichen, durch öffentliche Fürsorge. Geldentwertung und Teuerung haben aber die eigene Vorsorge und die Familienhilfe dauernd geschwächt.

Die bisherige Armenpflege von Reichs wegen zu einer gehobenen Wohlfahrtspflege umzugestalten, wie dies von verschiedenen Seiten verlangt wird, ist dem Reiche bei seiner gegenwärtigen Finanzlage nicht möglich; denn es wäre außerstande, den Ländern oder Gemeinden für diese neuen Aufgaben den Vorschriften des § 59 des Finanzausgleichsgesetzes entsprechend die erforderlichen Mittel bereitzustellen. Die Reichsgrundsätze hindern aber kein Land, für alle Hilfsbedürftigen eine gehobene Wohlfahrtspflege einzuführen. Ebensowenig schließen es die Grundsätze aus, daß ein Fürsorgeverband einzelnen oder allen Hilfsbedürftigen eine über die allgemeine hinausgehende Fürsorge zuwendet, es sei denn, daß ihn landesrechtliche Vorschriften binden (§ 35).

A. Fürsorge im allgemeinen.

Der Abschnitt „Fürsorge im allgemeinen" umfaßt die Vorschriften, die für jede Art der Fürsorge gelten sollen; er will die Grundsätze allgemein festhalten, die sich nach den bisherigen Erfahrungen bewährt haben und im Rahmen der zur Verfügung stehenden Mittel durchführbar erscheinen.

Zu § 1:

Pflichtaufgabe der Fürsorge soll sein, dem Hilfsbedürftigen den notwendigen Lebensbedarf zu gewähren. Die Fürsorge darf dabei nicht einförmig helfen, sondern muß die Eigenart der Notstände ergründen und danach die Mittel zur Abhilfe wählen; schematische Fürsorge widerspricht den Grundsätzen.

Das Ziel jeder Fürsorge muß sein, sich überflüssig zu machen, d. h. den Hilfsbedürftigen in seinem Willen und in seiner Kraft so zu stärken, daß er sich durch eigenes Können, Mühen und Schaffen selbst behaupten, insbesondere für seine unterhaltsberechtigte Familie selbst sorgen kann.

Zu §§ 2 und 3:

Die Fürsorgepflichtverordnung verpflichtet an sich den Fürsorgeverband nur einzugreifen, wenn die Hilfsbedürftigkeit bereits besteht. Die große Bedeutung, die der vorbeugenden Fürsorge, besonders auf dem Gebiete der Gesundheits- und Arbeitsfürsorge und zum Schutze der gefährdeten Jugend, beigelegt werden muß, ließ es aber geboten erscheinen, in den Grundsätzen auf diese vorbeugende Maßnahme ausdrücklich hinzuweisen. Eine Verpflichtung, solche Maßnahmen einzuleiten und durchzuführen, konnten die Grundsätze aus denselben Gründen nicht aussprechen, die sie hinderten, eine gehobene Wohlfahrtspflege allgemein einzuführen. Sie konnten daher nur vorschreiben, daß die Fürsorge rechtzeitig und ausreichend einsetzen muß; die Fürsorge wird dann sicherer helfen und sparsamer wirtschaften, als wenn sie zuwartet, bis sie einem verschärften Notstand gegenübersteht, dem sie nicht oder nur mit verstärkten Kräften und Mitteln gewachsen ist; das gilt besonders bei Störungen körperlicher, geistiger oder sittlicher Entwicklung der Jugendlichen, wie dies bereits in § 49 Abs. 2 des Reichsgesetzes für Jugendwohlfahrt vom 9. Juli 1922 zum Ausdruck gekommen ist.

Hilfsbedürftigkeit und Eintritt der Notlage sind nicht gleichbedeutend. Die Grenzen zwischen vorbeugenden und helfenden Maßnahmen werden häufig — nur schwer scheidbar — ineinander übergehen. Die Hilfsbedürftigkeit wird regelmäßig schon dann als eingetreten zu gelten haben, wenn die Notlage erkennbar droht und der von der Notlage Bedrohte außerstande ist, ihr in dem Zeitpunkt entgegenzutreten, in dem ein verständig wirtschaftender und sorgender Mensch Abhilfe sucht. Die Fürsorge, die einer ihr erkennbar werdenden Notlage in diesem Zeitpunkt bereits entgegentritt, setzt rechtzeitig ein; ihre Leistung ist eine helfende, nicht eine vorbeugende Maßnahme und daher ersatzfähig im Sinne der Fürsorgepflichtverordnung.

Der Hilfsbedürftige soll nicht aus Unkenntnis oder aus Scheu der Hilfe verlustig gehen. Die Fürsorge darf daher ihr Eingreifen nicht von einem Antrag abhängig machen; sie muß erforderlichenfalls auch von Amts wegen einsetzen. Ein Verzicht des Hilfsbedürftigen auf Hilfe entbindet sie nicht von ihrer Pflicht.

Zu § 4:

Auf die Notwendigkeit, Einrichtungen zu fördern, die den gemeinsamen Interessen von Hilfsbedürftigen dienen, war bereits in den Richtlinien für die Kleinrentnerfürsorge vom 9. Mai 1923 und den hierzu ergangenen Erläuterungen hingewiesen worden. Die Grundsätze wiederholen diesen Hinweis allgemein, um die Fürsorgeverbände auf die Wichtigkeit derartiger Einrichtungen hinzuweisen, die vielfach den Notständen am zweckmäßigsten abhelfen und die Fürsorgeverbände in der Einzelfürsorge stark entlasten. Das gilt insbesondere für Einrichtungen, die der Beschäftigung Erwerbsbeschränkter oder, wie es bei Kleinrentnern häufig der Fall ist, bisher Erwerbsungewohnter dienen. Ob es sich dabei um Einrichtungen der öffentlichen oder der freien Wohlfahrtspflege handelt, ist gleichgültig.

Zu § 5:

Die Bestimmung, wann eine Person als hilfsbedürftig anzusehen ist (§ 5), entspricht im wesentlichen der bisherigen Verwaltungsübung und Rechtsprechung und den in einzelnen Landesgesetzen erlassenen besonderen Vorschriften. Wird ein Unterhaltsberechtigter unterstützt, so gilt grundsätzlich er, nicht der Unterhaltsverpflichtete, als der Hilfsbedürftige. Bei der Schwierigkeit, zu unterscheiden, inwieweit die einer Familie geleistete Hilfe dem Familienhaupt oder den übrigen Familiengliedern zuteil wird, wer also von ihnen als hilfsbedürftig anzusehen ist, soll jemand auch dann schon als hilfsbedürftig gelten, wenn seine Mittel und Kräfte nicht ausreichen, den notwendigen Lebensbedarf für seine unterhaltsberechtigten Angehörigen zu beschaffen.

Die Tatsache, daß ein Anstaltspflegling der Anstalt gegenüber einen vertraglichen Unterhaltsanspruch hat, schließt seine Hilfsbedürftigkeit u. a. dann nicht aus, wenn die Anstalt nicht mehr in der Lage ist, ihre Vertragspflichten zu erfüllen.

Zu § 6:

Was als notwendiger Lebensbedarf im Sinne der §§ 1 und 5 anzusehen ist, bestimmt § 6. Es soll darunter nicht lediglich das zum Lebensunterhalt unbedingt Notwendige verstanden werden, sondern darüber hinaus auch das, was zur Erhaltung der Gesundheit und Arbeitsfähigkeit geboten ist; auch sollen die werdende Mutter und das Kind ausreichend geschützt werden.

In Verwirklichung des Gedankens, daß die Fürsorge in erster Linie bestrebt sein muß, die zu betreuenden Personen selbständig und damit unabhängig von ihrer Hilfe zu machen, bezeichnet § 6 d bei Minderjährigen — entsprechend der bisherigen Vorschrift in § 49 Abs. 1 des Reichsgesetzes für Jugendwohlfahrt — außerdem als zum notwendigen Lebensbedarfe gehörig Erziehung und Erwerbsbefähigung. Die Erwerbsbefähigung umfaßt nicht nur die Befähigung zu ungelernter Arbeit, sondern in geeigneten Fällen auch die Ausbildung zu einem bestimmten Beruf.

Ebenso bestimmt § 6 e, daß auch bei Blinden, Taubstummen und Krüppeln die Erwerbsbefähigung zur Pflichtaufgabe der Fürsorge gehört. Die Erfahrungen, besonders in der sozialen Kriegsbeschädigtenfürsorge, haben ergeben, daß es die wirksamste, würdigste und im Endergebnisse sparsamste Hilfe für derartige Schwererwerbsbeschränkte ist, ihre Kräfte dem Wirtschaftsleben nutzbar zu machen. Die Fürsorge wird daher im Endergebnisse nicht verteuert, wenn sie verpflichtet wird, von vornherein auch diese Erwerbsbefähigung in ihren Aufgabenkreis einzubeziehen. Wo die Erfolglosigkeit des Versuchs, einen solchen Hilfsbedürftigen erwerbsfähig zu machen, mit Sicherheit vorauszusehen ist oder sich bereits herausgestellt hat, braucht er — wie sich aus § 10 ergibt — nicht unternommen oder fortgesetzt zu werden.

Daß einem Hilfsbedürftigen nach dem Ableben eine geordnete Bestattung zuteil werden soll, entspricht den bisher in allen Ländern geltenden Bestimmungen.

Zu § 7:

Die Fürsorge darf das selbstverantwortende Schaffen nicht lähmen. Es muß daher von jedem Hilfsbedürftigen verlangt werden, daß er die ihm noch verbliebene Arbeitskraft zur Beschaffung des notwendigen Lebensbedarfs selbst einsetzt, ehe ihm die Fürsorge Hilfe gewährt. Die Vorschriften des § 7 Abs. 2 und 3 wollen ihn aber auch dagegen schützen, daß er unter Voraussetzungen und in Formen zur Erwerbsarbeit gedrängt wird, die unwirtschaftlich oder unbillig wären; sie wollen insbesondere verhüten, daß eine Mutter, die ihre Kinder erziehen kann und will, durch die Fürsorge gezwungen wird, dem Erwerbe nachzugehen und ihre Kinder der Fürsorge anderer zu überlassen.

Zu § 8:

Die Belange der Allgemeinheit verlangen, daß, ehe die öffentliche Fürsorge eintritt, der Hilfsbedürftige *seine eigenen Mittel* einzusetzen hat, d. h. sein gesamtes verwertbares Vermögen und Einkommen. § 8 spricht in Abs. 1 diesen Grundsatz aus, sucht aber in Abs. 2 und 3 zu verhüten, daß diese Verwertung in einem Umfang oder in einer Art verlangt wird, die *unbillig oder unwirtschaftlich* wäre, insbesondere zwar im Augenblick eine Verringerung des Fürsorgeaufwandes, für später jedoch eine größere und dauernde Last zur Folge hätte.

Die öffentliche Wohlfahrtspflege darf *freiwillige* Gaben, die zu ihrer Ergänzung gegeben werden, nicht zu anderen Zwecken verwenden, als sie vom Geber bestimmt sind. § 8 Abs. 4 soll verhindern, daß eine mit dem Geberwillen in Widerspruch stehende Verwendung freiwilliger Gaben die Tätigkeit der freien Wohlfahrtspflege beeinträchtigt und die Gebefreudigkeit Dritter hemmt.

Die Bestimmung des Abs. 5 entspringt der Erwägung, daß derjenige, der durch außergewöhnliche Tatkraft trotz vorgerückten Alters oder starker Beschränkung seiner Erwerbsfähigkeit sich bemüht, seine wirtschaftliche Lage zu verbessern, von der Fürsorge auch besonders berücksichtigt werden soll. Als *schwererwerbsbeschränkt* sind Personen anzusehen, die wenigstens um 50 v. H. in ihrer Erwerbsfähigkeit beschränkt sind.

Zu § 9:

Wenn auch nach § 8 Vermögen und Ansprüche, die noch nicht verwertbar sind, bei Prüfung der Hilfsbedürftigkeit und der Art und des Maßes der Hilfe nicht berücksichtigt werden können, so ist es doch gerechtfertigt, in geeigneten Fällen auf solches Vermögen oder solche Ansprüche zurückzugreifen, wenn sie später verwertbar sind. § 9 sieht daher vor, daß die Hilfeleistung ausdrücklich von der *Verpflichtung* abhängig gemacht werden kann, die *aufgewendeten Kosten zurückzuzahlen*. Durch die Vorschriften des Abs. 2 und 3 soll ungerechtfertigten Härten vorgebeugt, insbesondere verhindert werden, daß Personen, denen die Rückzahlung der aufgewendeten Kosten voraussichtlich nur aus dem Arbeitseinkommen möglich ist, durch die eingegangene Verpflichtung in ihrem Fortkommen auf lange Zeit schwer gehemmt werden. Die Vorschrift schließt selbstverständlich nicht aus, daß da, wo ein Darlehen an sich die ausreichende und angemessene Hilfe darstellt, auch diese Form gewählt wird.

Zu § 10:

Der Lebensbedarf ist nur insoweit zu gewähren, als er im Einzelfall erforderlich ist. Was als *erforderlich* zu gelten hat, ist ohne Engherzigkeit, aber mit der ernsten Verantwortung zu prüfen, die bei Verwendung öffentlicher Mittel unter den gegenwärtigen Verhältnissen besonders geboten ist; dabei werden einerseits die berechtigten besonderen Bedürfnisse des Hilfsbedürftigen und andererseits die Finanzlage sowie die allgemeine Lebenshaltung des Volkes in abwägende Rücksicht zu ziehen sein.

Den schwierigen wirtschaftlichen Verhältnissen, unter denen kinderreiche Familien leben, ist besonders Rechnung zu tragen. Dies gilt auch für Flüchtlinge.

Auch die Frage, in welcher Form Hilfe geleistet werden soll, muß individuell, d. h. nach der Besonderheit des Einzelfalles, geprüft und entschieden werden.

Zu § 11:

Auf die Hingabe von Geld kann sich die Fürsorge nicht beschränken; je nach den Umständen muß sie auch Sachleistungen und vor allem persönliche Hilfe gewähren. Die Fürsorge kann in offener oder Anstaltspflege geleistet werden; der Hilfsbedürftige soll aber gegen eine nicht gebotene, ihm unerwünschte Unterbringung in einer Anstalt oder fremder Familie angemessen geschützt werden.

Zu § 12:

Die Reichsversicherungsordnung gewährt nicht nur Schwangeren und Wöchnerinnen, die selbst versichert sind, Wochenhilfe, sondern auch den Familienangehörigen Versicherter. § 12 will auch anderen Schwangeren und Wöchnerinnen, wenn sie hilfsbedürftig sind, die Hilfe sicherstellen, die die Reichsversicherungsordnung (§ 205 a) den Familienangehörigen Versicherter gewährt.

In Anlehnung an die früheren Bestimmungen über Wochenfürsorge einheitliche Mindesteinkommenssätze für die Gewährung der Hilfe festzusetzen, erschien bei der Verschiedenartigkeit der wirtschaftlichen Verhältnisse in den einzelnen Teilen des Deutschen Reiches nicht angebracht. Die Fürsorge wird aber gerade Schwangeren und Wöchnerinnen gegenüber bei Prüfung der Hilfsbedürftigkeit besonders wohlwollend verfahren und daher vielfach bei Familien eingreifen müssen, bei denen sonst die Inanspruchnahme öffentlicher Fürsorgemittel nicht in Betracht kommt.

Zu § 13:

Dem Hilfsbedürftigen gegenüber, der sich unter Aufwendung besonderer Tatkraft bemüht, sich selbst zu erhalten, ebenso wie gegenüber der Allgemeinheit, die die Fürsorgelasten zu tragen hat, ist es ein Gebot der Billigkeit, bei Arbeitsscheuen und offenbar unwirtschaftlichen Personen die Fürsorge weitgehend zu beschränken. Das gleiche muß den Hilfesuchenden gegenüber möglich sein, die den berechtigten Anordnungen der zuständigen Stellen beharrlich zuwiderhandeln. § 13 trägt dieser Forderung Rechnung; er gilt für alle Gruppen von Hilfsbedürftigen, also auch für die unter B bezeichneten. Um einen Hilfsbedürftigen als arbeitsscheu oder offenbar unwirtschaftlich anzusehen, genügt eine einmalige Arbeitsverweigerung oder ein einmaliges unwirtschaftliches Verhalten nicht; es muß vielmehr eine dauernde Arbeitsscheu oder ein Hang zum Nichtstun festgestellt werden.

B. Besondere Bestimmungen.

a) Für Kleinrentner, Sozialrentner und ihnen Gleichstehende.

Zu §§ 14 und 15:

Die von der Kleinrentnerfürsorge handelnden Bestimmungen der §§ 14 und 15 schließen sich im wesentlichen den bisherigen Grundsätzen über Voraussetzung, Art und Maß der Fürsorge für Kleinrentner an.

Der Personenkreis ist im § 14 in Anlehnung an die früheren Vorschriften des § 2 des Gesetzes vom 4. Februar 1923 über die Kleinrentnerfürsorge (Reichsgesetzbl. I S. 104) umschrieben. Voraussetzung der Kleinrentnereigenschaft ist hiernach, daß der Hilfsbedürftige infolge eigener oder fremder Vorsorge ohne die eingetretene Geldentwertung nicht auf die öffentliche Fürsorge angewiesen wäre. Die bisherige Bestimmung, daß diese Kleinrentnereigenschaft auch dann anzunehmen ist, wenn die Hilfsbedürftigkeit „ohne sonstige Kriegsfolgen" nicht eingetreten wäre, ist nicht wieder aufgenommen worden, da sie in der Praxis vielfach zu Zweifeln und Streitigkeiten Anlaß gegeben hat und der Nachweis, daß „ohne die Kriegsfolgen" eine Person nicht auf die öffentliche Fürsorge angewiesen wäre, um so schwerer zu führen ist, je weiter die Kriegszeit zurückliegt; Härten, die sich etwa daraus ergeben könnten, lassen sich ohne weiteres auf dem im § 17 vorgesehenen Wege ausgleichen. Andererseits ist auch von den bisher im § 2 des Kleinrentnerfürsorgegesetzes unter a bis d vorgesehenen Einschränkungen abgesehen worden, da sie nach den bisherigen Erfahrungen die Durchführung der Bestimmungen zu sehr erschwerten und sachlich von keiner erheblichen Bedeutung sind.

Als Kleinrentnerinnen sind u. a., wie bisher, auch alte oder erwerbsunfähige Diakonissinnen und Ordensschwestern anzusehen, denen das Mutterhaus infolge der Geldentwertung keine ausreichende Versorgung mehr gewähren kann.

Zu den Personen, die ohne die eingetretene Geldentwertung nicht der öffentlichen Fürsorge anheim gefallen wären, sind auch die Flüchtlinge zu zählen, die während des Krieges oder nachher ihr Vermögen im Auslande oder einem ehemals deutschen Gebiete verloren haben, ohne daß sie dafür ausreichend entschädigt werden konnten.

Bei Kleinrentnern sollen auch in Zukunft Hilfsbedürftigkeit sowie Art und Maß der Hilfe nach besonderen Maßstäben beurteilt werden. Die Kleinrentner sollen vor allem dagegen geschützt werden, daß sie noch die letzten Reste des ihnen durch die Geldentwertung genommenen Vermögens angreifen müssen, ehe die Fürsorge mit ihrer Hilfe einsetzt.

Zu § 16:

Zu den Sozialrentnern im Sinne des § 16 gehören

1. auf dem Gebiete der Invalidenversicherung
   a) die Empfänger einer Invalidenrente (§ 1255 R. V. O.); invalide ist, wer $^2/_3$ der Erwerbsfähigkeit verloren hat oder 65 Jahre alt ist;
   b) die Empfänger einer Witwen- oder Witwerrente (§§ 1258, 1260 RVO.);

2. auf dem Gebiete der Angestelltenversicherung
   a) die Empfänger von Ruhegeld (§ 30 des Angestelltenversicherungsgesetzes); berufsunfähig ist, wer die Hälfte der beruflichen Arbeitskraft verloren hat oder 65 Jahre alt ist;
   b) die Empfänger einer Witwerrente und solche Empfängerinnen einer Witwenrente, die berufsunfähig oder invalide oder 65 Jahre alt sind;
3. auf dem Gebiete der knappschaftlichen Versicherung
   a) die Empfänger einer Invalidenpension (§§ 25, 26 des Reichsknappschaftsgesetzes);
   b) die Empfängerinnen einer Witwenrente, die berufsunfähig oder invalide oder 65 Jahre alt sind;
4. auf dem Gebiete der Unfallversicherung
   a) die Unfallrentner, die zugleich entweder eine Invalidenrente nach der Reichsversicherungsordnung oder ein Ruhegeld nach der Angestelltenversicherung oder eine Invalidenpension nach der Knappschaftsversicherung beziehen;
   b) andere Empfänger einer Verletztenrente dann, wenn sie infolge des Unfalls berufsunfähig oder invalide oder wenn sie 65 Jahre als sind;
   c) die Empfängerinnen einer Witwenrente, die berufsunfähig oder invalide oder 65 Jaher alt sind;
   d) die Empfänger einer Witwerrente.

Zu § 17:

Die Bestimmung des § 17 umfaßt den Personenkreis des bisherigen § 2 Abs. 2 des Kleinrentnerfürsorgegesetzes. Sie bezieht aber darüber hinaus auch andere Personengruppen in die gehobene Fürsorge ein, bei denen ähnliche Rücksichten wie bei den Kleinrentnern angebracht sind. Sie ermöglicht es, Härten auszugleichen und in die Sozialrentnerfürsorge die Witwen einzubeziehen, die eine Rente aus der Invalidenversicherung lediglich deshalb nicht erhalten, weil ihre gegen Invalidität versicherten Ehemänner vor dem 1. Januar 1912 invalide geworden sind.

b) Für Kriegsbeschädigte und Kriegshinterbliebene.

Zu § 18:

Die besonderen Bestimmungen für Kriegsbeschädigte und Kriegshinterbliebene geben, soweit Voraussetzungen, Art und Maß der sozialen Fürsorge in Betracht kommen, im wesentlichen die Grundsätze wieder, die der Reichsausschuß der Kriegsbeschädigten- und Kriegshinterbliebenenfürsorge mit Zustimmung des Reichsarbeitsministers unter dem 6. Dezember 1919 aufgestellt hat (vgl. Amtl. Nachrichten des Reichsarbeitsministeriums 1919 Heft 11).

Daneben gibt § 18 der schon bisher vertretenen Auffassung Ausdruck, daß auch die allgemeine Fürsorge auf denjenigen, der seine Gesundheit der Allgemeinheit geopfert oder dessen Ernährer in ihrem Dienste gefallen ist, die gleichen Rücksichten zu nehmen hat, wie auf denjenigen der infolge der Geldentwertung auf die Fürsorge angewiesen ist.

Zu § 20:

Die im § 20 Abs. 2 angeführten Reichsgesetze, die soziale Fürsorge im Sinne des Reichsversorgungsgesetzes[1]) zubilligen, sind:

das Altrentnergesetz vom 18. Juli 1921 in der Fassung vom 30. Juni 1923 (Reichsgesetzbl. I S. 542),

das Kriegspersonenschädengesetz vom 15. Juli 1922 in der Fassung vom 30. Juni 1923 (Reichsgesetzbl. I S. 545),

das Wehrmachtversorgungsgesetz vom 4. August 1921 (Reichsgesetzbl. S. 993) und

das Reichsgesetz über die Schutzpolizei der Länder vom 17. Juli 1922 (Reichsgesetzbl. I S. 597).

Die Vorschrift im § 20 Abs. 3 entspricht der Ziffer 21 der bisherigen Zuständigkeitsgrundsätze; dabei wird, wie seither, auch künftig soziale Fürsorge vor der Entscheidung über den Versorgungsanspruch in der Regel nur dann in Betracht kommen, wenn auf die Anerkennung des Anspruchs mit Wahrscheinlichkeit gerechnet werden kann.

Zu § 21:

Die Bestimmung im § 21 entspricht derjenigen in Ziffer 13 der bisherigen Zuständigkeitsgrundsätze.

Zu § 22:

Wie seither (§ 1 der bisherigen Zuständigkeitsgrundsätze), soll auch künftighin die soziale Fürsorge in der Regel nur eintreten, wenn ein ursächlicher Zusammenhang zwischen der erlittenen Dienstbeschädigung oder dem Verluste des Ernährers und der zu behebenden Notlage besteht; die Bestimmung, daß bis zum Beweise des Gegenteils ein solcher Zusammenhang vermutet wird, will den berechtigten Wünschen der Kriegsbeschädigten und der bisherigen Verwaltungsübung entgegenkommen. Daß den Beschädigten oder den Hinterbliebenen ein Anspruch auf Rente zusteht, ist nicht unbedingt erforderlich.

Zu § 23:

Die soziale Fürsorge ist ihrer Natur nach eine individuelle Ergänzung der Rentenversorgung. Sie erfordert eine wohlwollende Berücksichtigung der Verhältnisse des Kriegsbeschädigten oder der Kriegshinterbliebenen, die nicht unbillig mit Ausgaben belastet werden sollen, die ganz oder überwiegend die Folge der Kriegsbeschädigung oder des Verlustes des Ernährers sind. Die Vorschriften des § 23 dienen diesem Zwecke.

Zu § 24—30:

Die soziale Fürsorge muß in ihren Leistungen zum Teil erheblich über die der allgemeinen Fürsorge hinausgehen. Ihr Aufgaben-

---

[1]) Reichsversorgungsgesetz v. 12. 5. 1920 i. d. F. v. 31. 7. 1925 (RGBl. I S. 165); Abdruck des amtlichen Wortlauts des Reichsversorgungsgesetzes, des Altrentnergesetzes und des Kriegspersonenschädengesetzes mit kurzen Bemerkungen, Verlag E. S. Mittler u. S., Berlin 1925.

kreis ist in den §§ 24—29 in Anlehnung an die Vorschriften in §§ 21 und 22 des Reichsversorgungsgesetzes und Ziffer 1, 11, 12 und 14 der bisherigen Zuständigkeitsgrundsätze bestimmt. Den bisherigen Erfahrungen entsprechend soll die soziale Fürsorge auch künftig die Eingliederung der Kriegsbeschädigten und Kriegshinterbliebenen in das Wirtschaftsleben nachdrücklich fördern und den Waisen und den Kindern Schwerbeschädigter ihre besondere Sorge zuwenden. Während im Rahmen der allgemeinen Fürsorge die Erwerbsbefähigung nicht notwendig die Ausbildung zu einem bestimmten Beruf umfaßt, soll diese Ausbildung in der sozialen Fürsorge die Regel sein.

Zu den Aufgaben der sozialen Fürsorge gehört wie seither auch künftig die Heilfürsorge für nichtversicherte Hinterbliebene (§ 30).

Zu § 31:

Die Verpfändung von Versorgungsgebührnissen zur Erlangung von Darlehen ist in § 68 des Reichsversorgungsgesetzes unter bestimmten Voraussetzungen zugelassen. Die Erfahrungen haben gezeigt, daß von dieser Darlehnsmöglichkeit vielfach in einer Weise Gebrauch gemacht wird, die den Belangen der Kriegsbeschädigten und Kriegshinterbliebenen ausreichend dient; § 31 Abs. 1 weist daher auf diese Fürsorgemöglichkeit besonders hin. Selbstverständlich bleibt es der Fürsorge unbenommen, den Kriegsopfern auch Darlehen oder sonstige Unterstützungen gegen anderweitige Sicherheit oder ohne solche zu gewähren, wenn die Darlehensgewährung als angemessene Form der Hilfe anzusehen ist. Im übrigen entspricht es dem Wesen der sozialen Fürsorge, daß sie ihre Hilfe von der Verpflichtung der Zurückzahlung der aufgewendeten Kosten in der Regel nur dann abhängig macht, wenn es mit Rücksicht auf Art und Zweck der Fürsorgeleistung und mit Rücksicht auf die gegenwärtigen oder zu erwartenden wirtschaftlichen Verhältnisse des Hilfesuchenden unbillig wäre, davon abzusehen.

Zu § 32:

§ 32 entspricht der Ziffer 15 der bisherigen Zuständigkeitsgrundsätze.

Die günstigen Erfahrungen, die mit allgemeinen Einrichtungen gemacht worden sind, die den Kriegsbeschädigten und Kriegshinterbliebenen zugute kommen, lassen den besonderen Hinweis in § 32 auch gegenüber der allgemeinen Bestimmung des § 4 gerechtfertigt erscheinen; in Betracht kommen besonders Einrichtungen auf dem Gebiete der Arbeits- und Wirtschaftsfürsorge sowie der Gesundheits- und Kindererholungsfürsorge.

C. Schlußbestimmungen.

Zu § 33:

Soweit ein Erwerbsloser Anspruch auf Erwerbslosenfürsorge hat, gelten für ihn die besonderen Vorschriften der Erwerbslosenfürsorge; im Interesse der Vollständigkeit der Grundsätze weist § 33 auf diese Vorschriften hin. Die Bestimmungen über Erwerbslosenfürsorge schliessen es nicht aus, daß in besonders gelagerten Fällen ein Empfänger der Erwerbslosenunterstützung oder seine Angehörigen auch aus der allgemeinen Fürsorge unterstützt werden.

Zu § 34:

Die Bestimmungen über die Behandlung der Ausländer entsprechen dem bisherigen Rechtszustand. Wegen der sozialen Fürsorge für österreichische Kriegsbeschädigte und Kriegshinterbliebene wird auf den Vertrag zwischen dem Deutschen Reiche und der Republik Österreich vom 17. August 1921 (vgl. Gesetz vom 8. März 1922, Reichsgesetzbl. S. 233) verwiesen.

Zu § 35:

Die Reichsgrundsätze stellen Mindestvorschriften dar. Sie hindern, wie bereits die Einleitung bemerkt, die Länder und, soweit landesrechtliche Vorschriften nicht entgegenstehen, auch die Fürsorgeverbände nicht, dem Hilfsbedürftigen darüber hinaus Hilfe zu gewähren. Die Länder können auf Grund des § 6 der Fürsorgepflichtverordnung weitergehende Hilfsmaßnahmen allgemein vorschreiben; sie können dabei für alle oder einzelne Gruppen der Hilfsbedürftigen den örtlichen Verhältnissen angepaßte Richtsätze aufstellen und bestimmen, daß die Fürsorge das Einkommen des Hilfsbedürftigen wenigstens auf den Betrag dieser Richtsätze zu ergänzen hat, wenn nicht Tatsachen die Annahme rechtfertigen, daß eine derartige Hilfe nicht nötig ist.

Gewährt ein vorläufig verpflichteter Fürsorgeverband einem Hilfsbedürftigen im Rahmen der Reichsgrundsätze Hilfe, so kann er nach § 16 der Fürsorgepflichtverordnung Ersatz von dem endgültig verpflichteten Fürsorgeverband verlangen und zwar nicht nur für die Hilfe, die die Reichsgrundsätze vorschreiben, sondern auch für diejenige, die sie zulassen (Kannvorschriften).

Gewährt ein Fürsorgeverband über die Reichsgrundsätze hinaus Hilfe, so kann er die Mehrkosten von dem Fürsorgeverband eines anderen Landes nicht, von dem Fürsorgeverband des gleichen Landes nur dann verlangen, wenn sich die Hilfe im Rahmen von den Ländern auf Grund des § 6 der Fürsorgepflichtverordnung erlassenen Vorschriften hält.

Der Reichsarbeitsminister.
Im Auftrag
Dr. Ritter.

Der Reichsminister des Innern.
Im Auftrag
Dammann.

5.

§ 33 a der Reichsgrundsätze.

a) Reichsverordnung vom 7. September 1925 zur Änderung der Reichsgrundsätze über Voraussetzung, Art und Maß der öffentlichen Fürsorge.

Auf Grund des § 6 Abs. 2 der Verordnung über die Fürsorgepflicht vom 13. Februar 1924 (RGBl. I S. 100) werden mit Zustimmung des Reichsrats die Grundsätze über Voraussetzung, Art und Maß der öffentlichen Fürsorge vom 4. Dezember 1924 (RGBl. I S. 765) wie folgt ergänzt:

Hinter § 33 wird eingefügt:

§ 33 a.

Die oberste Landesbehörde oder die von ihr bestimmten Stellen setzen den örtlichen Verhältnissen angepaßte Richtsätze für die Bemessung des notwendigen Lebensunterhaltes der Hilfsbedürftigen fest. Für Sozial- und Kleinrentner und ihnen Gleichstehende (§§ 14 bis 17) müssen diese Sätze so bemessen sein, daß der Hilfsbedürftige entsprechend den Bestimmungen der §§ 14 u. 16 gegenüber der allgemeinen Fürsorge eine angemessene Mehrleistung erhält. Diese Mehrleistung soll, soweit nicht nach § 84 des Aufwertungsgesetzes vom 16. Juli 1925 und § 26 des Gesetzes über die Ablösung öffentlicher Anleihen vom gleichen Tage (RGBl. I S. 117 und 137) eine weitergehende Erhöhung einzutreten hat, in der Regel wenigstens ¼ des allgemeinen Richtsatzes betragen.

Die oberste Landesbehörde oder die von ihr bestimmten Stellen setzen ferner den örtlichen Verhältnissen angepaßte Einkommensätze fest, bei deren Nichterreichung eine Wöchnerin Wochenfürsorge (§ 12) stets dann erhält, wenn nicht Tatsachen die Annahme rechtfertigen, daß die Hilfe nicht benötigt wird.

Berlin, den 7. September 1925.

Der Reichsarbeitsminister:
In Vertretung:
Dr. Geib.

Der Reichsminister des Innern:
In Vertretung:
Zweigert.

Bemerkungen:

1. Der Deutsche Reichsanzeiger vom 14. September 1925 Nr. 209, dessen Ausführungen die Bedeutung einer amtlichen Begründung haben, bemerkt:

Nach der Verordnung sind die Landesregierungen verpflichtet, künftig selbst oder durch die von ihnen bestimmten Stellen Richtsätze für die Unterstützung von Hilfsbedürftigen festzusetzen. Solche Richtsätze, wie sie in sehr vielen durch ihre guten Einrichtungen bekannten Fürsorgeverbänden seit langem bestehen, nötigen die Fürsorgeorgane dazu, über die Handhabung der Fürsorge öffentlich Rechenschaft abzulegen, und erleichtern es den Aufsichtsbehörden, gegen unzulängliche Unterstützungen einzuschreiten. Vor allem sollen die Richtsätze den Sozial- und Kleinrentnern eine wirksamere Sicherung dafür bieten, daß ihnen eine den Reichsfürsorgegrundsätzen entsprechende gehobene Fürsorge zuteil wird, eine Bestimmung, die von manchen Fürsorgeverbänden bisher nicht genügend beachtet worden ist. Die Novelle schreibt deshalb vor, daß die Richtsätze für die Sozial- und Kleinrentner in der Regel um wenigstens ein Viertel höher sein müssen als die für andere Hilfsbedürftige. Sie trägt damit dem Empfinden weiter Volkskreise Rechnung, die es nicht verstehen konnten, daß in manchen Bezirken die Invaliden der Arbeit und die Opfer der Inflation schematisch der allgemeinen Fürsorge überwiesen wurden.

Die Klagen hierüber haben den Reichstag zu seinem bekannten Initiativgesetz über Abänderung der Fürsorgepflichtverordnung veranlaßt, das entgegen dem Einspruch des Reichsrats in der letzten Sitzung des Reichstags angenommen worden ist. Dieses Gesetz ist nicht nur von dem Reichsrat, sondern auch von namhaften Sozialpolitikern und den Wohlfahrtsbehörden als in sich widerspruchsvoll, sozialpolitisch bedenklich und praktisch undurchführbar gekennzeichnet worden. Ob die Auffassung des Reichsrats, daß das Initiativgesetz nicht verfassungsmäßig zustande gekommen ist und deshalb nicht verkündet werden darf, zutreffend ist, steht noch dahin.*)

Um jedoch hierunter die Hilfsbedürftigen nicht leiden zu lassen, haben Reich und Länder den auch von ihnen anerkannten Mängeln der Fürsorge durch die rasche Herausgabe der Novelle zu den Reichsgrundsätzen abzuhelfen gesucht und damit den berechtigten Wünschen des Reichstags nach Möglichkeit Rechnung getragen.

Die Novelle hat ferner wiederholt ausgesprochene Wünsche des Reichstags und großer Wohlfahrtsorganisationen auf dem Gebiete der Wochenfürsorge erfüllt, indem sie die obersten Landesbehörden oder die von ihr bestimmten Stellen zur Festsetzung von Einkommenssätzen verpflichtet, bei deren Nichterreichung einer bedürftigen Wöchnerin Wochenfürsorge zuteil werden muß. Diese Bestimmung soll die Wöchnerinnen vor einer engherzigen Prüfung ihrer Hilfsbedürftigkeit schützen, und ihnen den Bezug der Wochenfürsorge erleichtern.

Was die Kosten der Neuregelung angeht, so hat die

*) Reichsregierung und Reichsrat haben inzwischen den Standpunkt eingenommen, daß das Initiativgesetz nicht rechtsgültig zustande gekommen ist. S. Reichstagsdrucksachen 1924/25 Nr. 1483, 1696, 1774. Vgl. oben S. 7, Fußnote 1, ferner S. 88 Anm. 1.

Reichsregierung dazu folgende Erklärung abgegeben: „Die Reichsregierung ist bereit, wenn sich die Durchführung der neuen Bestimmungen als wesentliche Erweiterung der Aufgabe der Fürsorgeverbände im Sinne des § 59 des Finanzausgleichgesetzes gegenüber der ordnungsmäßigen Durchführung der §§ 14—17 der Reichsgrundsätze herausstellen sollte, sich vorbehaltlich der verfassungsmäßigen Genehmigung durch den Reichstag an der Aufbringung der Mehrkosten mit 75 Prozent zu beteiligen. Die Reichsregierung erteilt ihre Zustimmung dazu, daß bei finanziellen Anforderungen auf Grund vorstehender Zusage in Streitfällen das Gutachten einer Kommission erhoben wird, die sich aus der gleichen Zahl von Vertretern der beteiligten Landesregierungen und der Reichsregierung zusammensetzt. Auf Antrag eines dieser Teile ist für die Kommission ein unparteiischer Vorsitzender zu bestellen, der, falls die Parteien sich nicht einigen, vom Präsidenten des Reichsgerichts ernannt werden soll. Die Richtlinien, nach denen diese Kommission zu arbeiten hat, vereinbart die Reichsregierung mit dem Reichsrat."

2. Über die Durchführung der Verordnung haben der Reichsarbeitsminister und der Reichsminister des Innern an die Ministerien der Länder unterm 19. November 1925 (V A. 8025/25; RABl. S. 530) folgendes Schreiben gerichtet:

„Nach § 33 a der Reichsgrundsätze über Voraussetzung, Art und Maß der öffentlichen Fürsorge setzen die oberste Landesbehörde oder die von ihr bestimmten Stellen den örtlichen Verhältnissen angepaßte Richtsätze für die Bemessung des notwendigen Lebensunterhaltes der Hilfsbedürftigen fest. Für Sozial- und Kleinrentner und ihnen Gleichstehende müssen diese Sätze so bemessen sein, daß der Hilfsbedürftige gegenüber der allgemeinen Fürsorge eine angemessene Mehrleistung erhält. Diese Mehrleistung soll in der Regel wenigstens ein Viertel des allgemeinen Richtsatzes betragen.

Die genannten Stellen setzen ferner nach Abs. 2 das § 33 a den örtlichen Verhältnissen angepaßte Einkommenssätze fest, bei deren Nichterreichung eine Wöchnerin Wochenfürsorge erhält.

Richtsätze sind Unterstützungssätze, die in der Regel zu gewähren sind, sofern nicht die Eigenart eines einzelnen Falles ein Abweichen nach oben oder unten rechtfertigt. Die Richtsätze für die allgemeine Fürsorge müssen so bemessen sein, daß sie zur Deckung des notwendigen Lebensunterhalts im allgemeinen ausreichen. Die Richtsätze sollen den Aufsichtsbehörden und den Beschwerdestellen die Nachprüfung erleichtern, ob Fürsorge in erforderlicher Höhe gewährt wird. Sie sollen den Hilfsbedürftigen Sicherheit gegen willkürliche Festsetzung der Fürsorgeleistungen gewähren; denn ein Abweichen von den Richtsätzen zuungunsten der Hilfsbedürftigen muß bei Vorliegen von Beschwerden begründet werden.

Einheitliche Richtsätze für alle Hilfsbedürftigen wären gegenüber der ausdrücklichen Bestimmung und dem Zweck des § 33 a Abs. 1 Satz 2 und 3 der Reichsgrundsätze unzulässig.

Wir bitten hiernach, soweit noch nicht geschehen, die Festsetzung der Richtsätze nach Abs. 1 und der Einkommenssätze nach Abs. 2 des § 33 a der Reichsgrundsätze mit tunlichster Beschleunigung zu veranlassen und darüber zu wachen, daß die Richtsätze in angemessener Höhe festgesetzt, die durch § 33a Abs. 1 Satz 3 vorgeschriebene Mindestspanne beachtet und daß bei Festsetzung der Einkommenssätze für die Wochenfürsorge nicht engherzig verfahren wird."

Mit dem gleichen Schreiben wurden statistische Unterlagen für die Durchführung des § 33a nach folgendem Formblatt erbeten:

Bezirksfürsorgeverband	Einwohnerzahl in Tausend	Richtsatz für die Bemessung des notwendigen Lebensunterhalts der Hilfsbedürftigen am . . . . . 1925 für:			Einkommenssätze, bei deren Nichterreichung Wochenfürsorge gewährt wird	Bemerkungen Werden neben den Sätzen zu Sp. 3—5 noch sonstige laufende oder für einen längeren Zeitraum bestimmte Leistungen gewährt, z. B. Mietbeihilfen, Sachleistungen (Heizstoffe oder Kartoffeln?)
		Kleinrentner und ihnen Gleichstehende	Sozialrentner	Sonstige erwachsene Hilfsbedürftige		
1	2	3	4	5	6	7

3) Literatur zu § 33a siehe u. a.:

Nachrichtendienst 1925 S. 276, Nr. 64 S. 343, insb. Nr. 65 S. 366, Nr. 67 S. 427 nebst Sonderbeilage, Nr. 68 S. 454 (die Richtsätze auf dem Lande), S. 456 (Westfälische Richtlinien).

Cuno, Fürsorge 1925 S. 374 ff, 390 ff.

Diefenbach, Zeitschr. f. d. Heimatwesen 1925 Sp. 517.

Dünner, Caritas 1925 S. 320.
Heß, Fürsorge 1925 S. 347 ff. u. 370 ff. (zur Entstehungsgeschichte).
Jehle, Bayer. Verw.-Bl. 1926 S. 11.
Pick, Fürsorge 1925 S. 293.
Richter, Zeitschr. f. d. Heimatwesen 1925 Sp. 615, auch Reichsarbeitsblatt 1925 Nr. 36.
Sasse, Zeitschrift f. d. Heimatwesen 1925 Sp. 222, 440, 526 und 581.
Turban, (Bedenken gegen Richtsätze) Zeitschr. f. d. Heimatwesen 1926 Sp. 8.

b) Bayer. Min.-Bek. vom 24. Oktober 1925 Nr. 2750 f 31 (St. Anz. 247)

Zum Vollzug des § 33 a der Reichsgrundsätze über Voraussetzung, Art und Maß der öffentlichen Fürsorge i. d. F. der Verordnung vom 7. September 1925 (RGBl. I S. 332) werden zur Festsetzung der Richtsätze und der Einkommenssätze folgende Stellen bestimmt:

a) für die Aufgaben der Bezirksfürsorgeverbände (Art. 3 Abs. I der vorl. Ausführungsverordnung vom 27. März 1924, GVBl. S. 126) die Wohlfahrtsausschüsse (Wohlfahrtshauptausschüsse) der kreisunmittelbaren Städte und die Bezirksfürsorgeausschüsse der Bezirke (Art. 1 und 4 der Verordnung über die Verwaltung der Fürsorgeverbände vom 12. Januar 1924, GVBl. S. 39),

b) für die Aufgaben der Ortsfürsorgeverbände (Art. 3 Abs. II der vorl. Ausführungsverordnung vom 27. März 1924 GVBl. S. 126) die Bezirksämter.

Die Richtsätze und Einkommenssätze sind der Regierung, Kammer des Innern, vorzulegen. Sie kann eine abweichende Festsetzung treffen.

1. Die Aufstellung von Richtlinien, Richtsätzen, ist an sich Aufgabe der Wohlfahrtsausschüsse, Bezirksfürsorgeausschüsse. Vgl. Verw. VO. Art. 1 Anm. 4, Art. 4 Anm. 2 am Ende, unten S. 146 u. 157.

Da bei der Verschiedenartigkeit der örtlichen Verhältnisse einheitliche Sätze für das ganze Land oder für die einzelnen Regierungsbezirke nicht in Frage kommen, wurden die Bezirksfürsorgeverbände mit der Festsetzung der Sätze nach § 33 a R.Gr. betraut.

Die Regierung, K. d. J., überprüft die Angemessenheit der Sätze und kann sie (auf Grund der ihr erteilten Delegation) anderweit festsetzen, ohne daß es eines staatsaufsichtlichen Verfahrens bedarf (Abs. II).

Für die Ortsfürsorgeverbände, deren Zahl gegen 8000 beträgt, wurden die Bezirksämter mit der Festsetzung betraut; diese können bei Bedarf für verschiedene Ortsfürsorgeverbände ihres Bezirks verschiedene Sätze festsetzen.

Auch § 33a R.Gr. läßt erkennen, daß zweierlei Arten von Bezirksfürsorgeverbänden (B.F.V. und O.F.V.) dem Reichsfürsorgerecht nicht entsprechen. S. hierzu S. 103.

Über die Durchführung des § 33a R.Gr. in verschiedenen Ländern s. Nachrichtendienst 1925 S. 410.

2. Beispiel: Richtsätze und Einkommenssätze in Nürnberg: Wohlfahrtsblätter der Stadt Nürnberg 1925 S. 13 u. 15.

Richtlinien werden z. Zt. vom bayer. Städtebund bearbeitet.

3. Die fürsorgerische und politische Notwendigkeit entsprechender Durchführung des § 33a R.Gr. wurde bei der Beratung des Haushalts des Staatsministeriums für soziale Fürsorge für 1926 betont.

Erhebungen bei den bayer. Bezirksfürsorgeverbänden über die Durchführung sind z. Zt. noch nicht abgeschlossen.

Wegen der Fragen der Finanzierung vgl. auch Laforet, Bayer. Verw.Bl. 1925 S. 356, Heller, Bayer. Verw.Bl. 1925 S. 139.

Soweit eine Ersatzleistung des Reichs nach § 59 des Finanzausgleichs in Frage kommt (s. oben § 33a Anm. 1 am Ende), werden genaue statistische Feststellungen der Bezirksfürsorgeverbände notwendig sein, um dem Land die Antragstellung beim Reich zu ermöglichen.

6.

§ 42 der Dritten Steuernotverordnung vom 14. Februar 1924 (RGBl. I S. 74).*)

Art. V.

Finanzausgleich.

§ 42.[1])

(1) Die Aufgaben der Wohlfahrtspflege[2]), des Schul- und Bildungswesens und der Polizei werden den Ländern nach Maßgabe näherer reichsrechtlicher Vorschriften[3]) zu selbständiger Regelung und Erfüllung[3]) überlassen. Die Länder bestimmen, inwieweit die Gemeinden (Gemeindeverbände) an der Erfüllung der einzelnen Aufgaben zu beteiligen sind.[4]) Vor der Überlassung an die Länder werden die reichsrechtlichen Vorschriften, die dem Grundsatz des Satz 1 entgegenstehen, aufgehoben werden.[5])

(2) Zu den Aufgaben der Wohlfahrtspflege im Sinne des Abs. 1 gehören[6])

1. die Fürsorge für die Rentenempfänger der Invaliden- und Angestelltenversicherung, soweit sie nicht den Versicherungsträgern obliegt,[7])
2. die Fürsorge für die Kleinrentner und die ihnen gleichgestellten Personen,[8])
3. die soziale Fürsorge für Kriegsbeschädigte und Kriegshinterbliebene und die ihnen auf Grund der Versorgungsgesetze gleichgestellten Personen,[9])
4. die Fürsorge für hilfsbedürftige Minderjährige,[10])
5. die Wochenfürsorge,[11])
6. die Flüchtlingsfürsorge,[12])
7. die Leistungen nach dem Gesetz über die durch innere Unruhen verursachten Schäden vom 12. Mai 1920 (RGBl. S. 941) in der Fassung der Verordnung vom 8. Januar 1924 (RGBl. I S. 23).[13])

(3) Mit der Übernahme der Aufgaben der Wohlfahrtspflege gehen ihre Lasten[14]) auf die nach Maßgabe einer besonderen Verordnung[15]) zu bildenden Fürsorgeverbände über.[13])

*) Literatur: Aufsatz Pick in „Die Fürsorge" 1924 S. 117, 135, 151, 166, 181, 192 „Die Wirkung der Neuregelung der Fürsorgepflicht und der 3. Steuernotverordnung auf den städt. Haushalt".

Die Kosten der Erfüllung der sonstigen in Abs. I bezeichneten Aufgaben fallen mit ihrer Übernahme den Ländern und nach näherer Bestimmung des Landesrechts den Gemeinden[16]) (Gemeindeverbänden[17]) zur Last. Die Vorschriften des § 59 des Finanzausgleichsgesetzes bleiben unberührt.[18])

1. Über den § 42 sagt die Begründung:

„Da eine klare Scheidung der Aufgaben und eine scharfe Trennung der Verantwortlichkeiten die stärkste Gewähr für wirtschaftliches und sparsames Verhalten bietet, so werden den Ländern und Gemeinden in dem Entwurfe (Art. V § 34) wiederum diejenigen Aufgaben zur selbständigen Regelung und Erfüllung überlassen, die nach der geschichtlichen Entwicklung und auf Grund des bestehenden Rechtes als die ihrigen anzusehen sind: die Wohlfahrtspflege in dem im § 34 Abs. II bezeichneten Umfang, das Schul- und Bildungswesen und die Polizei. Die Entwicklung der letzten Jahre hat dazu geführt, daß das Reich einen maßgebenden Einfluß auf die Erfüllung aller dieser Aufgaben in Anspruch genommen und gleichzeitig die Verpflichtung zu mehr oder minder weitgehender Beteiligung an den Kosten auf sich genommen hat. Es ist nunmehr eine Lösung der so geschaffenen Beziehungen herbeizuführen, indem die Länder und Gemeinden in sachlicher wie in organisatorischer Hinsicht das Selbstbestimmungsrecht auf den bezeichneten Gebieten wieder gewinnen und das Reich entsprechend von der Beteiligung an den Kosten entlastet wird."

Abs. 1

2. Über den Begriff „Wohlfahrtspflege" s. Zusammenstellung Heß in Bl. f. öfftl. Fürs. 1925, S. 149 u. 161; Maier in Zeitschr. f. Wohlfahrtspfl. 1925, S. 241; Wittelshöfer ebenda S. 201; Tiefenbach, Zeitschr. f. d. Heimatwesen 1925 Sp. 192 ff.; s. auch Denkschrift des Reichsarbeitsministeriums über Vorarbeiten zu einem Reichswohlfahrtsgesetz, abgedr. bei Julia Dünner, Reichsfürsorgerecht S. 74.

Es handelt sich nicht bloß um die in Abs. II genannten, sondern um alle Aufgaben der Wohlfahrtspflege; in erster Linie handelt es sich allerdings um die Aufgaben der öffentlichen Fürsorge im Sinne des § 1 RFV.

3. a) Die näheren Vorschriften sind für das Gebiet der Wohlfahrtspflege die RFV. (s. oben S. 5 ff) u. die RGr. (s. S. 23 ff);

b) „selbständige Regelung und Erfüllung: soweit nicht die RFV. und die auf sie (§ 6) gegründeten RGr. zwingende Vorschriften enthalten.

Hiernach ist im materiellen Fürsorgerecht für selbständige landesrechtliche Regelung nur wenig Raum. Eine Anregung des Reichstagsausschusses, die Worte „zur selbständigen Regelung und Erfüllung" in die Worte „zur selbständigen Ausführung" umzuändern, wurde nicht berücksichtigt.

4. Jedoch für die Aufgaben der Wohlfahrtspflege (Abs. II) nur im Rahmen der Bestimmungen in Abs. III, wonach kraft der besonderen Verordnungen (RFV.) die Lasten kraft Gesetzes nicht auf die

Gemeinden und den Staat an sich, sondern auf die zu bildenden Fürsorgeverbände übergehen.

5. Dies ist für die Aufgaben unter Ziff. 1—6 des § 42 durch die RFV. vom 13. F. 24 (RGBl. I S. 100; siehe §§ 32—35 RFV., s. auch R.Gr. v. 4. 12. 24) für die Aufgaben unter Ziff. 7 (Leistung aus dem Tumultschädengesetz) durch die Reichsverordnung zur Überleitung der Tumultschädenregelung auf die Länder vom 29. 3. 24 (RGBl. I, S. 381) geschehen.

Abs. 2

6. Aus den Worten: zu den Aufgaben gehören . . . folgt, daß die in Abs. II aufgeführten Aufgaben auf alle Fälle Aufgaben im Sinne des Abs. 1 sind, nicht aber, daß sich darin die Aufgaben der Wohlfahrtspflege im Sinne des Abs. I erschöpfen. Abs. II enthält also nur Beispiele für die gem. Abs. I vom Reich den Ländern „zur selbständigen Regelung und Erfüllung" überlassenen Aufgaben der Wohlfahrtspflege.

7. siehe § 1 Buchst. b RFV.

8. siehe § 1 Buchst. c RFV.

9. siehe § 1 Buchst. a RFV.

Unter die Worte: Soziale Fürsorge kann nach der bestehenden Gesetzesterminologie unmöglich die Tätigkeit der Versorgungsgerichte nach dem Gesetz über das Verfahren in Versorgungssachen vom 10. 1. 22 (RGBl. S. 59) gebracht werden, wie dies in der Begründung zwecks Abschüttelung der nach § 8 dem Reich obliegenden pauschalen Kostenerstattungspflicht für die Versorgungsgerichte der Länder geschehen ist (vgl. Reichsratsdrucks. Nr. 48, Tagung 1924, Haushalt der allgemeinen Finanzverwaltung unter einmalige Ausgaben: Kap. 2 Tit. 2 Abs. 2 der Erläuterungen).

10. siehe § 1 Buchst. e RFV.

11. siehe § 1 Buchst. f RFV.

12. s. Bek. v. 16. 5. 18 (RGBl. S. 409) betr. Einwirkung der Flüchtlingsfürsorge auf das Armenrecht, aufgehoben durch § 35, Buchst. c der Fürsorgepflichtverordnung; dann VO. v. 17. 12. 23 (RGBl. S. 1202) i. d. F. des § 32 Abs. IV der RFV.; s. ferner § 14 des Wohnungsmangelsgesetzes i. d. F. d. Bek. v. 28. 7. 23 (RGBl. I S. 754), bayer. Min.Bek. v. 5. 7. 18 (St.Anz. Nr. 155), vgl. Bl. f. Armenpflege 1918, S. 141; s. auch E.VGH. in Bayr. Gem.V.Z. 1922 Sp. 117 u. 339, 1924 Sp. 455; EVGH. 40 S. 98.

Die Flüchtlingsfürsorge ist in § 1 RFV. nicht aufgezählt, wohl aber ist in § 32 Abs. IV RFV. die Verordnung über die Auflösung der Flüchtlingslager vom 17. 12. 23 (RGBl. I S. 1202) der RFV. entsprechend angepaßt. Eine Sonderfürsorge besteht für Flüchtlinge nicht mehr; gem. § 11 in Verbindung mit § 14 dieser VO. gelten für die Unterstützung der Flüchtlinge die allgemeinen Bestimmungen, also insb. die Bestimmung in § 1 RFV.; meist wird Kleinrentnerfürsorge einzusetzen haben, s. amtl. Erläuterungen des RAM. zu §§ 14 und 15 RGr. (abgedr. S. 37); soweit die Voraussetzungen der Kleinrentnerfürsorge nicht gegeben sind und auch keine der weiteren Sonderfürsorgezweige (§ 1 Abs. I RFV) eintritt, ist **Armenfürsorge zu gewähren.**

Verpflichtet sind darnach die Bezirks- und Landesfürsorgeverbände. Welcher Kreis örtlich zuständig ist, kann zweifelhaft sein; eine positive Gesetzesbestimmung fehlt im bayerischen Recht; es wird anzunehmen sein, daß die Zuweisungsgemeinde im Sinne des § 2 der Verordnung über die Auflösung der Flüchtlingslager bestimmend ist für den zuständigen Landesfürsorgeverband. (Preußen hat dies durch Erl. des Min. f. Volkswohlfahrt v. 15. Mai 24 besonders ausgesprochen, vgl. Baath 2. Aufl. S. 119 Fußnote 8.)

Der OFV. der Zuweisungsgemeinde von Lagerflüchtlingen kann vom Land nicht Ersatz gemäß § 14 Abs. II der VO. v. 17. 12. 23 beanspruchen, auch nicht gemäß §§ 11 und 13 RFV. Die Innenmin. Entschl. v. 28. 8. 24 Nr. 2122 0/72 sagt darüber:

„Auf Grund des § 14 Abs. II der RV. v. 17. 12. 23 kann ein Kostenersatz vom Staate nicht beansprucht werden, weil § 14 ausschließlich die Kostentragung für Unterstützungen regelt, die neu aus dem Ausland eintreffenden Vertriebenen, die innerhalb eines Monats nach Grenzübertritt hilfsbedürftig werden, gewährt werden müssen.

Die Unterstützung der gemäß §§ 1—13 der RV. v. 17. 12. 23 untergebrachten Lagerflüchtlinge am Unterbringungsort richtet sich nach § 11 dieser Verordnung und damit, soweit nicht Erwerbslosenfürsorge in Betracht kommt, nach der Reichsverordnung über die Fürsorgepflicht v. 13. 2. 1924.

Aus § 12 RFV. kann ein Ersatzanspruch für die Unterstützungen des Ortsfürsorgeverbandes nicht abgeleitet werden, weil § 12 Abs. 1 die Sonderbehandlung für heimkehrende Deutsche, staatenlose ehemalige Deutsche und deutschstämmige staatenlose Personen nur insoweit einräumt, als sie im Augenblick des Uebertritts aus dem Auslande hilfsbedürftig sind oder es binnen eines Monats nachher werden. Für die Lagerflüchtlinge, die zum Teil bereits jahrelang auf Grund einer Sonderregelung in den Lagern aufs Reichskosten untergebracht waren und deren Hilfsbedürftigkeit erst nach der Entlassung aus dem Lager einsetzte, trifft diese Voraussetzung nicht zu. Demgemäß kann für die bei den Lagerflüchtlingen nach ihrer Unterbringung notwendig werdende Fürsorge der Staat und in Rücksicht auf Art. 6 Abs. I d der bayerischen vorläufigen Ausf.Verordnung v. 27. 8. 24 der Kreis als Landesfürsorgeverband nicht in Anspruch genommen werden.

Den beteiligten Fürsorgeverbänden bleibt es unbenommen, die Angelegenheit gemäß § 29 RFV. mit Art. 8 Abs. II der vorläufigen Ausf.Verordnungen hiezu und Art. 70—72 des Armengesetzes verwaltungsrechtlich zum Austrag zu bringen." Die Auffassung ist durch EVGH. v. 19. 10. 1925 Nr. 47 III/25 (abgedr. „Bayer. Bürgermeister" 1925 S. 262) anerkannt, s. auch BAV. Art. 6 Anm. 21. Vgl. weiter Nachr.Dienst 1924 S. 59.

Nicht unter die Flüchtlingsfürsorge fällt die Fürsorge für die aus dem Rhein- und Ruhrgebiet ausgewiesenen Personen (sog. „Rhein- und Ruhrverdrängte").

13. Nach dieser Fassung mußten an sich auch die Leistungen nach Ziff. 7 aus dem Tumultschädengesetz gem. Abs. III sowohl bei Sach- als auch bei Personenschäden auf die Fürsorgeverbände übergehen. Das war jedoch, wie es sich auch aus den Gesetzgebungsverhandlungen ergibt, nicht beabsichtigt. § 1 RFV. nennt dieses Aufgabengebiet auch hier nicht. Es liegt hier lediglich eine redaktionelles Versehen vor, das darauf zurückzuführen ist, daß das Tumultschädengesetz erst nachträglich noch als Ziff. 7 in den Abs. II des § 42 eingefügt wurde, und dabei die entsprechende Richtigstellung des Abs. III übersehen wurde. Für die Leistungen aus dem Tumultschädengesetz gilt also Abs. III Satz 1 nicht. Diese Leistungen sind vielmehr Aufgaben des Landes oder der Gemeinden nach Maßgabe des § 1 des Tumultschädengesetzes i. d. F. der VO. v. 29. 3. 24 über Überleitung der Tumultschädenregelung auf die Länder (RGBl. S. 381). Nur die soziale Fürsorge für die Tumultbeschädigten ist gem. § 1 Abs. I Buchst. a RFV. auf die Fürsorgeverbände übergegangen, weil die Tumultbeschädigten, soweit es sich um Personenschäden (Schaden an Leib oder Leben) handelt, zu dem den Kriegsbeschädigten und Kriegshinterbliebenen auf Grund der Versorgungsgesetze gleichstehenden Personenkreis gehören.

Übrigens hat die Ziff. 7 noch eine weitere Verwirrung dadurch hervorgerufen, daß sie zwar die Leistung nach dem Tumultschädengesetz, das sich seit der Novelle v. 15. 7. 22 nur mehr auf die Sachschäden bezieht, berücksichtigt, nicht dagegen die Leistungen aus § 18 Kr.P.Sch.G. (Entschädigungen für Tumult-Personengeschädigte), dies ist wohl übersehen worden. Sie sind unter den Leistungen nach dem Gesetz über die durch innere Unruhen verursachten Schäden vom 12. 5. 20 zweifellos mit verstanden worden, wie es sich aus der entsprechenden Abänderung des § 18 Kr.P,Sch.G. durch Art. II der Überleitungsverordnung vom 29. 3. 24 ergibt.

14. Zur Deckung der Lasten ist ein Reichs- und Landesfinanzausgleich erfolgt.

a) reichsrechtlich: siehe §§ 39—41, Dritte St.N.V., ferner § 26 ff, besonders § 26 Abs. II über die besondere Abgabe für bebaute Grundstücke.

b) landesrechtlich: für Bayern:

aa) Erschließung neuer Einnahmequellen für die Gemeinden durch die VO. v. 28. 4. 24 (GVBl. S. 145) zur Änderung des Gesetzes vom 30. 6. 21 (GVBl. 21 S. 361) und v. 14. 8. 23 (GVBl. S. 265) zum Vollzug des Landessteuergesetzes. Siehe jetzt Vollzugsges. zum Finanzausgl.Ges. i. d. F. d. Bek. v. 30. 4. 24 (GVBl. S. 156); insbes. Erhöhung des Höchstbetrages des Hundertsatzes zur Haussteuer, Gewerbesteuer und Hausiersteuer für mittelbare Gemeinden von 350—400% und dementsprechend auch Erhöhung des Höchstsatzes für die Grundsteuer — ferner Umgestaltung der Finanzierung der Bezirke und damit auch der Finanzierung der Bezirksfürsorgeverbände, indem die Bezirke wieder wie früher Steuergänger der Gemeinden sind und keine eigenen Steuereinnahmen mehr haben. (Vorschußanforderung durch den Bezirk bei den Gemeinden Art. 25 Abs. II des VG. zum FAG.).

bb) VO. v. 31. 3. 24 i. d. F. vom 29. 7. 25 (GVBl. 1924 S. 133 und 1926 S. 205), betreffend Entrichtung der Haussteuer und einer Abgabe zum Ausgleich der Geldentwertung bei bebauten Grundstücken für die Rechnungsjahre 1924/25.

cc) Lohnsummensteuer als gemeindliche örtliche Abgabe im Sinne des Art. 2 des VG. z. FAG. Siehe Richtlinien in der Bek. v. 17. 4. 24 über die Erhebung einer gemeindlichen Lohnsummensteuer (St.A. Nr. 117). Die Lohnsteuer wurde ausdrücklich „mit Rücksicht auf die neuen sozialen Lasten, die den Gemeinden und den Bezirken aus der 3. St.N.V. erwachsen“, zugelassen.

15. Die Reichsverordnung über die Fürsorgepflicht vom 13. 2. 24 (RGBl. S. 100).

16. Den mittelbaren Gemeinden als OFV. für die Armenfürsorge und Minderjährigen (Art. 3 Abs. II BAV.), den unmittelbaren Städten als BFV. für die Armenfürsorge und die übrigen Fürsorgezweige nach § 1 RFV.

Unzulässig wird es sein, eine Vorausleistung der Gemeinden zu den die Bezirke treffenden Fürsorgekosten (Kriegsbesch.-, Kriegshinterbl.-Fürsorge, Sozial- und Kleinrentnerfürsorge usw.) durch Beschluß nach § 26 Vollz. G. z. Fin. Ausgl. Ges. festzulegen; § 26 a. a. O. ist nicht anwendbar, weil keine „Einrichtung der Gemeinde" in Frage steht; auch erscheint es dem Sinn und Zweck der durch landesrechtliche Bestimmung (für Bayern Art. 3 BAB.) erfolgten Festlegung der Fürsorgeverbände und Lastenverteilung zu widersprechen, auf dem Umweg über den Beschluß von Vorausleistungen eine Lastenverschiebung zwischen mittelb. Gemeinde und Bezirk herbeizuführen. Eine Vorausleistung für eine Anstalt, z. B. eine Wanderarbeitsstätte, eine Krankenanstalt usw. wird dagegen für zulässig zu erachten sein.

De lege ferenda wird allerdings im Hinblick auf Wünsche und Anregungen von Kreisen der Praxis beim endgültigen AG. RFV. die Einstellung einer Vorausleistungen auch im ersteren Sinn zulassenden Bestimmung zu erwägen sein.

17. Dieser Bestimmung zufolge darf das Reich den Ländern oder Gemeinden (Gemeindeverbänden) neue Aufgaben nur zuweisen, wenn es gleichzeitig für Bereitstellung der erforderlichen Mittel Sorge trägt. Dies ist durch die Bestimmungen in § 26 der 3. St.N.V., ferner durch die Regelung des Finanzausgleichs in §§ 39—41 d. 3. St. N. V., die das Aufkommen aus der besonderen Steuer vom bebauten Grundbesitz und unter anderem auch die Deckung der nach § 42 der 3. St.N.V. den Ländern und Gemeinden überlassenen Aufgaben betreffen, geschehen. Vgl. auch S. 47 Anm. 3.

7.

Reichsversorgungsgesetz vom 12. 5. 20
i. d. F. v. 31. 7. 25
(RGBl. I S. 165)*)

Auszug.

§ 1

Frühere Angehörige der deutschen Wehrmacht und ihre Hinterbliebenen erhalten wegen der gesundheitlichen und wirtschaftlichen Folgen einer Dienstbeschädigung auf Antrag Versorgung.

§ 3

Die Versorgung umfaßt:

1. Heilbehandlung, Krankengeld und Hausgeld (§§ 4 bis 20),

---

*) Textausgabe: Das Reichsversorgungsgesetz v. 12. 5. 20 i. d. F. v. 31. 7. 25 mit den Ausführungsverordnungen, amtlicher Wortlaut der neuen Fassung mit erläuternder Gegenüberstellung der alten Fassungen, Verl. E. S. Mittler u. Sohn, Berlin 1925.

Handausgabe mit Anmerkungen: Kerschensteiner, Reichsversorgungsgesetz, J. Schweitzer, Verlag, München 1921. Neue Auflage in Vorbereitung.

2. Soziale Fürsorge (§§ 21 bis 23),
3. Rente (§§ 24 bis 30), Pflegezulage (§ 31) und Zusatzrente (§§ 88 bis 95),
4. Beamtenschein (§ 33),
5. Sterbegeld und Gebührnisse für das Sterbevierteljahr (§§ 34 und 35),
6. Hinterbliebenenrente (§§ 36 bis 50) und Zusatzrente (§§ 88 bis 95).

Soziale Fürsorge.

§ 21

Der Beschädigte hat Anspruch auf unentgeltliche berufliche Ausbildung zur Wiedergewinnung oder Erlangung der Erwerbsfähigkeit, insbesondere insoweit er durch die Dienstbeschädigung in der Ausübung seines Berufes oder in der Fortsetzung einer begonnenen Ausbildung wesentlich beeinträchtigt ist.[1])

Die Berufsausbildung wird unter der Voraussetzung der Eignung und eifrigen Arbeit des Beschädigten innerhalb der Höchstdauer eines Jahres bis zur Erreichung ihres Zieles gewährt. In geeigneten Fällen soll[2]) sie über diesen Zeitpunkt hinaus ausgedehnt werden.

Über den Anspruch auf berufliche Ausbildung entscheidet die Hauptfürsorgestelle[3]) der Kriegsbeschädigten- und Kriegshinterbliebenenfürsorge oder die von ihr beauftragte Stelle. Über einen Einspruch gegen diese Entscheidung entscheidet der Beirat der Hauptfürsorgestelle endgültig.

1. Berufsausbildung s. RGr. § 26.
2. Das Wort „soll" ist nach dem Gesetz v. 28. 7. 25 (RGBl. I S. 163) an die Stelle der ursprünglichen Fassung („kann") getreten.
3. Vgl. für Bayern Verw.VO. v 12. 1. 25 Art. 10 Anm. 2b unten S. 173.

§ 22

Die Fürsorgestellen der Kriegsbeschädigten- und Kriegshinterbliebenenfürsorge sind, abgesehen von den Vorschriften des § 21, verpflichtet, den Beschädigten und Hinterbliebenen bei der Wahl eines geeigneten Berufes, bei der Berufsausbildung und bei der Unterbringung sowie Erhaltung im Erwerbsleben beizustehen und behilflich zu sein, die Folgen einer erlittenen Dienstbeschädigung oder des Verlustes des Ernährers nach Möglichkeit zu überwinden oder zu mildern.[1])[2])

1. s. RGr. §§ 19 bis 32, insb. §§ 24, 25, 26, 27.
2. § 22 hatte i. d. F. v. 30. 6. 23 folgenden Abs. II:

„Für die Durchführung der Fürsorge gelten die Richtlinien, die der Reichsausschuß der Kriegsbeschädigten- und Kriegshinterbliebenenfürsorge nach § 4 Abs. 1, Nr. 1, der Verordnung über die soziale Kriegsbeschädigten- und Kriegshinterbliebenenfürsorge vom 8. Februar 1919 (RGBl. S. 187) mit Zustimmung des Reichsarbeitsministers erlassen hat oder erlassen wird.“

Dieser Abs. II wurde durch § 35 Buchst. a RFV. gestrichen. An Stelle der Richtlinien, die der Reichsausschuß der Kb.- und Kh.-Fürsorge nach § 4 Abs. I, Nr. 1 der VO. v. 8. 2. 19 mit Zustimmung des Reichsarbeitsministeriums zu erlassen hatte, treten gem. § 34 RFV. die Grundsätze, die die Reichsregierung mit Zustimmung des Reichsrats aufstellt. An die Stelle der Zuständigkeitsgrundsätze des Reichsausschusses v. 6./10. 12. 19 (Amtl. Nachr. 1919 S. 85) sind daher nunmehr die Reichsgrundsätze v. 4. 12. 24 insb. die §§ 18 bis 32 getreten. Abgedr. oben S. 23.

§ 23

Die Fürsorgestellen sind ermächtigt, mit den Krankenkassen Vereinbarungen über die Heilfürsorge für bedürftige, nichtversicherte Kriegshinterbliebene[1]) zu schließen. Der Vertrag bedarf der Zustimmung des Oberversicherungsamtes und der Hauptfürsorgestelle. In dem Vertrage kann vereinbart werden, daß die Krankenkassen gegen Ersatz der entstandenen Kosten und eines entsprechenden Anteils an den Verwaltungskosten Sachleistungen der Krankenversicherung für erkrankte von den Fürsorgestellen überwiesene Hinterbliebene gewähren.

In diese Vereinbarungen ist die Heilbehandlung von Ehefrauen und anderen Personen einzubeziehen, die die unentgeltliche Wartung und Pflege von Pflegezulageempfängern nicht nur vorübergehend übernommen und auf Grund anderer gesetzlicher Vorschriften einen Anspruch auf Heilbehandlung nicht haben.

1. Heilfürsorge für Hinterbliebene s. RGr. §§ 30, 29 Abs. II oben S. 28.

Zusatzrente.

§§ 88—95 RVG.*)

§ 94

Die Feststellung und Auszahlung der Zusatzrente liegt den Hauptfürsorgestellen und Fürsorgestellen[1]) der Kriegsbe-

*) s. RAM. Erl. v. 15. 10. 24 u. v. 12. 8. 25, Zusammenstellungen der Bestimmungen über die Zusatzrente (RVBl. 1924 S. 143, 1925 S. 59).

RAM. Erl. v. 3. 5. 24 über Zuschüsse für versorgungsberechtigte Offiziere, Deckoffiziere und Militärbeamte des Friedens- und Beurlaubten-Standes (RVBl. S. 134) (die Zuschüsse treten an die Stelle der Zusatzrente).

schädigten- und Kriegshinterbliebenenfürsorge ob, soweit nicht die Reichsregierung mit Zustimmung des Reichsrats etwas anderes bestimmt.

Gegen die Entscheidung der Fürsorgestelle kann Beschwerde an die Hauptfürsorgestelle eingelegt werden. Diese entscheidet endgültig; das Spruchverfahren ist ausgeschlossen.

1. Nicht den Versorgungsbehörden. Die Zusatzrente ist eine Ergänzung der Rentenversorgung, die zu Lasten des Reiches geht, sie ist ein Mittelding zwischen Rente und sozialer Fürsorge, von der Rente unterschieden durch anderen Rechtszug, andere Rechtssicherheiten, anderes Verfahren. Die Übertragung an die Hauptfürsorgestellen und Fürsorgestellen ist vom Standpunkt der Fürsorge zu begrüßen: Fürsorgerischer Charakter, Nutzbarmachung der persönlichen Kenntnis der Fürsorgestellen, Erleichterung der eigentlichen Fürsorge, dann, soweit vom RAM. jeweils zugelassen, Möglichkeit der Durchführung von Winterhilfsmaßnahmen (Kartoffel-, Brennstoffbeschaffung).

Für Bayern beträgt derzeit (Herbst 1925) der durchschnittliche Monatsaufwand für Zusatzrenten rund 2 Millionen Reichsmark.

Das Kassen- und Rechnungswesen ist von den Hauptfürsorgestellen auch durch Prüfung an Ort und Stelle zu überwachen.

8.

Reichsverordnung über die soziale Kriegsbeschädigten- und Kriegshinterbliebenenfürsorge vom 8. II. 1919 (RGBl. S. 187) i. d. F. des § 34 der Fürsorgepflichtverordnung vom 13. II. 24 (RGBl. I S. 100).

§ 1

Die Soziale Fürsorge für Kriegsbeschädigte und Kriegshinterbliebene wird von den Landes- und Bezirksfürsorgeverbänden nach Maßgabe der Grundsätze[1]) erfüllt, die die Reichsregierung mit Zustimmung des Reichsrats aufstellt. Die Mitarbeit der freien Wohlfahrtspflege[2]) soll damit nicht eingeschränkt werden.

Die bisherige Fassung lautete:

§ 1. Die soziale Fürsorge für die Kb. u. Kh. wird unter Mitwirkung der Einzelstaaten und Selbstverwaltungskörperschaften nach Maßgabe dieser Verordnung vom Reich übernommen. Die Mitarbeit der freien Wohlfahrtspflege soll damit nicht eingeschränkt werden.

1. „Maßgabe der Grundsätze“, nunmehr Reichsgrundsätze v. 4. 12. 24 insbes. §§ 18—32, abgedr. oben S. 25.

2. Über die Zusammenarbeit der öffentlichen und der freien Wohlfahrtspflege s. die grundlegende Bestimmung des § 5 RFV.

§ 2

Der beim Reichsarbeitsministerium errichtete Reichsausschuß[1]) der Kriegsbeschädigten- und Kriegshinterbliebenenfürsorge ist Körperschaft des öffentlichen Rechts. Er setzt sich zusammen aus 8 Vertretern der Hauptfürsorgestellen der Kriegsbeschädigten- und Kriegshinterbliebenenfürsorge, 8 Vertretern solcher Vereinigungen der Kriegsbeschädigten und Kriegshinterbliebenen, die ihre Wirksamkeit auf das Reich erstrecken und eine entsprechende Mitgliederzahl haben, ferner aus 3 Vertretern aus den Kreisen sozial erfahrener Personen.

Welche Hauptfürsorgestellen und Vereinigungen von Kriegsbeschädigten und Kriegshinterbliebenen Vertreter in den Reichsausschuß entsenden, bestimmt der Reichsarbeitsminister nach Anhörung der Beteiligten: er beruft auch die sozial erfahrenen Personen.

Die Satzung des Reichsausschusses und ihre Änderung bedürfen der Genehmigung des Reichsarbeitsministers.

Die Reichsregierung kann mit Zustimmung des Reichsausschusses besondere Aufgaben auch anderen Körperschaften übertragen, in denen die Kriegsbeschädigten und Kriegshinterbliebenen vertreten sind.

Die Neufassung beruht auf § 34 Abs. 1 der RFV.

1. Im Reichsausschuß sind z. Zt. vertreten:
die Hauptfürsorgestellen der preußischen Provinzen Brandenburg, Niederschlesien, Rheinprovinz, Westfalen, dann der Länder Bayern, Sachsen, Württemberg, Hamburg; ferner an Kriegsbeschädigten- und Kriegshinterbliebenenvereinigungen der Reichsbund der Kriegsbeschädigten, Kriegsteilnehmer und Kriegshinterbliebenen, der Bund erblindeter Krieger, der deutsche Kriegerbund (Kyffhäuserbund), der deutsche Offiziersbund, der internationale Bund der Kriegsopfer, der Reichsverband der Kriegsbeschädigten und Kriegshinterbliebenen, der Zentralverband deutscher Kriegsbeschädigter und Kriegshinterbliebener,
endlich für die freie Wohlfahrtspflege u. a. der deutsche Caritasverband (Caritasverband für das katholische Deutschland) und der Zentralverband für die innere Mission der deutschen evangelischen Kirche; s. Reichsversorgungsblatt 1925, S. 101.

Die Zusammenarbeit von Vertretern der Fürsorgebehörden und Vertretern der Fürsorgebedürftigen, die Zusammenarbeit der freien und öffentlichen Wohlfahrtspflege, die Zusammenarbeit von in der Fürsorge vorwärtsstrebenden Kräften aus allen Teilen des Reiches hat sich im Sinne der Fortentwicklung der Kriegsbeschädigten- und Kriegshinterbliebenenfürsorge wie der allgemeinen Wohlfahrtspflege bewährt, hat zur Verstärkung des gegenseitigen Vertrauens und gegenseitigen Sichverstehens beigetragen, die Stärkung des Reichsgedankens in der deutschen Wohlfahrtspflege gefördert.

§ 3

Der Reichsausschuß wählt den Vorsitzenden und stellvertretenden Vorsitzenden. Der Staatssekretär des Reichsarbeitsamts[1]) oder ein von ihm beauftragter Unterstaatssekretär des Reichsarbeitsamts sind berechtigt, in den Sitzungen des Reichsausschusses den Vorsitz zu übernehmen.

Die Mitglieder des Reichsausschusses sind ehrenamtlich tätig; sie erhalten vom Reich Tagegelder und Ersatz der Reisekosten.

Gegenüber der bisherigen Fassung unverändert.

[1]) s. Erl. v. 4. 10. 23 (R. G. Bl. S. 1231) über Errichtung eines Reichsarbeitsamts; ferner Erl. v. 21. 3. 1919 über Errichtung und Bezeichnung der obersten Reichsbehörden (R. G. Bl. S. 327), wonach an Stelle des Reichsarbeitsamtes das Reichsarbeitsministerium tritt. Statt „Staatssekretär des Reichsarbeitsamtes" muß es daher nunmehr heißen: „Reichsarbeitsminister". Statt „Unterstaatssekretär des Reichsarbeitsamtes" nunmehr: „Staatssekretär des Reichsarbeitsministeriums".

§ 4

Der Reichsausschuß hat folgende Aufgaben:

1. — — — —
2. er erstattet dem Reichsarbeitsamt Gutachten,
3. — — — —
4. er verwaltet und verwendet die ihm für die Fürsorge zur Verfügung gestellten Mittel.

In Fragen, die nur die Kriegsbeschädigtenfürsorge oder nur die Hinterbliebenenfürsorge betreffen, entscheidet jede Abteilung selbständig und endgültig; in Fragen, die beide Fürsorgegebiete berühren, entscheiden beide Abteilungen in gemeinsamer Sitzung.

Die bisherige Fassung lautete:

§ 4. Der Reichsausschuß hat folgende Aufgaben:

1. er stellt die Grundsätze für die Durchführung der Kriegsbeschädigten- und Kriegshinterbliebenenfürsorge auf; diese Beschlüsse bedürfen, um bindende Kraft für die Hauptfürsorgestellen und Fürsorgestellen zu erlangen, einer Mehrheit von $^2/_3$ der abgegebenen Stimmen und der Zustimmung des Reichsarbeitsamts;

2. er erstattet dem Reichsarbeitsamt Gutachten;

3. er entscheidet als Schiedsrichter bei den Streitigkeiten zwischen den Hauptfürsorgestellen über die Zuständigkeit;

4. er verwaltet und verwendet die ihm für die Fürsorge zur Verfügung gestellten Mittel.

In Fragen, die nur die Kriegsbeschädigtenfürsorge oder nur die

Hinterbliebenenfürsorge betreffen, entscheidet jede Abteilung selbständig und endgültig; in Fragen, die beide Fürsorgegebiete berühren, entscheiden beide Abteilungen in gemeinsamer Sitzung.

Bei der Mittel-Verwaltung handelt es sich hier in der Hauptsache um Spendemittel, wie Anteile an der Ludendorffspende u. a.

Das wertvollste Vermögensstück des Reichsausschusses ist die Beteiligung am Deutschen Kriegerkurhaus Davos, einem für die Heilversorgung lungenkranker Kriegsbeschädigter und Kinder bedeutsamen Unternehmen.

§ 2, Abs. II ff. (alte Fassung) der VO. v. 8. 2. 19, woran § 4 Abs. II anknüpft, sind durch § 34 RFV., im praktischen Ergebnis schon durch die PersonalabbauVO., aufgehoben worden.

§ 5

Die Regierungen der Bundesstaaten errichten für ihr Gebiet eine oder mehrere amtliche „Hauptfürsorgestellen [1]) der Kriegsbeschädigten- und Kriegshinterbliebenenfürsorge" [2]), auch kann für mehrere Bundesstaaten eine gemeinsame Hauptfürsorgestelle errichtet werden.

Gegenüber der bisherigen Fassung unverändert.

1. Diese Bestimmung ist durch § 10 ihres zwingenden Charakters enthoben; an Stelle eigener Hauptfürsorgestellen können die Aufgaben dieser auch anderen Behörden übertragen werden, jedoch nur unter den in § 10 näher angegebenen Voraussetzungen.

2. Für Bayern besteht eine Landeshauptfürsorgestelle, die dem Staatsministerium für soziale Fürsorge unmittelbar unterstellt ist, sowie als deren Zweigstellen 8 Kreishauptfürsorgestellen bei den Regierungen, Kammern des Innern.

3. Rechtsstellung der Hauptfürsorgestellen und Fürsorgestellen nach Reichs- und Landesrecht.

Während für die Kleinrentner-, Sozialrentner-, Wochenfürsorge ebenso wie für die Armenfürsorge reichsrechtlich keinerlei bisherige Bestimmungen über die zur Durchführung der Fürsorge zuständigen Behörden aufrechterhalten sind, ist für die Kb.- u. Kh.-Fürsorge reichsrechtlich die ganze bisherige Organisation aufrechterhalten mit der Möglichkeit, sie landesrechtlich aufzuheben oder umzuändern.

A Reichsrechtlich ist für die Rechtslage zunächst folgendes festzustellen:

a) Träger der sozialen Kb.- u. Kh.-Fürsorge sind infolge der Einordnung der Kb.- u. Kh.-Fürsorge in die RFV. ausschließlich die BFV. u. LFV.

b) Die Hauptfürsorgestellen und Fürsorgestellen der Kb.- u. Kh.-Fürsorge sind gem. § 34 RFV., §§ 5, 9, 10 Abs. 2 d. VO. vom 8 Febr. 1919 (RGBl. S. 187) i. d. F. d. § 34 d. RFV. reichsrechtlich ausdrücklich aufrechterhaltene Landesbehörden.

c) Den Trägern der Fürsorge im Sinne der RFV. obliegt die „Erfüllung der Fürsorge für Kb.- u. Kh." (§ 1 RFV.).

d) Die Hauptfürsorgestellen und Fürsorgestellen sind verpflichtet, die in den §§ 21—23 RVG., § 34 RFV., sowie in den RGr. v. 4. 12. 24, ferner auch die im Schwerbeschädigtengesetz näher bezeichneten Aufgaben der sozialen Kb.- u. Kh.-Fürsorge und der Schwerbeschädigtenfürsorge zu erfüllen.

e) Die Beiräte der Hauptfürsorgestellen und Fürsorgestellen sind reichsrechtlich aufrechterhalten (§§ 6 u. 9 Abs. 2 u. § 10 Abs. 2)

B Landesrechtlich ist die Regelung sehr verschieden. Für Bayern gilt folgendes:

Die bayerische Regierung hat von dem ihr nach den Bestimmungen in § 10 Abs. 2 KrFOrgVO. i. d. F. des § 34 RFV. und § 27 Schwerbesch.-Ges. i. d. F. des § 33 RFV. gegebenen Recht der Aufhebung der Hauptfürsorgestellen, Fürsorgestellen und deren Beiräte für die Hauptfürsorgestellen und ihre Beiräte keinen Gebrauch gemacht; vielmehr hat sie die Landeshauptfürsorgestelle, die Kreishauptfürsorgestellen und ihre Beiräte ausdrücklich aufrechterhalten (Art. 10 Verw.VO. v. 12. 1. 25, abgedr. unten S. 172.

Dagegen wurden die Fürsorgestellen für Kb. und Kh., die bisher den Bezirksverwaltungsbehörden angegliedert waren, nunmehr diesen Behörden vollständig eingegliedert, die Spruchausschüsse (Art. 3 und 5 der VerwVO. v. 12. 1. 25) wurden zu Beiräten erklärt. Art. 6 VerwVO. v. 12. 1. 25, abgedr. unten S. 161.

§ 6

Jeder Hauptfürsorgestelle steht ein Beirat zur Seite. Vorsitzender des Beirats ist der Leiter der Hauptfürsorgestelle oder sein Stellvertreter.

Als Mitglieder des Beirats sind von der Hauptfürsorgestelle Vertreter der Kriegsbeschädigten, der Kriegshinterbliebenen, der Unternehmer und der Arbeitnehmer, sowie auf dem Gebiete der sozialen Fürsorge erfahrene Persönlichkeiten zu berufen. Die Zahl der Kriegsbeschädigten, Kriegshinterbliebenen und Arbeitnehmer muß gleich der Zahl der übrigen Mitglieder des Beirats, die Zahl der Unternehmervertreter gleich der Zahl der Arbeitnehmervertreter sein.

Die Mitglieder des Beirats sollen im Bezirk der Hauptfürsorgestelle ihren Wohnsitz haben. Für die Berufung der Vertreter der Unternehmer, Arbeitnehmer, Kriegsbeschädigten und Kriegshinterbliebenen sind die von den Wirtschaftsorganisationen der Unternehmer und Arbeitnehmer, sowie von den Kriegsbeschädigten- und Kriegshinterbliebenenvereinigungen eingereichten Vorschlagslisten maßgebend.

Wo das Bedürfnis besteht, kann der Beirat in selbständige Abteilungen für die Kriegsbeschädigten- und Kriegshinterbliebenenfürsorge gegliedert werden; für die Zusammensetzung der

Abteilungen gelten Absatz 2 dieses Paragraphen, § 2 Abs. 6 und § 4 Abs. 2 sinngemäß.

1. Über die Rechtsstellung des Beirats s. grundlegenden Erl. des RAM. v. 4. 8. 22 VIII Nr. 14 861/22.

2. § 6 Abs. IV verweist auf die aufgehobenen Bestimmungen § 2 Abs. VI alter Fassung der VO. v. 8. 2. 19, wonach gleichzeitige Zugehörigkeit zu beiden Abteilungen des Reichsausschusses, Abteilung „Kriegsbeschädigtenfürsorge" und Abteilung „Kriegshinterbliebenenfürsorge" zulässig war, der Vorsitzende und der stellvertretende Vorsitzende aber beiden Abteilungen angehören.

3. Die Gesamtzahl der Mitglieder darf bis auf weiteres 12 nicht überschreiten (Pers. Abbau Verordnung v. 27. 10. 23 Art. 21 Ziff. VI Abs. II RGBl. I S. 999).

§ 7

Der Beirat der Hauptfürsorgestelle beschließt [1]) in allen grundsätzlichen Fragen, stellt Richtlinien [1]) für die Verwaltung und Verwendung der Mittel auf und entscheidet endgültig in einzelnen Fürsorgefällen über Beschwerden [2]) gegen Verfügungen der Hauptfürsorgestellen.

Gegenüber der bisherigen Fassung unverändert.

1. Jedoch nur mehr im Rahmen des § 6 und 34 RFV. und der R.Gr. v. 4. 12. 24 und unter Einhaltung des Haushalts.

2. Abweichende landesrechtliche Regelung zulässig im Rahmen des § 10. Für Bayern der bisherige Rechtszustand aufrecht erhalten. Art. 8 BAB. Art. 10 VerwVO.

§ 8

Bestehen in einem Bundesstaat mehrere Hauptfürsorgestellen, so kann von der Regierung dieses Bundesstaates zur Wahrung der Einheitlichkeit der Fürsorgetätigkeit eine „amtliche Landesstelle der Kriegsbeschädigten- und Kriegshinterbliebenenfürsorge" [1]) errichtet werden.

Gegenüber der bisherigen Fassung unverändert.

1. Für Bayern vgl. § 6 der VO. v. 13. 6. 19. Diese Bayerische Landesfürsorgestelle wurde durch VO. v. 7. 4. 20 in die Landeshauptfürsorgestelle umgewandelt, die Hauptfürsorgestellen bei den Regierungen, Kammern des Innern, wurden zu Zweigstellen der Landeshauptfürsorgestelle erklärt.

§ 9

Für den Bezirk jeder unteren Verwaltungsbehörde ist in der Regel eine „amtliche Fürsorgestelle" zu errichten. Benachbarte Bezirke oder Teile von Bezirken können von der Hauptfürsorgestelle zu einem Fürsorgestellenbezirk vereinigt werden.

Der Fürsorgestelle steht ein Beirat zur Seite; auf seine Bildung und Tätigkeit sind die §§ 6 und 7 sinngemäß anzuwenden.

Gegen die Entscheidungen des Beirats ist die Beschwerde an die Hauptfürsorgestelle zulässig, die, falls sie selbst nicht abhilft, die endgültige Entscheidung ihres Beirats herbeiführt.

Gegenüber der bisherigen Fassung unverändert.

S. zunächst preuß. Abbau-Verordnung v. 27. 10. 23 (RGBl. I, S. 999).

Für Bayern s. nunmehr Art. 6 VerwVO. abgedr. S. 161.

§ 10

Die Landeszentralbehörden bestimmen, welche Behörden untere Verwaltungsbehörden im Sinne dieser Verordnung sind.

Sie[1]) können die Aufgaben der Hauptfürsorgestellen und Fürsorgestellen auch anderen Behörden übertragen unter der Voraussetzung, daß ihnen Beiräte nach Maßgabe der §§ 6 und 7 zur Seite gestellt werden oder die Mitwirkung von Vertretern der Kriegsbeschädigten und Kriegshinterbliebenen in anderer Weise hinreichend gesichert ist. Sie können ferner das Beschwerdeverfahren abweichend von den Vorschriften der §§ 7 und 9 regeln, soferne die Mitwirkung von Vertretern der Kriegsbeschädigten und Kriegshinterbliebenen wenigstens in einem Rechtszug gesichert ist.[2])

Absatz II wurde durch § 34 der RFV. neu eingefügt.

1. Andere Behörden abweichend von den Bestimmungen in §§ 5—9.

Diese durch die RFV. neu eingefügte Bestimmung besagt, daß die Hauptfürsorgestellen und Fürsorgestellen landesrechtlich belassen werden können, jedoch nicht belassen werden müssen, Aufgaben im Sinne dieser Vorschrift sind u. a.: die Aufgaben nach §§ 21—23 RVG. die Bestimmungen über die soziale Kb.- und Kh.-Fürsorge, insbes. R.Gr. §§ 18—32, die Aufgaben nach §§ 88 ff. RVG. (Zusatzrente), die Aufgaben nach dem Schwerbeschädigtengesetz (s. übrigens auch § 28 RJWG.; ferner Altrentnergesetz usw.).

2. Die entsprechende Bestimmung findet sich für das Schwerbeschädigtengesetz in § 27 daselbst (§ 33 RFV.).

Die VO. vom 8. 2. 19 hatte noch folgenden, nunmehr durch § 34 RFV. aufgehobenen

§ 11

Als Grundlage für den Aufbau der Hauptfürsorgestellen sollen dort, wo noch organisatorische Verschiedenheiten vorhanden sind, die bestehenden Hauptfürsorgeorganisationen der Kriegsbeschädigten-

fürsorge unter tunlichster Berücksichtigung der für die Kriegshinterbliebenenfürsorge bestehenden Einrichtungen dienen. Desgleichen sind für den Aufbau der örtlichen Fürsorgestellen nach Möglichkeit die bisherigen Einrichtungen der Kriegsbeschädigten- und Kriegshinterbliebenenfürsorge zu benützen.

§ 12

Diese Verordnung tritt, soweit es sich um organisatorische Maßnahmen handelt, mit dem Tag der Verkündung, im übrigen für jeden Bundesstaat an einem von der Landeszentralbehörde zu bestimmenden Tag in Kraft.[1])

1. In Bayern ist die VO. am 1. 8. 19 in Kraft getreten gleichzeitig mit der bayerischen VO. v. 13. 6. 19 (GVBl. S. 292), diese ergänzt durch die bayerischen Verordnungen v. 7. 4. 20 u. 16. 3. 21 (GVBl. S. 7, 1920 S. 112, 1921 S. 99).

9.

Reichsgesetz über die Beschäftigung Schwerbeschädigter

in der Fassung vom 12. 1. 1923.

(RGBl. I S. 57)

Vorbemerkung.

1.

a) Das Gesetz wurde durch Art. 21 Ziff. VII u. VIII der PersonalabbauVO. v. 27. 10. 23 (RGBl. I S. 999) sowie durch § 33 der Vdg. über die Fürsorgepflicht v. 13. 2. 1924 (RGBl. I S. 100) abgeändert.

S. dazu Ausf.-Vdg. v. 13. 2. 1924 (RGBl. I S. 73) (RVBl. 1924 S. 35) unten abgedr. S. 83.

Bayer. Min. Bek. v. 18. 1. 24 (St. Anz. Nr. 16) über den Vollzug des RG. zur Beschäftigung Schwerbeschädigter (enthält die Einwirkungen der PersonalabbauVO. auf das Schwerbesch.-G.)

b) Der Rechtszustand vor dem Gesetze vom 12. 1. 23: Voraus gingen: Verordnung v. 9. 1. 19 über Beschäftigung Schwerbeschädigter (RGBl. S. 28) (StAnz. 1919 Nr. 22), abgeändert 1. 2. 19 (RGBl. S. 132), 24. 9. 1919 (RGBl. I S. 1720). Gesetz v. 6. 4. 1920 (RGBl. S. 458); dazu Vdg. v. 21. 4. 20 (RGBl. S. 591), 17. 5. 1920 (RGBl. S. 978), v. 21. 7. 1921 (RGBl. S. 947). Ausf.-Anweisung v. 28. 11. 1920 (RGBl. S. 338). Verlängerung der Kündigungsbeschränkungen durch Gesetz v. 22. 10. 20 (RGBl. S. 1787), Vdg. v. 21. 3. 21 (RGBl. S. 327), 28. 4. 21 (RGBl. S. 494); Ges. v. 19. 7. 1922 (RGBl. I S. 599); dazu Bayer. Ausf.-Bek. v. 22. 6. 1920 (St.Anz. Nr. 145); Vdg. v. 13. 7. 20 (St.Anz. Nr. 173); Bek. v. 21. 9. 20 St.Anz.

Nr. 238). Bayer. Gesamt Min. Bek. v. 28. 3. 22 über Verdingungswesen, hier die Einstellung von Schwerbeschädigten (St. Anz. Nr. 77) (vgl. auch Ges. Min. E v. 13. 11. 20 (St. Anz. Nr. 267) betr. Verdingungswesen).

c) Gesetzgebungsverhandlungen: Reichsrat 1919, Drucksache Nr. 196. Verfassunggebende Nationalversammlung 1919, Drucksache Nr. 1750; Reichsrat 1919, Niederschrift der 815. Sitzung mit Anlage, Tagung 1920 (39. Sitzung). Verfassunggebende deutsche Nationalversammlung, Drucks. Nr. 1750 u. 2422, 2424, 2432, 2433. Reichstag I. Wahlperiode 1920, Drucks. Nr. 623; Reichsrat Tagung 1921, Nr. 73.

Gesetzgebungsverhandlungen für das neue Gesetz i. d. F. v. 12. 1. 23: Gesetzgebungsverhandlungen: Reichsrat, Tagung 1922 Drucks. Nr. 258; Reichstag I. Wahlperiode 1920/22, Drucks. Nr. 5295 (mit Anlage eines Berichts des vorläuf. Reichswirtschaftsrats [Unterausschuß] u. Drucks. Nr. 5404, Reichstag, 6. Ausschuß, Drucks. Nr. 490—496, 497—505, Reichstag, Plenum, Niederschrift über 277., 283. u. 284. Sitzung [6. u. 15. 12. 1922]).

d) Internationales Recht. Die Arbeitsfürsorge für Beschädigte. Internationales Arbeitsamt Genf 1923 — s. Danziger. Ges. 6. 10. 25 (Korrespondenzblatt d. Reichsbunds 1926 S. 20).

2.

Ausführungsvorschriften zum Gesetz.

a) Ausf.VO. v. 13. 2. 1924 (RGBl. I S. 73; RVBl. S. 35), abgedr. S. 83.

b) Bek. des St.Min. f. soz. Fürs. v. 18. 1. 1924 (St.Anz. Nr. 16).

c) RAM. Erl. v. 22. 3. 24 (RVBl. S. 59) (Erwerbslosenfürsorge für Schwerbeschädigte).

d) wegen der Anstellungsgrundsätze und ihrer Ausführungsbestimmungen s. Anm. 1 zu § 2 des Gesetzes.

e) RAM. Erl. v. 17. 3. 1922 (RVBl. 1922 S. 158) über das Zusammenarbeiten zwischen Hauptfürsorgestellen und Berufsgenossenschaften (vgl. § 11 Schwerbesch.G., § 59 Arb.NG.).

Über das Verhältnis des Schwerbesch.Ges. zu den Aufgaben der Berufsgenossenschaften auf dem Gebiet der Berufsfürsorge für Unfallverletzte s. RVO. i. d. F. v. 14. 7. 1925 (RGBl. I S. 97), (§§ 558 f und 558 g RVO.).

3.

Schrifttum.

Handausgaben: Weigert-Wölz, 3. Aufl., Berlin 1921, Vossische Buchhandlung; Feig-Sitzler, arbeitsrechtliche Gesetze und Verordnungen des Reiches, Verlag Vahlen, Berlin 1924 (enthält u. a. kurze Erläuterungen zum Schwerbeschädigtengesetz); systematische Darstellung Fülling, die Pflicht zur Beschäftigung Schwerbeschädigter, 1923, A. Deichert'sche Verlagsbuchhandlung Leipzig (mit Schrifttumsübersicht S. VII—X). Mebes, das Schwerbeschädigten-Ges. (mit Erläuterungen, Industrie-Verlag Späth u. Linde, Berlin C. 2. Schoppen, das Gesetz über die Beschäftigung Schwerbeschädigter, mit Erläuterungen, Düsseldorf 1925.

Aufsätze.

S. in Zeitschr. „Die Kriegsbeschädigtenfürsorge" 2. Jahrg. Nr. 2 S. 65 ff. u. Nr. 9 S. 386ff., 3. Jahrg. Nr. 5/6 S. 120ff. u. S. 128 ff„ Nr. 11/12 S. 305ff.: dann in „Sonderschriften des Reichsausschusses der Kb.- und Kh.-Fürsorge" Heft 8 u. 9; Boywidt, die Pflicht zur Beschäftigung Schwerbeschädigter; Beckmann, die Schwerbeschädigtenfürsorge der Provinz Brandenburg; Liebrecht, die Unterbringung Schwerbeschädigter in der Berliner Wirtschaft, Berliner Wirtschaftsbericht, 1. Jahrg., Nr. 30; Schwarz in Bayer. Gem.V.Z. 1922 Spalte 546 ff., 561 ff., 595 ff.; 1923 Spalte 750 ff.

Billerbeck im RABl. Nichtamtl. Teil 1924 S. 615 (über Zuständigkeit des Schwerbeschädigtenausschusses und der Hauptfürsorgestellen: Rechtswirkung der Entscheidung des Schwerbeschädigtenausschusses): Billerbeck im RABl. 1925 Nr. 4 S. 73 ff, „Zur Auslegung des Schwerbeschädigtengesetzes". v. Ende, in „Das Schlichtungswesen" 6. Jahrg. Nr. 12 (zur Auslegung des Schwerbeschädigtengesetzes); Görning, Kündigungsschutz der Schwerbeschädigten auch bei Unkenntnis des Arbeitgebers in „Das Arbeitsrecht", 12. Jahrg. Heft 1. Richter in „Die Fürsorge" 1925 S. 33; Ristau, die Schwerbeschädigten- und Erwerbsbeschränktenfürsorge, soz. Praxis 34. Jahrg. Nr. 5; Knack, die Ursachen beschränkter Arbeitsfähigkeit auf dem gegenwärtigen Arbeitsmarkte. RABl. 1925 Nichtamtl. Teil S. 34; Jung, gegenwärtiges Problem der Erwerbsbeschränktenfürsorge, RABl. 1925, Nichtamtl. Teil S. 163; Korn, Zweifelsfragen aus dem Schwerbeschädigtengesetz, soz. Praxis 34. Jahrg. Nr. 9; Stock, die Entlassung Schwerkriegsbeschädigter, Industrie- und Handelszeitung, 6. Jahrg. Nr. 55; Liebenberg, die Arbeitsfürsorge für Erwerbsbeschränkte, Deutsche Zeitschrift für Wohlfahrtspflege, Nr. 6, September 1925. Bernstein, Durchführung des § 8 des Schwerbeschädigtenges. Reichsarbeitsblatt 1925 Nr. 34. Jung, Die Bedeutung einer modernen Schwerbeschädigtenfürsorge für die Wirtschaft; R.A.Bl. 1925 nichtamtl. Teil S. 787; Geiger, Grundlegende Entscheidungen in Fürsorgefragen Bayer. Gem.V.Z. 1926 Sp. 65 ff. Fürnrohr Befreiung von Einstellungspflicht, Bayer. Verw.Bl. 1926 S. 40.

4.

Rechtsprechung.

a) Entscheidungen des Schwerbeschädigtenausschusses bei der Reichsarbeitsverwaltung:

Entscheidungen vom 20. 3. 25 (RABl. 1925 S. 156):

1. Ein Beschwerdeführer, der auf Grund von § 21 Schwerbesch.G. Beschwerde bei dem Schwerbeschädigtenausschuß einer Hauptfürsorgestelle erhoben hat, hat keinen Anspruch darauf, daß ihm Gelegenheit gegeben wird, seine Beschwerde persönlich vorzutragen.

2. Eine schuldhafte Vereitelung der Durchführung des Schwerbesch.G. (§ 19) kann auch darin liegen, daß der Schwerbeschädigte durch Verfehlungen dem Arbeitgeber Grund zur fristlosen Entlassung gibt.

3. Die Frage, wann eine wesentliche oder wann eine nur vorübergehende Einschränkung eines Betriebes anzunehmen ist (§ 16 Schwerbesch.G.), kann nur im Einzelfalle entschieden werden.

4. Nach § 16 Schwerbesch.G. ist die Zustimmung der Hauptfür-

sorgestelle zur Kündigung eines Schwerbeschädigten unter anderem davon abhängig, daß zwischen dem Tage der Kündigung und dem Tage, bis zu dem Gehalt oder Lohn an den Schwerbeschädigten weitergezahlt wird, mindestens 3 Monate liegen. Diese Bedingung gilt nur dann als erfüllt, wenn dem Schwerbeschädigten bei einem Ausscheiden aus dem Betriebe vor Ablauf dieser Frist ein Anspruch auf denjenigen Lohn gegeben wird, den er bei Arbeitsleistung im Betriebe hätte fordern können. Er soll also, sofern der Betrieb nicht vollständig eingestellt wird, seinen bisherigen Mitarbeitern auch für die Zeit nach seiner Entlassung gleichgestellt sein. Arbeiten sie verkürzt, so erhält auch er nur den verkürzten Lohn; wird ihr Lohn, (z. B. Übergang zur Vollarbeit, Tarifveränderung) erhöht, so erhöht sich auch sein Lohn. Bei Betriebsstilllegung erhält er weiter den zuletzt vor der Stillegung bezogenen Lohn.

5. Eine Verpflichtung der Hauptfürsorgestelle, nach § 16 Schwerbesch.G. die Zustimmung zur Kündigung zu geben, ist nicht anzuerkennen, wenn ein Arbeitgeber einem Schwerbeschädigten vorsorglich mit dreimonatiger Frist kündigt, obwohl im Augenblick der Kündigung nicht feststeht, ob der Betrieb stillgelegt oder eingeschränkt wird, und demnach die Voraussetzung des § 16 erst im Laufe der Frist eintreten kann.

6. Liegen die Voraussetzungen für die Anwendung des § 16 Schwerbesch.G vor, so hat die Hauptfürsorgestelle auf Antrag ihre Zustimmung zur Entlassung aller Schwerbesch. zu geben, die über die gesetzliche Mindestzahl von 2 v. H. hinaus im Betriebe beschäftigt werden.

7. Mehrere weitere Anfragen, die nicht von Schwerbeschädigtenausschüssen der Hauptfürsorgestellen dem Schwerbeschädigtenausschuß bei der Reichsarbeitsverwaltung vorgelegt worden waren, wurden als unzulässig zurückgewiesen. Der Schwerbeschädigtenausschuß ist der Auffassung, daß er seine bindenden Entscheidungen nur in solchen Fragen zu erstatten hat, die ihm von Schwerbeschädigtenausschüssen der Hauptfürsorgestellen vorgelegt werden, nicht aber von sonstigen Interessenten (Schwerbeschädigtenverbänden, Arbeitgebervereinigungen, Gewerkschaften usw.), auch nicht von Schwerbeschädigtenausschüssen, die gemäß § 22 Abs. 4 Schwerbesch.G. bei den Fürsorgestellen gebildet sind.

8. Eine Gleichstellung nach § 8 Schwerbesch.G. kann zwar für in Arbeit befindliche Kriegsbeschädigte auch nach dem Empfang der Kündigung erfolgen, doch unterliegt die Frage, ob diese Gleichstellung auf die vor ihr erfolgte Kündigung dahin einwirkt, daß diese Kündigung nur bei nachträglicher Genehmigung gemäß § 13 wirksam bleibt, nicht der Zuständigkeit der Hauptfürsorgestelle und auch nicht der des Schwerbeschädigtenausschusses bei der Reichsarbeitsverwaltung, sondern ist im Streitfalle durch die Gerichte zu entscheiden.

9. Gegen den Beschluß der Hauptfürsorgestelle, mit dem sie nach § 7 Abs. 2 Schwerbesch.G. dem Arbeitgeber einen Schwerbeschädigten im Wege der Zwangseinstellung zuweist, kann Beschwerde nicht mehr eingelegt werden.

10. Nach § 18 Schwerbesch.G. liegt der Antrag auf Belegung mit einer Buße im Ermessen der Hauptfürsorgestelle. Sie kann also beim Vorliegen eines Verstoßes von einem Antrag auf Buße absehen und diese Abstandnahme auch davon abhängig machen, daß der Arbeitgeber mit ihr Vereinbarungen trifft, die einer Förderung der Arbeitsfürsorge oder sonst der Schwerbeschädigtenfürsorge dienen.

11. Die Entscheidung nach § 23 Schwerbesch.G. zu der Frage, ob § 9 nur für solche Arbeitgeber gilt, die aus ihrem Eigentum an Land den Schwerbeschädigten Siedlungsstellen zu Eigentum oder Pacht überlassen, nicht dagegen für Banken und sonstige Stellen, die bezüglich der Siedlung von Schwerbeschädigten eine im wesentlichen nur vermittelnde Tätigkeit ausüben, hat der Schwerbeschädigtenausschuß bei der Reichsarbeitsverwaltung abgelehnt, da der Antrag nicht durch den Schwerbeschädigtenausschuß der Hauptfürsorgestelle gestellt ist. Im übrigen war der Schwerbeschädigtenausschuß der Auffassung, daß § 9 Schwerbesch.G. sich auch auf solche Arbeitgeber bezieht, die nicht selbst aus ihrem Eigentum an Land den Schwerbeschädigten Siedlungsstellen überlassen können; es ist ohne weiteres zuzulassen, daß z. B. auch industrielle Arbeitgeber Pacht- oder Siedlungsland zu dem Zweck sich verschaffen, um es für Kriegsbeschädigte zur Erfüllung der Voraussetzung des § 9 zur Verfügung zu stellen. Sache der Hauptfürsorgestelle ist es, im einzelnen Falle festzustellen, ob sie nach den den Schwerbeschädigten gewährten Vorteilen die Voraussetzungen für eine Befreiung gemäß § 9 für gegeben ansieht.

12. Eine Einwirkung der Hauptfürsorgestelle auf die Höhe der Verpflichtung zur Einstellung von Schwerbeschädigten kann nur nach § 6 Abs. 2 Schwerbesch.G. erfolgen, und nur, wenn eine solche auf § 6 Abs. 2 begründete Anordnung oder Entscheidung vorliegt, ist eine Beschwerde hiergegen nach § 21 Schwerbesch.G. gegeben. Im übrigen ergibt sich die Zahl der Schwerbeschädigten, die ein Arbeitgeber zu beschäftigen hat, unmittelbar aus dem Schwerbesch.G. in Verbindung mit der nach § 5 durch den Reichsarbeitsminister erfolgten Bestimmung des Bruchteils von Arbeitsplätzen, den jeder private Arbeitgeber mit Schwerbeschädigten zu besetzen hat.

Da bei der Entscheidung nach § 6 Abs. 2 Schwerbesch.G. die wirtschaftlichen Bedürfnisse und die Forderungen des Schwerbeschädigtenschutzes möglichst in billiger Weise ausgeglichen werden sollen, so werden bei einer Beschwerde in der Regel Zahl und Art der Arbeitsplätze des Arbeitgebers zur Zeit der Beschwerdeentscheidung dieser zugrundegelegt werden müssen. Zahl und Art der Arbeitsplätze zur Zeit der Entscheidung I. Instanz durch die Hauptfürsorgestelle können demgegenüber eine Rolle spielen bei einem Bußeverfahren nach § 18, für das die Höhe der Verpflichtung des Arbeitgebers zur Zeit des Verstoßes wesentlich ist. Im Bußeverfahren ist aber dem Gericht die Entscheidung auch insoweit vorbehalten, als es sich um die Feststellung der Höhe der Einstellungsverpflichtungen handelt, wobei selbstverständlich rechtskräftige Anordnungen nach § 6 Abs. 2 als konstitutive Verwaltungsakte zu berücksichtigen sind.

13. Die Frage, in welcher Höhe die stets schwankende Arbeitnehmerzahl der Saisonbetriebe bei der Berechnung der Pflichtzahl der einzustellenden Schwerbeschädigten in Ansatz zu bringen ist, kann von der Hauptfürsorgestelle nach § 6 Abs. 2 Satz 3 Schwerbesch.G. entschieden werden. Dabei ist die Lage des einzelnen Falles zu berücksichtigen. Eine allgemeine Anweisung läßt sich infolgedessen nicht geben. Zweckmäßig wird es vielfach sein, einen Durchschnittssatz des Jahres zugrundezulegen, sei es berechnet nach der Zahl der im Durchschnitt des Jahres beschäftigten Arbeitnehmer, sei es nach der Zahl der geleisteten Arbeitstage.

14. Die Entscheidung der Frage, ob nach § 13 Abs. 2 Satz 2 Schwerbesch.G. die Zustimmung der Hauptfürsorgestelle zu einer fristlosen Kündigung erforderlich ist, die wegen einer Krankheit ausgesprochen wird, die eine Folge der Kriegsbeschädigung ist, gehört nicht zur Zuständigkeit der Hauptfürsorgestelle und des Schwerbeschädigtenausschusses bei der Reichsarbeitsverwaltung, sondern zu der der im Streitfalle damit befaßten Gerichte.

15. Die Dreimonatsfrist für die Gehaltszahlung nach § 16 Schwerbesch.G. beginnt mit dem Tage der Kündigung. Diese wird aber nach § 13 Abs. 1 nur mit Zustimmung der Hauptfürsorgestelle wirksam, und zwar ist in § 13 Abs. 1 bestimmt, daß die dort vorgesehene Mindestkündigungsfrist erst vom Tage der Absendung des Antrages an die Hauptfürsorgestelle auf Zustimmung zur Kündigung beginnt. In Übereinstimmung hiermit kann die Bedingung zur Zustimmung nach § 16 nur dann als erfüllt angesehen werden, wenn dem Schwerbeschädigten die Gehaltszahlung für 3 Monate seit der Absendung des Antrages auf Zustimmung gesichert ist.

b) Entscheidungen des Reichsgerichts in Zivilsachen

vom 13. 3. 25 (D. Jur. Z. 1925 Sp. 1265) über die Frage des Rechtswegs bei Handhabung der Anstellungsgrundsätze (Anm. 1 zu § 2 Schwerbesch.G.): Einen im Rechtsweg verfolgbaren Anspruch auf Verleihung eines bestimmten Amtes gibt es nicht; mithin ist auch ein Schadensersatzanspruch auf Grund verspäteter Verleihung einer Stelle im Rechtsweg nicht verfolgbar.

E. v. 11. 2. 25 (Recht 1925 S. 568; Leipz. Z. 1925 S. 775): Dienstverhältnis Schwerbeschädigter; Einfluß einer Herabsetzung der Rente durch das Versorgungsamt auf das Kündigungsrecht des Arbeitgebers: Schwerbeschädigte im Sinne des Gesetzes sind diejenigen dort bezeichneten Personen, die eine Militärrente von 50 oder mehr vom Hundert zu beziehen berechtigt sind und denen diese Befugnis noch nicht rechtskräftig genommen worden ist; nicht schon mit der Herabsetzung der Rente, sondern erst mit der Rechtskraft des Herabsetzungsbescheids geht die Eigenschaft als Schwerbeschädigter verloren;

c) Entscheidungen des Bayerischen obersten Landesgerichts in Strafsachen:

E. v. 5. 5. 1924, Rev. Reg. II Nr. 159/1924:

Der Antrag nach § 18 des Schwerbesch.G. ist beim Amtsanwalt zu stellen; er ist an die Frist des § 61 St.G.B. gebunden, wenn die Hauptfürsorgestelle nicht als Verletzter (§ 65 StGB.), sondern wie die Staatsanwaltschaft (§ 152 Abs. I StPO) als Behörde zur Einleitung und Betreibung des Strafverfahrens auftritt.

Grobe Fahrlässigkeit im Sinne des § 18 a. a. O. kann auch in der nichtgenügenden Unterrichtung des Verwalters eines Betriebes durch seinen Arbeitgeber über die Verpflichtung zur Aufnahme Schwerbeschädigter liegen.

E. vom 24. Sept. 1925. (D. Jur. Z. 1925 S. 1884; J. W. 1925 S. 1901):

α) Gegen die Statthaftigkeit von Berufung und Revision bestehen keine Bedenken. Wenn § 26 die Handhabung der Bestimmungen des

§ 18 bis zum Inslebentreten von Arbeitsgerichten einem ordentlichen Strafgericht, dem Schöffengericht, übertragen ist, so ist hieraus zu schließen, daß auch **die gewöhnlichen Rechtsmittel zulässig sind.**

β) Auf Grund § 5 des Gesetzes ist jeder private Arbeitgeber von sich aus und ohne Aufforderung seitens der Hauptfürsorgestelle (§ 7) verpflichtet, einen Bruchteil von Arbeitsplätzen entsprechend der V. O. vom 13. Febr. 1924 mit Schwerbeschädigten zu besetzen. Die auf Vorsatz oder grober Fahrlässigkeit beruhende Vernachlässigung dieser Pflicht ist auch ohne vorherige Maßnahme der Hauptfürsorgestelle nach § 7 als ein Verstoß gegen das Gesetz zu ahnden. Das ergibt sich namentlich aus den Vorschriften der § 6, Abs. 2 u. 4, §§ 9, 11. Die Verpflichtung des Arbeitgebers aus § 5 ist auch nicht durch den § 1 etwa dahin eingeschränkt, daß die Pflicht zur Beschäftigung einer bestimmten Anzahl von Schwerbeschädigten erst Platz greift, wenn der Arbeitgeber Arbeitsplätze „**neu**" zu besetzen hat und wenn sich Schwerbeschädigte um die zu besetzende Stelle bewerben. Im Gegenteil ergibt sich aus den §§ 1, 5, daß die dem Arbeitgeber nach § 1 auferlegte Pflicht nur nach Maßgabe des § 5 besteht, und daß der Arbeitgeber Schwerbeschädigte nur bis zur Erreichung des auf Grund § 5 vom Reichsarbeitsminister bestimmten Bruchteils von Arbeitsplätzen vorzuziehen braucht. Nur diese Auslegung (Vgl. Hueck, Anm. zu Jur. W. 1925, S. 1901) entspricht dem Sinn und Zweck des Gesetzes. Vgl. Bayer. Gem. VZ. 1926 Sp. 65.

E. Obst. LG.Straff. Bd. 24 S. 26:

Die Antragsfrist des § 61 StGB. gilt nicht für den Antrag der Hauptfürsorgestelle für Schwerbeschädigte, der zur Verfolgung von Verfehlungen nach § 14 des Gesetzes über die Beschäftigung Schwerbeschädigter vom 6. April 1920 erforderlich ist.

d) **Entscheidungen der Oberlandesgerichte:**

E. OLG. Stuttgart (D. Jur. Z. 1924 S. 461) und E. Kammergericht Berlin vom 10. 8. 25 (abgedr. in den amtlichen Mitteilungen des Landesdirektors der Provinz Brandenburg für Kriegsbeschädigten- und Kriegshinterbliebenenfürsorge 1925 Heft 5 S. 63): gegen ein auf Grund der §§ 18 und 26 Schwerbesch. G. ergangenes Urteil des Schöffengerichts kann nicht nach § 312 StPO. Berufung eingelegt werden.

E. K.G. v. 4. 2. 1922 (Jur. W 1922 S. 588; Soergel 23. Jahrg. S. 311):

Für Lohnklagen Schwerbeschädigter wegen unberechtigter Entlassung sind die ordentlichen Gerichte zuständig, wenn an dem Orte der tatsächlichen Beschäftigung ein Gewerbegericht nicht besteht. Der ergangene Schiedsspruch ist unverbindlich, wenn er auf Anruf der einzelnen Arbeiter ergangen ist.

E. OLG. Stuttgart v. 29. 2. 24 (Z. f. Strafrechtswiss. Bd. 45, Rspr. S. 196):

Rechtliche Natur der Buße im Schwerbeschädigtengesetz u. anderen Arbeitsgesetzen: Unzulässigkeit der Berufung gegen die Festsetzung (§§ 28, 5 und 26 Schwerb.-G.).

E. OLG. Königsberg v. 29. 8. 24 in Z. f. Strafrechtswiss. Bd. 46, Rspr. S. 361:

Der Arbeitgeber ist zur Freimachung einer Arbeitsstelle für

einen Schwerbeschädigten durch Entlassung eines Arbeitnehmers nicht verpflichtet (§§ 1 u. 3 Schwerbesch.-G.).

Vgl. auch OLG. Königsberg v. 8. 10. 25; hiergegen Bayer. Gem.VZ. 1926 Sp. 65 ff.

§ 1.

Jeder Arbeitgeber, der einen Arbeitsplatz besetzen will, ist verpflichtet, einen Schwerbeschädigten, der für diesen Arbeitsplatz geeignet ist, anderen Bewerbern nach Maßgabe der folgenden Vorschriften vorzuziehen.

§ 2.

Arbeitgeber im Sinne dieses Gesetzes sind auch die Körperschaften, Stiftungen und Anstalten des öffentlichen Rechtes, Arbeitsplätze auch die Beamtenstellen. Die besonderen Vorschriften und Grundsätze[1]) über die Besetzung der Beamtenstellen, insbesondere über Vorbildung, Reihenfolge und Wartezeit der Anwärter für Beamtenstellen und über die Beförderung, Versetzung und Entlassung der Beamten werden durch dieses Gesetz nicht beseitigt, sind aber so zu gestalten, daß sie die Einstellung Schwerbeschädigter erleichtern.

1. a) Anstellungsgrundsätze v. 26. 7. 1922 (RGBl. 1923 I S. 651; RVBl. S. 401; Zentralblatt f. d. Deutsche Reich Nr. 37 S. 445, in Kraft ab 1. 9. 1922; abgeändert durch erste Ergänzung der Anstellungsgrundsätze, vom 9. April 1925 RGBl. I S. 47).

b) Allgemeine Ausf. Anweisung zu den Anstellungsgrundsätzen v. 16. 7. 23 (RGBl. I S. 662) (Auszug RVBl. S. 146) (vergl. dazu Reichsratsdrucksache, Tagung 1923 Nr. 152) 1. Ergänzung der allgem. Ausf. Anweisung v. 9. 4. 1925 (RGBl. S. 47) (Art. 2 der 1. Ergänzung).

S. dazu RAM. E. v. 11. 10. 22 (RVBl. S. 461) (enthält Muster für Beamtenschein u. Zivilversorgungsschein).

c) Bayer. Vollzugsbestimmungen.

Ges.Min.Bek. v. 21. 10. 23 (GVBl. 375), abgeändert (Termin) 20. 6. 25 (GVBl. S. 162). Ges.Min.Bek v. 17. 12. 1924 (GVBl. 1925 S. 1) betr. Verzeichnis der den Versorgungsanwärtern und Anstellungsanwärtern im bayer. Staatsdienst vorbehaltenen Stellen, s. auch

Bayer. Min. Bek. v. 28. 11. 21 (St. Anz. Nr. 276) über Bewerbung v. Versorgungsanwärtern um Stellen im Verwaltungsdienst,

" " " " 16. 10. 23 (St. Anz. Nr. 241) über Bewerbung von Versorgungsanwärtern um Stellen im Justizdienst,

" " " " 16. 10. 23. (St. Anz. Nr. 241) zum Vollzug der Anst. Grunds. durch d. Kommunalbehörden,

" " " " 23. 12. 25. betr. Verzeichnis der den Versorgungsanwärtern und Anstellungsanwärtern bei den bayr. Kommunalbehörden vorbehaltenen Stellen, (GVBl. 1926 S. 5).

Bayer. Min. Bek. v. 23. 12. 25, betr. Verzeichnis der den Versorgungsanwärtern und Anstellungsanwärtern bei der bayr. Landesgewerbeanstalt in Nürnberg und dem pfälzischen Gewerbemuseum in Kaiserslautern vorbehaltenen Stellen (GVBl. 1923 S. 5).

d) über Beamtenschein (§ 33 RVG.) im einzelnen s. RAM. Erl. v. 13. 7. 23 VO. v. 30. 10. 23 (RGBl. I S. 1045) über die Abfindung von Versorgungsanwärtern;
dazu: Ausf. Best. v. 11. 1. 24 (RVBl. S. 24; RMBl. S. 11).
RAM. E. v. 25. 3. 24 (RVBl. S. 59),
FRM. E. v. 20. 5. 24 („ „ 86),
RAM. E. v. 17. 6. 24 („ „ 105),
„ „ „ 23. 6. 24 („ „ 113),
„ „ „ 26. 7. 24 („ „ 126),
„ „ „ 15. 8. 24 („ „ 132),
„ „ „ 9. 9. 24 („ „ 137),
„ „ „ 10. 9. 24 („ „ 137).
„ „ „ 23.10. 24 („ „ 155),
„ „ „ 6. 8. 25 („ „ 75).

§ 3.

(I) Schwerbeschädigte im Sinne dieses Gesetzes sind Deutsche, die infolge einer Dienstbeschädigung oder durch Unfall oder beide Ereignisse um wenigstens 50 vom Hundert in ihrer Erwerbsfähigkeit beschränkt sind und auf Grund des Reichsversorgungsgesetzes, der vorangehenden Militärversorgungsgesetze oder von Gesetzen, die das Reichsversorgungsgesetz für anwendbar erklären, oder auf Grund der reichsgesetzlichen Unfallversicherung, des Unfallfürsorgegesetzes vom 18. Juni 1901 (Reichsgesetzbl. S. 211) oder entsprechender landesrechtlicher Vorschriften Anspruch auf eine Pension oder auf eine der Minderung ihrer Erwerbsfähigkeit entsprechende Rente haben.

(II) Der Reichsarbeitsminister kann mit Zustimmung des Reichsrats bestimmen, daß Nichtdeutschen der Schutz dieses Gesetzes zuteil wird.

§ 4.

(I) Die Reichsregierung ist ermächtigt,[1]) mit Zustimmung des Reichsrats anzuordnen, daß das Reich, die Länder und andere Körperschaften, Stiftungen und Anstalten des öffentlichen Rechtes zahlenmäßig bestimmte Bruchteile ihrer Arbeitsplätze mit Schwerbeschädigten zu besetzen haben.

---

[1]) s. Ausf.VO. v. 13. 2. 24 (abgedr. S. 83).

(II) Die Landesregierung kann weitgehende Verpflichtungen, die das Land selbst übernimmt, auch anderen, ihrer Aufsicht unterstehenden Körperschaften, Stiftungen und Anstalten des öffentlichen Rechtes auferlegen.

§ 5.

(I) Der Reichsarbeitsminister bestimmt[1]) den Bruchteil von Arbeitsplätzen, den jeder private Arbeitgeber mit Schwerbeschädigten zu besetzen hat. Will er den Bruchteil auf mehr als zwei vom Hundert festsetzen, so bedarf er dazu der Zustimmung des Reichsrats und des Ausschusses des Reichstags für soziale Angelegenheiten. Vor der Anordnung ist der Vorläufige Reichswirtschaftsrat zu hören.

Als Arbeitsplätze sind dabei alle Stellen zu zählen, auf denen Arbeiter und Angestellte im Sinne der §§ 11 und 12 des Betriebsrätegesetzes[2]) vom 4. Februar 1920 (Reichsgesetzbl. S. 147) beschäftigt werden.

---

[1]) s. Ausf.VO. v. 13. 2. 24 (abgedr. S. 83).

[2]) Diese Bestimmungen lauten:

§ 11.

Arbeiter im Sinne dieses Gesetzes sind die im Dienste anderer gegen Entgelt oder als Lehrlinge beschäftigten Personen mit Ausschluß der Angestellten.

Arbeiter im Sinne dieses Gesetzes sind ferner die in der Gemeinde des Betriebs oder in wirtschaftlich mit ihr zusammenhängenden, nahe bei ihr liegenden Gemeinden wohnenden Hausgewerbetreibenden (§ 3), welche in der Hauptsache für denselben Betrieb arbeiten und selbst keine Arbeitnehmer beschäftigen.

Ist für diese ein besonderer Betriebsrat gemäß § 3 zu errichten, so scheiden sie als Arbeitnehmer aus der Zahl der im Betriebe Beschäftigten aus.

§ 12

Angestellte im Sinne dieses Gesetzes sind Personen, welche eine der im § 1 Abs. 1 des Versicherungsgesetzes für Angestellte angeführten Beschäftigungen gegen Entgelt ausüben, auch wenn sie nicht versicherungspflichtig sind. Außerdem gelten als Angestellte die in einer geregelten Ausbildung zu einer dieser Beschäftigungen befindlichen Lehrlinge und die mit niederen oder lediglich mechanischen Dienstleistungen beschäftigten Büroangestellten.

Nicht als Angestellte im Sinne dieses Gesetzes gelten die Vorstandsmitglieder und gesetzlichen Vertreter von juristischen Personen und von Personengesamtheiten des öffentlichen und privaten Rechtes, ferner die Geschäftsführer und Betriebsleiter, soweit sie zur selbständigen Einstellung oder Entlassung der übrigen im Betrieb oder in der Betriebsabteilung beschäftigten Arbeitnehmer berechtigt sind oder soweit ihnen Prokura oder Generalvollmacht erteilt ist.

§ 6.

Der Reichsarbeitsminister kann seine Anordnungen (§ 5) auf einzelne Berufsgruppen beschränken; er kann einzelne Berufsgruppen hiervon ausschließen und den Bruchteil für verschiedene Berufsgruppen verschieden festsetzen.

Die Hauptfürsorgestelle kann einzelne private Arbeitgeber von den Verpflichtungen, die ihnen durch die Anordnungen des Reichsarbeitsministers auferlegt sind, ganz oder zum Teil befreien, wenn es nach der besonderen Lage des Falles erforderlich ist. Die Befreiung kann an Bedingungen geknüpft werden, die der Förderung der Arbeitsfürsorge oder sonst der Schwerbeschädigtenfürsorge dienen. Die Hauptfürsorgestelle kann ferner allgemein oder im einzelnen Falle aus besonderen Gründen bestimmen, daß nur vorübergehend besetzte Arbeitsplätze sowie einzelne Arten von Lehrstellen und einzelne Arten von Stellen der Hausgewerbetreibenden (Heimarbeiter) nicht als Arbeitsplätze mitzuzählen sind.

Der Reichsarbeitsminister und die Hauptfürsorgestelle haben vor ihren Anordnungen die berufenen Vertretungen der Arbeitgeber und Arbeitnehmer aus den beteiligten Wirtschaftsgebieten zu hören.

Die Hauptfürsorgestelle kann nach Anhörung des Arbeitgebers und der Vertretung seiner Arbeitnehmer auch anordnen, daß ein privater Arbeitgeber seine Verpflichtungen dadurch zu erfüllen hat, daß er Arbeitsplätze bestimmter Art oder einzelne bestimmte Arbeitsplätze, die sich für Schwerbeschädigte vorzugsweise eignen, frei hält.

Werden Arbeitsplätze frei, die nach der Bestimmung des Abs. 4 für Schwerbeschädigte freizuhalten sind, so hat sie der Arbeitgeber unbeschadet sonst vorgeschriebener Anzeigepflichten binnen 3 Tagen der Hauptfürsorgestelle anzuzeigen. Er darf sie erst besetzen, wenn die Hauptfürsorgestelle ihm binnen 10 Tagen nach Absendung der Anzeige keine geeigneten Schwerbeschädigten genannt hat. Diese Verpflichtung besteht nicht, soweit die Besetzung im Interesse des Betriebs nicht aufgeschoben werden kann.

§ 7.

Die Hauptfürsorgestelle kann einem privaten Arbeitgeber, der nicht die vorgeschriebene Anzahl von Schwerbeschädigten eingestellt hat, eine angemessene Frist zur Nachholung mit der Erklärung bestimmen, daß sie nach fruchtlosem Ablauf der Frist selbst die einzustellenden Schwerbeschädigten bezeichnen werde.

Hat der Arbeitgeber innerhalb der Frist die Schwerbeschädigten nicht eingestellt, so bestimmt die Hauptfürsorgestelle die Schwerbeschädigten und den Zeitpunkt, zu dem sie einzustellen sind. Mit Zustellung dieses Beschlusses gilt zwischen dem Arbeitgeber und dem Schwerbeschädigten ein Arbeitsvertrag als abgeschlossen. Seinen Inhalt bestimmt die Hauptfürsorgestelle, soweit er sich nicht nach einem Tarifvertrag oder einer Betriebsvereinbarung bestimmt. Die Hauptfürsorgestelle hat sich dabei nach den geltenden Tarifverträgen, Betriebsvereinbarungen oder Arbeitsordnungen und, soweit solche nicht bestehen, nach Arbeitsverträgen zu richten, die sonst üblicherweise mit Schwerbeschädigten abgeschlossen werden.

§ 8.

Die Hauptfürsorgestelle muß einem Blinden, der nicht bereits nach § 3 geschützt ist, den Schutz dieses Gesetzes zuerkennen, wenn er sich ohne Hilfe dieses Gesetzes einen geeigneten Arbeitsplatz nicht zu verschaffen oder zu erhalten vermag und dadurch die Unterbringung der Schwerbeschädigten (§ 3) nicht gefährdet wird. Anderen Personen, die um wenigstens 50 vom Hundert in ihrer Erwerbsfähigkeit beschränkt und nicht bereits nach § 3 geschützt sind (Schwererwerbsbeschränkte) sowie Kriegs- und Unfallbeschädigten, bei denen die Minderung der Erwerbsfähigkeit weniger als 50 aber wenigstens 30 vom Hundert beträgt (Minderbeschädigte), kann sie unter den gleichen Voraussetzungen diesen Schutz zuerkennen.

Vor ihrer Entscheidung soll die Hauptfürsorgestelle den zuständigen örtlichen Arbeitsnachweis hören. Die Entscheidung kann von der Hauptfürsorgestelle widerrufen werden. Der Widerruf ist am Ende des Kalendervierteljahres wirksam, das auf den Widerruf folgt.

§ 9.

Arbeitgeber können ihren Verpflichtungen nach § 5 mit Zustimmung der Hauptfürsorgestelle dadurch genügen, daß sie Schwerbeschädigten Siedlungsstellen, die den Schwerbeschädigten und ihrer Familie den angemessenen Lebensunterhalt ermöglichen, zu Eigentum oder Pacht überlassen.

§ 10.

Der Arbeitgeber ist verpflichtet, der Hauptfürsorgestelle die Auskünfte zu erteilen, die im Interesse der Schwerbeschädigten notwendig sind. Der Arbeitgeber ist weiter verpflichtet, der Hauptfürsorgestelle Einblick in seinen Betrieb zu gewähren, soweit das im Interesse der Schwerbeschädigten erforderlich ist und hierdurch Betriebsgeheimnisse nicht gefährdet werden; die Besichtigungen sollen nur im Benehmen mit den Organen der Gewerbe- oder Bergaufsicht und innerhalb der diesen gezogenen Grenzen erfolgen. Die für die Hauptfürsorgestelle tätigen Personen sind zur Geheimhaltung der Geschäfts- und Betriebsverhältnisse verpflichtet, die bei dieser Gelegenheit zu ihrer Kenntnis gelangen. Die Strafbestimmung des § 145 a der Reichsgewerbeordnung gilt entsprechend.

Soweit es erforderlich ist, um die dauernde Unterbringung der Schwerbeschädigten sicherzustellen, ist der Arbeitgeber auf Verlangen der Hauptfürsorgestelle verpflichtet, die Arbeitsräume, Betriebsvorrichtungen, Maschinen und Gerätschaften so einzurichten und zu unterhalten und den Betrieb so zu regeln, daß eine tunlichst große Zahl von Schwerbeschädigten in seinem Betriebe Beschäftigung finden kann. Diese Verpflichtungen bestehen nicht, soweit ihre Durchführung den Betrieb ernstlich schädigen würde oder mit unverhältnismäßigen Aufwendungen verbunden wäre oder soweit die staatlichen oder berufsgenossenschaftlichen Arbeiterschutzvorschriften ihnen entgegenstehen.

§ 11.

Soweit die Verpflichtungen aus diesem Gesetze nicht durch freie Entschließung der Arbeitgeber erfüllt werden, liegt die Sorge um die Einstellung und Beschäftigung der Schwerbeschädigten den Hauptfürsorgestellen der Kriegsbeschädigten- und Kriegshinterbliebenenfürsorge ob. Die Durchführung des Gesetzes geschieht im Einvernehmen mit den berufenen Vertretungen der Arbeitgeber und Arbeitnehmer, mit den Organen der Gewerbe- oder Bergaufsicht und den Arbeitsnachweisen. Soweit es sich um Körperschaften, Stiftungen oder Anstalten des öffentlichen Rechtes handelt, liegt die Durchführung des Gesetzes den Trägern der Dienstaufsicht im Benehmen mit den Hauptfürsorgestellen ob. Gegen die Entscheidung des Trägers der Dienstaufsicht kann die Hauptfürsorgestelle, wenn es sich um eine Dienststelle des Reichs handelt, die Entscheidung der obersten Reichsbehörde, wenn es sich um eine andere Körperschaft, Stiftung oder Anstalt des öffentlichen Rechtes handelt, die Entscheidung der obersten Landesbehörde anrufen.

Die Durchführung des Gesetzes hat so zu erfolgen, daß die Schwerbeschädigten tunlichst ihrem alten Beruf erhalten werden und daß eine unverhältnismäßig starke Belastung einzelner Berufsgruppen oder einzelner Arbeitgeber vermieden wird.

§ 12.

In allen Betrieben, in denen nach dem Gesetz eine Vertretung der Arbeitnehmer zu errichten ist, hat sie sich um die Durchführung dieses Gesetzes zu bemühen.

Sofern in einem Betriebe wenigstens fünf schwerbeschädigte Arbeitnehmer nicht nur vorübergehend beschäftigt sind, haben sie für diese Aufgabe auf die Dauer eines Jahres einen Vertrauensmann zu bestellen, der tunlichst ein Schwerbeschädigter sein soll. Der Arbeitgeber hat einen Beauftragten zu bestellen, der mit dem Vertrauensmanne der Arbeitnehmer im Interesse der Schwerbeschädigten zusammenzuwirken hat. Beide Personen sind von dem Arbeitgeber der Hauptfürsorgestelle zu benennen. Sie dienen ihr als Vertrauensleute für diesen Betrieb.

Der Vertrauensmann verwaltet sein Amt unentgeltlich als Ehrenamt. Notwendige Versäumnis von Arbeitszeit darf eine Minderung der Entlohnung oder Gehaltszahlung nicht zur Folge haben. Vertragsbestimmungen, die dieser Vorschrift zuwiderlaufen, sind nichtig.

Die durch die Geschäftsführung des Vertrauensmanns entstehenden notwendigen Kosten trägt der Arbeitgeber. Sofern mit dem Arbeitgeber nichts anderes vereinbart wird, stehen die Räume und Geschäftsbedürfnisse, die der Arbeitgeber der Betriebsvertretung für ihre Sitzungen, Sprechstunden und laufende Geschäftsführung zur Verfügung gestellt hat, auch dem Vertrauensmanne der Schwerbeschädigten für die gleichen Zwecke zur Verfügung.

Das Amt des Vertrauensmannes erlischt, wenn er es niederlegt, aus dem Arbeitsverhältnis ausscheidet oder die bürgerlichen Ehrenrechte oder die Fähigkeit, öffentliche Ämter zu bekleiden, verliert.

Auf Antrag des Arbeitgebers oder von mindestens einem Viertel der schwerbeschädigten Arbeitnehmer des Betriebes kann der Schwerbeschädigtenausschuß (§ 22) das Erlöschen des Amtes eines Vertrauensmannes wegen gröblicher Verletzung seiner gesetzlichen Pflichten beschließen.

§ 13.

Einem Schwerbeschädigten kann nur mit Zustimmung der Hauptfürsorgestelle gekündigt[1]) werden. Die Hauptfürsorgestelle hat ihre Zustimmung zu erteilen, wenn dem Schwerbeschädigten ein anderer angemessener Arbeitsplatz gesichert ist. Die Kündigungsfrist beträgt mindestens vier Wochen. Die Zustimmung ist bei der Hauptfürsorgestelle schriftlich zu beantragen; die Kündigungsfrist läuft erst von dem Tage der Absendung des Antrags. Wird der Hauptfürsorgestelle der Antrag zugestellt, so gilt mit Ablauf des 14. Tages nach der Zustellung die Zustimmung als erteilt, falls sie nicht vorher verweigert wird. Die Zustellung wird durch eine Empfangsbescheinigung der Hauptfürsorgestelle ersetzt.

Die gesetzlichen Bestimmungen über die fristlose Kündigung werden nicht berührt. Wenn es sich um eine Krankheit handelt, die eine Folge der Kriegsbeschädigung ist, muß die Zustimmung der Hauptfürsorgestelle eingeholt werden.

Schwerbeschädigte, denen lediglich aus Anlaß eines Streikes oder einer Aussperrung fristlos gekündigt worden ist, sind nach Beendigung des Streikes oder der Aussperrung wieder einzustellen.

Die vorstehenden Bestimmungen gelten nicht für Schwerbeschädigte, die sich auf Arbeitsplätzen im Sinne von § 12 Abs. 2 des Betriebsrätegesetzes vom 4. Februar 1920 (Reichsgesetzbl. S. 147) befinden.

Das Freiwerden eines durch einen Schwerbeschädigten besetzten Arbeitsplatzes ist der Hauptfürsorgestelle unverzüglich anzuzeigen, soweit nicht nach Abs. 1 ihre Zustimmung zur Kündigung erforderlich ist.

Auf Reichs- und Landesbeamte finden die Vorschriften keine Anwendung.

1. S. dazu Art. 21 Ziff. VIII der Pers.-Abbau-Vdg. v. 27. 10. 23 (RGBl. I S. 999) (in Kraft seit 31. 10. 23): „Stimmt die Hauptfürsorgestelle der Kündigung eines Schwerbeschädigten zu (§ 13 des Gesetzes über die Beschäftigung Schwerbeschädigter), so ist die Entscheidung endgültig". — S. auch M. Bek. v. 18. 1. 24 (St.Anz. Nr. 16).

§ 14.

Die Zustimmung der Hauptfürsorgestelle soll nicht versagt werden, wenn der Arbeitgeber, der seine Einstellungspflicht nach Mindestzahl und Art (§§ 4, 5 und 6) erfüllt hat, auf den frei werdenden Arbeitsplatz im Einvernehmen mit der Hauptfürsorgestelle einen anderen Schwerbeschädigten einstellt, der in ähnlichem Umfang wie der bisherige erwerbsbeschränkt ist. Diese Vorschrift findet keine Anwendung, wenn der zu Entlassende ein Vertrauensmann der Schwerbeschädigten (§ 12) ist.

§ 15.

I Die Zustimmung darf nicht versagt werden bei Betrieben des Reichs, der Länder und anderer Körperschaften, Stiftungen und Anstalten des öffentlichen Rechtes, die aufgelöst oder nicht nur vorübergehend wesentlich eingeschränkt werden müssen, wenn zwischen dem Tage der Kündigung und dem Tage, bis zu dem Gehalt oder Lohn weitergezahlt wird, mindestens drei Monate liegen und wenn die Zahl der im beschränkten Betriebe verbleibenden Schwerbeschädigten noch mindestens 5 vom Hundert der Gesamtzahl der darin Weiterbeschäftigten beträgt.

II Diese Bestimmungen finden entsprechende Anwendung auf Gesellschäften, die zur Erfüllung von Aufgaben der Kriegs- oder Übergangswirtschaft gebildet worden sind (Reichsorganisationen, Kriegsgesellschaften u. dgl.) und der Aufsicht des Reichs, eines Landes oder einer anderen Körperschaft, Stiftung oder Anstalt des öffentlichen Rechtes unterstehen.

III Ob eine Auflösung oder eine wesentliche Einschränkung eines Betriebs vorliegt, entscheidet, soweit sich dies nicht aus den Haushaltsgesetzen ergibt, in Zweifelsfällen endgültig bei Einrichtungen des Reichs die zuständige oberste Reichsbehörde, sonst die oberste Landesbehörde.

§ 16.

Die Zustimmung darf nicht versagt werden, wenn der Betrieb eines privaten Arbeitgebers nicht nur vorübergehend vollständig eingestellt oder wesentlich eingeschränkt wird und zwischen dem Tage der Kündigung und dem Tage, bis zu dem Gehalt oder Lohn weitergezahlt wird, mindestens drei Monate liegen.

Den Betrieben stehen selbständige Betriebsabteilungen gleich.

§ 17.

Die Zustimmung der Hauptfürsorgestelle ist nicht erforderlich, wenn ein Schwerbeschädigter von einem Arbeitgeber, der seine Einstellungspflicht nach Mindestzahl und Art (§§ 4, 5 und 6) erfüllt hat, ausdrücklich nur zur vorübergehenden Aushilfe, für einen vorübergehenden Zweck oder versuchsweise angenommen wird, es sei denn, daß das Arbeitsverhältnis über drei Monate hinaus fortgesetzt wird. Eine derartige Einstellung ist der Hauptfürsorgestelle unverzüglich anzuzeigen.

§ 18.

Ein privater Arbeitgeber, der vorsätzlich oder in grober Fahrlässigkeit gegen die Vorschriften dieses Gesetzes verstößt, ist von dem Arbeitsgericht[1]) auf Antrag der Hauptfürsorgestelle für jeden einzelnen Fall des Verstoßes mit einer Buße bis 10 000 Mark,[2]) im Wiederholungsfalle 100 000 Mark[2]) zu belegen.

Eine Buße kann nicht festgesetzt werden, wenn der Arbeitgeber nachweist, daß er im Durchschnitt der letzten drei Monate vor dem Verstoße wenigstens 10 vom Hundert seiner Arbeitsplätze mit Schwerbeschädigten oder mit Personen, die ihnen im Sinne der §§ 3, 8 und 20 dieses Gesetzes gleichstehen, besetzt hat. Dabei ist in Betrieben, in denen regelmäßig zu gewissen Zeiten des Jahres ein vermehrtes Arbeitsbedürfnis eintritt, die höhere Zahl der Arbeitsplätze zugrunde zu legen.

1. Bis zur Errichtung das Schöffengericht, s. § 26.

2. S. jetzt Art. II des Geldstrafengesetzes v. 27. 4. 1923 (RGBl. I S. 254) i. d. F. der Vdg. v. 13. 10. 23 (RGBl. I S. 943) und vom 23. 11. 23 (RGBl. I S. 1117). S. dazu autogr. RAM. E. v. 9. 1. 24 Nr. VIII 17 216/23, der auf diese Bestimmungen hinweist.

§ 19.

Wenn ein Schwerbeschädigter ohne berechtigten Grund einen Arbeitsplatz zurückweist oder verläßt, oder wenn er sonst durch sein Verhalten die Durchführung des Gesetzes schuldhaft vereitelt, kann der Schwerbeschädigtenausschuß der Hauptfürsorgestelle oder Fürsorgestelle (§ 22), in deren Bezirk er seinen Wohnsitz hat, beschließen, daß ihm die Vorteile dieses Gesetzes zeitweilig nicht zugute kommen. Der Schwerbeschädigte muß vor der Entscheidung gehört werden. Der Beschluß kommt nur zustande, wenn ihm zwei Drittel des Ausschusses zustimmen. In dem Beschlusse muß die Frist bestimmt werden, für die er gilt. Sie läuft vom Tage des Beschlusses an und darf nicht mehr als drei Monate betragen. Der Beschluß ist dem Schwerbeschädigten mitzuteilen.

§ 20.

I Die Hauptfürsorgestelle ist ermächtigt, Kriegsbeschädigte, für die eine Rente noch nicht rechtskräftig festgesetzt ist, bis zur Festsetzung ihrer Rente den Schwerbeschädigten gleichzustellen, wenn bestimmt anzunehmen ist, daß ihre Erwerbsbeschränkung auf 50 vom Hundert oder mehr bemessen werden wird.

II Schwerbeschädigte (§ 3), deren Rente bei erneuter Festsetzung auf weniger als 50 vom Hundert herabgesetzt wird, genießen noch für ein Jahr von der Rechtskraft der neuen Entscheidung den Schutz dieses Gesetzes.

§ 21.

I Gegen Anordnungen und Entscheidungen, die die Hauptfürsorgestelle auf Grund der Vorschriften dieses Gesetzes trifft, kann Beschwerde bei dem Schwerbeschädigtenausschuß (§ 22) erhoben werden; dieser endscheidet endgültig. Die Beschwerde hat mit Ausnahme des im § 7 vorgesehenen Falles keine aufschiebende Wirkung, es sei denn, daß der Schwerbeschädigtenausschuß es auf Antrag ausdrücklich anordnet.

II Betrifft die Entscheidung der Hauptfürsorgestelle die Kündigung eines Schwerbeschädigten, der bei einer Behörde beschäftigt ist, so kann die Behörde und der Schwerbeschädigte Beschwerde bei der zuständigen obersten Reichsbehörde, wenn es sich um eine Dienststelle des Reichs handelt, im übrigen bei der obersten Landesbehörde erheben. Diese Stellen entscheiden endgültig. Die Beschwerde hat keine aufschiebende Wirkung.

§ 22.

I Bei jeder Hauptfürsorgestelle ist ein Schwerbeschädigtenausschuß zu bilden, der aus dem Leiter der Hauptfürsorgestelle oder seinem Vertreter als Vorsitzenden und (acht[1]) Mitgliedern besteht. Von den Mitgliedern müssen zwei schwerkriegsbeschädigte Arbeitnehmer, ein Unfallbeschädigter oder anderer Erwerbsbeschränkter, zwei Arbeitgeber und je ein Vertreter der Gewerbe- oder Bergaufsicht, der Berufsgenossenschaften und der öffentlichen Arbeitsnachweise sein, die ihre Tätigkeit im Bezirke der

Hauptfürsorgestelle ausüben. Für jedes Mitglied ist ein Stellvertreter zu bestimmen.

II Die Mitglieder aus dem Kreise der schwerkriegsbeschädigten Arbeitnehmer und der Arbeitgeber werden von der Hauptfürsorgestelle bestellt, und zwar die Schwerkriegsbeschädigten auf Vorschlag der Vertreter der Kriegsbeschädigten und Kriegshinterbliebenen, die Arbeitgeber auf Vorschlag ihrer Gruppenvertreter im Beirat. Den Vertreter der Gewerbe- oder Bergaufsicht ernennt die oberste Landesbehörde. Als Vertreter der Berufsgenossenschaften bestimmt das Reichsversicherungsamt eine Berufsgenossenschaft, als Vertreter der öffentlichen Arbeitsnachweise die oberste Landesbehörde ein Landesarbeitsamt. Die Vertreter der Unfallbeschädigten und anderen Erwerbsbeschränkten beruft die Hauptfürsorgestelle auf Grund von Vorschlagslisten, die von den im Bezirke der Hauptfürsorgestelle vertretenen Vereinigungen Unfallbeschädigter und anderer Erwerbsbeschränkter einzureichen sind; bestehen solche Vereinigungen nicht, so hat die Hauptfürsorgestelle vor der Berufung den Beirat zu hören. Die Wahl oder Ernennung gilt jeweils auf zwei Jahre.

III Als Vereinigungen Unfallbeschädigter und anderer Erwerbsbeschränkter gelten auch Verbände, die sich nicht ausschließlich aus Unfallbeschädigten und anderen Erwerbsbeschränkten zusammensetzen, wenn sie vorwiegend die Interessen dieser Personen vertreten. Ob diese Voraussetzung gegeben ist, entscheidet die Hauptfürsorgestelle endgültig.

IV Die Hauptfürsorgestelle kann auch außerhalb ihres Sitzes besondere Schwerbeschädigtenausschüsse bei den Fürsorgestellen bilden und sie für einen bestimmten Bezirk mit allen oder einzelnen Aufgaben betrauen, die das Gesetz ihrem Schwerbeschädigtenausschusse zuweist. Auf die Bildung dieser Ausschüsse finden die Vorschriften der Abs. 1 bis 3 entsprechende Anwendung mit der Maßgabe, daß den Vertreter der öffentlichen Arbeitsnachweise das zuständige Landesarbeitsamt ernennt. Die Landesregierung kann sich die Zustimmung zu der Bildung derartiger Ausschüsse vorbehalten.

1. Jetzt vier Mitglieder s. Ziff. VII des Art. 21 der Pers.-Abbau.-VO. v. 27. 10. 23 (RGBl. I S. 999) (in Kraft ab 31. 10. 1923): „Die Zahl der Mitglieder des Schwerbeschädigtenausschusses der Hauptfürsorgestelle (§ 22 des Gesetzes über die Beschäftigung Schwerbeschädigter in der Fassung der Bekanntmachung v. 12. 1. 1923, RGBl. I S. 57) wird von 8 auf 4 herabgesetzt, von denen 2 Arbeitgeber, 2 schwerkriegsbeschädigte Arbeitneh-

mer sein müssen. Betrifft die Entscheidung lediglich Unfallbeschädigte oder andere Erwerbsbeschränkte, so tritt an Stelle des einen schwerkriegsbeschädigten Arbeitnehmers ein Arbeitnehmer aus der Zahl der Unfallbeschädigten oder anderen Erwerbsbeschränkten." — Trotz dieser Bestimmung können jedoch die Vertreter der Gewerbeaufsicht, der Berufsgenossenschaften und der öffentlichen Arbeitsnachweise mit beratender Stimme zugezogen werden (Schr. des Präs. der Reichsarbeitsverwaltung v. 18. 10. 24 Nr. I Wg. 68/24).

§ 23.

I Bei der Reichsarbeitsverwaltung wird ein Schwerbeschädigtenausschuß errichtet, der in grundsätzlichen Fragen entscheidet. Er besteht aus einem Vorsitzenden und zehn Mitgliedern, nämlich je zwei Vertretern der schwerkriegsbeschädigten Arbeitnehmer und der Arbeitgeber, zwei Vertretern der Hauptfürsorgestellen, einem Vertreter der Berufsgenossenschaften, einem Vertreter der schwer Unfallbeschädigten oder anderer Erwerbsbeschränkter und zwei Persönlichkeiten, welche die Befähigung zum Richteramt oder zum höheren Verwaltungsdienste besitzen. Für den Vorsitzenden und für jedes Mitglied ist wenigstens ein Stellvertreter zu bestellen.

II Den Vorsitzenden und die Mitglieder mit der Befähigung zum Richteramt oder zum höheren Verwaltungsdienst ernennt der Reichsarbeitsminister; die Vertreter der Arbeitgeber werden vom Vorläufigen Reichswirtschaftsrate gewählt. Den Vertreter der Berufsgenossenschaften und den der Unfallbeschädigten und anderen Erwerbsbeschränkten bestimmt das Reichsversicherungsamt, den letzteren auf Vorschlag der nichtständigen Mitglieder des Reichsversicherungsamts, die Vertreter der Versicherten sind (§ 87 der Reichsversicherungsordnung). Die Vertreter der schwerkriegsbeschädigten Arbeitnehmer werden von den Vertretern der Kriegsbeschädigten und Kriegshinterbliebenen, die Vertreter der Hauptfürsorgestellen von ihren Gruppenvertretern im Reichsausschusse der Kriegsbeschädigten- und Kriegshinterbliebenenfürsorge gewählt. Die Wahl und Ernennung gelten jeweils auf zwei Jahre.

III Der Schwerbeschädigtenausschuß der Hauptfürsorgestelle kann in grundsätzlichen Fragen jederzeit die Entscheidung des Ausschusses bei der Reichsarbeitsverwaltung anrufen. Er muß sie unter Aussetzung seiner Entscheidung anrufen, wenn der Vorsitzende oder wenigstens drei Mitglieder des Ausschusses es verlangen. Die Entscheidung des Schwerbeschädigtenausschusses bei der Reichsarbeitsverwaltung ist für die Hauptfürsorgestelle bindend.

§ 24.

Die Vorschriften des § 23 Abs. 3 finden auch auf das Verfahren bei Schwerbeschädigtenausschüssen, die außerhalb des Sitzes der Hauptfürsorgestelle errichtet sind (§ 22 Abs. 4), mit der Maßgabe Anwendung, daß an die Stelle des Schwerbeschädigtenausschusses bei der Reichsarbeitsverwaltung der Schwerbeschädigtenausschuß der Hauptfürsorgestelle tritt.

§ 25.

Der Reichsarbeitsminister ist ermächtigt, mit Zustimmung des Reichsrats Bestimmungen zur Ausführung des Gesetzes zu erlassen.

§ 26.

Solange Arbeitsgerichte noch nicht bestehen, treten an ihre Stelle in den Fällen des § 18 die Schöffengerichte. Auf das Verfahren vor den Schöffengerichten finden die Vorschriften der Strafprozeßordnung entsprechende Anwendung. Der Antrag der Hauptfürsorgestelle ist bei dem Amtsanwalte zu stellen. Die Buße kann durch schriftlichen Strafbefehl des Amtsrichters ohne vorgängige Verhandlung festgesetzt werden, wenn der Anwalt schriftlich darauf anträgt.

§ 27.[1])

Die Landeszentralbehörden können[2]) die in diesem Gesetz den Hauptfürsorgestellen und Fürsorgestellen übertragenen Aufgaben auch anderen Behörden übertragen unter der Voraussetzung, daß eine den Vorschriften dieses Gesetzes entsprechende Mitwirkung der Beteiligten gesichert ist.

---

1) Eingefügt durch § 33 RFV. v. 13. 2. 24 (in Kraft seit 1. 4. 24).

2) Bayern hat von dieser Ermächtigung, die derjenigen in § 10 Abs. II KrFürsOrgVbg. (oben S. 62) entspricht, keinen Gebrauch gemacht.

10.

Ausführungsverordnung zum Gesetz über die Beschäftigung Schwerbeschädigter.

Vom 13. Februar 1924.

— RGBl. I S. 73; RABl. S. 35. —

Auf Grund des Ermächtigungsgesetzes vom 8. Dezember 23 (RGBl. I S. 1179) verordnet die Reichsregierung nach Anhörung eines Ausschusses des Reichsrats und eines aus 15 Mitgliedern bestehenden Ausschusses des Reichstags zur Durchführung der §§ 4, 5 und 25 des Ges. über die Beschäftigung Schwerbeschädigter in der Fassung der Bek. v. 12. 1. 23 (RGBl. I S. 57):

§ 1.

Ein Arbeitgeber, der über 20 bis einschl. 50 Arbeitsplätze verfügt, muß wenigstens einen Schwerbeschädigten, ein Arbeitgeber, der über mehr Arbeitsplätze verfügt, auf je 50 weitere Arbeitsplätze wenigstens 1 weiteren Schwerbeschädigten beschäftigen. Ein Überschuß von 20 wird dabei vollen 50 gleichgerechnet.

Bei der Berechnung der Arbeitskräfte werden mehrere Betriebe, die ein Arbeitgeber im Bezirke der gleichen Hauptfürsorgestelle oder in den Bezirken benachbarter Hauptfürsorgestellen hat, zusammengerechnet. Das Nähere regeln hinsichtlich der Betriebe des Reichs der zuständige Reichsminister*) mit Zustimmung des Reichsarbeitsministers, hinsichtlich der Betriebe der Länder die Landesregierung, hinsichtlich der Betriebe anderer Körperschaften sowie der Stiftungen und Anstalten des öffentl. Rechtes die Aufsichtsbehörde im Benehmen mit der Hauptfürsorgestelle, hinsichtlich privater Betriebe die beteiligten Hauptfürsorgestellen. Bei Meinungsverschiedenheiten zwischen Hauptfürsorgestellen desselben Landes entscheidet die oberste Landesbehörde oder die von ihr bestimmte Stelle, bei Meinungsverschiedenheiten zwischen Hauptfürsorgestellen verschiedener Länder der Reichsarbeitsminister.

§ 2.

Verfügt eine öffentl. rechtl. Körperschaft über weniger als 20 Plätze, so kann auf Antrag der Hauptfürsorgestelle die Aufsichtsbehörde bestimmen, daß ein Arbeitsplatz für Schwerbeschädigte vorzubehalten ist, wenn dieser Platz sich für Schwerbeschädigte eignet und die Einstellung für den Arbeitgeber keine besondere Härte bedeutet.

Für private Arbeitgeber, die im Bezirke der Hauptfürsorgestelle nicht über mindestens 20 Arbeitsplätze, im Deutschen Reiche aber über insgesamt 20 oder mehr Arbeitsplätze verfügen, kann die Hauptfürsorgestelle eine solche Anordnung treffen.

§ 3.

Als Schwerbeschädigte gelten auch Personen, die von der Hauptfürsorgestelle vor dem 1. 1. 23 den Schwerbeschädigten gleichgestellt worden sind, solange nicht die Hauptfürsorgestelle gem. § 8 des Gesetzes die Gleichstellung widerruft.

§ 4.

Die Hauptfürsorgestelle kann, wenn örtliche Bedürfnisse es erfordern, alle oder einzelne Fürsorgestellen ihres Bezirkes ermächtigen, über die Erteilung der Zustimmung zu einer Kündigung gegenüber einem bei einem privaten Arbeitgeber beschäftigten Schwerbeschädigten (§§ 13, 14 und 16 des Gesetzes) zu entscheiden. Gegen diese Ent-

---

*) S. für den Bereiche des RAM. die Anordnung v. 8. 9. 24 RVBl. S. 137.

scheidung kann sowohl der Arbeitgeber wie der Schwerbeschädigte die Entscheidung der Hauptfürsorgestelle anrufen.

§ 5.

Bußen (§ 18 des Gesetzes) sind vom Gericht an die Hauptfürsorgestelle*) abzuführen, die sie für Zwecke der Schwerbeschädigtenfürsorge verwendet.

§ 6.

Diese Verordnung tritt mit dem Tage ihrer Verkündung in Kraft. Gleichzeitig treten die Verordnung zur Ausführung der §§ 5 und 10 des Gesetzes über die Beschäftigung Schwerbeschädigter vom 21. April 1920 (RGBl. S. 591), die Verordnung zur Ausführung des Gesetzes über die Beschäftigung Schwerbeschädigter vom 17. Mai 20 (RGBl. S. 978), die §§ 2 bis 5 der Verordnung über die Verlängerung der Kündigungsbeschränkung zu Gunsten Schwerbeschädigter vom 28. 4. 1921 (RGBl. S. 494) und die Verordnung über die Beschäftigung Schwerbeschädigter in privaten Betrieben vom 21. Juli 1921 (RGBl. S. 947) außer Kraft.

11.
§§ 26 und 27 des Gesetzes über die Ablösung öffentlicher Anleihen**)
vom 16. Juli 1925 (R.G.Bl. I, S. 137).

§ 26[1].

Bei der Festsetzung einer Unterstützung öffentlich-rechtlicher Art für den Gläubiger bleibt die Vorzugsrente als Einkommen außer Ansatz, soweit sie den Betrag von 270 RM. für das Jahr nicht übersteigt. Hat der Gläubiger neben der Vorzugsrente Einnahmen aus Ansprüchen, die der Aufwertung nach dem Aufwertungsgesetze vom 16. Juli 1925 unterliegen, so bleiben diese Einnahmen und die Vorzugsrente bis zum Gesamtbetrage von 270 Reichsmark für das Jahr außer Ansatz.[2], [3], [4], [5].

1. Über die viel angefochtene Bestimmung des § 26 (und des § 84 AufwertG.), seine Auswirkungen (Initiativgesetz zu § 6 der RFV.; abgedruckt S. 3; § 33a der Reichsgrundsätze nach VO. vom 7. September 1925, RGBl. I S. 332, abgedruckt S. 33) vgl. Reichstagsdrucksachen Nr. 805, 1125, 1150, 1151, 1173, 1464, III. Wahlperiode 1924/25, stenogr. Berichte (Reichstag) S. 3156, 4393 ff. 4438 ff. Reichstag, 18. Ausschuß, Drucksachen Nr. 84, dann insbes. Nr. 1483 (Entschl. d. Reichsrats v. 27. 8. 25), Nr. 1696 (Bericht des

---

*) In Bayern LHFSt. Min.-Bek. v. 8. 5. 24, St.Anz. Nr. 107.

**) Vgl. Geiger-Heß, Das Vorzugsrentenverfahren nach dem Anleiheablösungsgesetz, J. Schweitzer, Verlag, München 1926, und das dort S. 17—19 aufgeführte Schrifttum.

Geschäftsordnungsausschusses des Reichstags v. 10. 12. 25), Nr. 1774 (Gegenerklärung des Reichsrats v. 14. 1. 26).

Deutscher Reichsanzeiger 1925, Nr. 174 und 201.

Schrifttum: Deutscher Städtebund in seinen „Mitteilungen" 1925, Nr. 8, v. 1. August 1925; Nachrichtendienst des deutschen Vereins f. öffentl. u. priv. Fürs. Augustheft 1925, Nr. 64, S. 338 ff., 344 ff. und Sonderbeilage zu dieser Nummer (Aufsatz Cuno): Deutsche Zeitschrift für Wohlfahrtspflege 1925, S. 220 f; Maier in soziale Praxis 1925, Sp. 821; Karsten, soz. Praxis 1925, Sp. 993; „Die Fürsorge" 1925, S. 243; Fleischmann in Bl. f. öffentl. Fürs. 1925, S. 191; Wittelshöfer in deutsche Zeitschr. f. Wohlfahrtspflege 1925, S. 201; Sasse in Zeitschr. f. d. Heimatwesen 1925, Sp. 440, Diefenbach, ebenda Sp. 517. Heß, Fürsorge 1925 S. 347 ff., 370 ff.

39. deutscher Fürsorgetag in Breslau: s. Nachr. D. 1925, Nr. 66 und 1926 Nr. 1.

Die amtliche Begründung (Reichstagsdrucksache Nr. 805, III. Wahlperiode 1924/25) führt zu § 26 (§ 27 des Entwurfes) aus: „Wird die Vorzugsrente bei Gewährung sozialer Hilfe in voller Höhe berücksichtigt, so werden die Vorzugsrentengläubiger vielfach keinen Vorteil von der Vorzugsrente haben, weil ihnen durch ihren Bezug andere Einnahmen, wie die Zahlungen aus der Kleinrentnerfürsorge entgehen werden. Daher ist es notwendig, die Vorzugsrenten in gewisser Höhe bei der Festsetzung einer Unterstützung öffentlich-rechtlicher Art außer Ansatz zu lassen."

Der Reichsrat lehnte, wie die angegebene Reichstagsdrucksache 805 ausführt, den § 26 (§ 27 Entw.) mit folgender Begründung ab:

„Die Fürsorge ist grundsätzlich dazu bestimmt, den Lebensbedarf zu gewähren, soweit er aus sonstigen Einnahmen nicht gedeckt werden kann. Es erscheint nicht angängig, für eine verhältnismäßig kleine Gruppe der Opfer der Geldentwertung zu bestimmen, daß ein gewisser Betrag als nicht vorhanden anzusehen ist. Eine solche Vorschrift hätte zur Folge, daß man die Bedarfssätze für diese Gruppe gegenüber den für die sonstigen Bedürftigen steigert. Berufungen anderer Personenkreise, die eine soziale Hilfe erhalten, werden, wenn die Bestimmung Gesetz wird, nicht abzulehnen sein."

Weitere Verhandlungen führten zur Annahme des § 26 in der jetzigen Form, s. Einleitung S. 6 f.

2. s. die entsprechende Bestimmung im § 84 AufwG., s. unten S. 59 insbes. auch wegen der Abweichung von § 8 RGr.

3. für Sozial- und Kleinrentner vgl. auch § 33 a RGr., abgedruckt S. 42.

4. die Bestimmung gilt auch für Vorzugsrenten der Länder (§ 37 Abs. 2 AnlAblG.).

5. die Vorzugsrente sollte nach einer schon im Aufwertungsausschuß des Reichstags abgegebenen Erklärung der Reichsregierung einkommensteuer- und kapitalertragssteuerfrei werden; die entsprechende Befreiungsbestimmung sieht nunmehr § 8 Ziff. 5 des Einkommensteuergesetzes v. 10. August 1925 (RGBl. I S. 189) vor.

§ 27[1].

(1) Anstalten und Einrichtungen der freien und kirchlichen (Artikel 137 der Reichsverfassung) Wohlfahrtspflege, die Aufgaben der öffentlichen Wohlfahrtspflege erfüllen, sowie Anstalten und Einrichtungen zur Förderung wissenschaftlicher Ausbildung und Forschung ist, sofern ihnen Auslosungsrechte zustehen, die sie als Anleihealtbesitzer erlangt haben, auf Antrag 15 Jahre hindurch eine Wohlfahrtsrente zu gewähren. § 23 findet entsprechende Anwendung.[2] Die Mittel für die Wohlfahrtsrente sind nach näherer gesetzlicher Bestimmung[3] den Einnahmen aus Zöllen auf landwirtschaftliche Erzeugnisse zu entnehmen. Sie dürfen den jährlichen Betrag von 10 Millionen Reichsmark nicht übersteigen. Drei Viertel der zur Ausgabe gelangenden Mittel sind den Anstalten und Einrichtungen der Wohlfahrtspflege zuzuwenden.

(2) Die Reichsregierung erläßt mit Zustimmung des Reichsrats die näheren Vorschriften[4]) über die Wohlfahrtsrente, insbesondere über die Höhe und den Kreis der Gläubiger.

1. Vorbem. Der § 27 regelt die „Wohlfahrtsrente"; eingefügt durch Beschluß des Aufwertungsausschusses (Reichstagsdrucksache Nr. 1150); für die freie Wohlfahrtspflege von großer Bedeutung.

2. Während des Bezugs der Wohlfahrtsrente ruht das Auslosungsrecht.

Die Inhaber derartiger Anleihen müssen sich also darüber klar werden, ob es nach den Finanzen ihrer Unternehmung wünschenswerter ist, sofort an der Auslosung der Anleiheablösungsschuld teilzunehmen oder lieber dafür zunächst auf 15 Jahre die Rente zu beziehen, um dann nach Ablauf der 15 Jahre während der weiteren 15jährigen Auslosungsfrist mit ihren Auslosungsrechten an der Auslosung teilzunehmen. (Wölz, RABl. 1925, Nichtamtl. Teil S. 530.)

3. s. § 7 des Gesetzes v. 17. August 1925 über Zolländerungen (RGBl. I S. 261), welcher lautet:

Die Reineinnahmen aus den Zöllen auf Roggen, Weizen und Spelz, Rindvieh, Schafe, Schweine, Fleisch, Schweinespeck und Mehl (Nr. 1, 2, 103, 104, 106, 108, 109 und 162 des Zolltarifs) sind für Zwecke der Invalidenversicherung und zur Gewährung von Wohlfahrtsrenten und Anstalten und Einrichtungen der freien und kirchlichen (Artikel 137 der Reichsverfassung) Wohlfahrtspflege, die Aufgaben der öffentlichen Wohlfahrtspflege erfüllen, sowie Anstalten und Einrichtungen zur Förderung wissenschaftlicher Ausbildung und Forschung zu verwenden. Hierzu sind aus den von dem Kommissar für die verpfändeten Einnahmen zurücküberwiesenen Beträgen an verpfändeten Abgaben alljährlich vom 1. April 1926 ab bis zum 31. März 1935 10 Millionen Reichsmark zur Gewährung von Wohlfahrtsrenten an die vorbezeichneten Anstalten in den ordentlichen Haushalt bei den fortdauernden Ausgaben einzustellen.

4. solche Vorschriften fehlen noch.

12.

§§ 84 und 85 des Gesetzes über die Aufwertung von Hypotheken und anderen Ansprüchen (Aufwertungsgesetz)

vom 16. Juli 1925 (RGBl. I S. 117).

§ 84[1].

Bei der Festsetzung einer Unterstützung öffentlich-rechtlicher Art[2] bleibt das Einkommen des Hilfsbedürftigen[3] aus Ansprüchen, die der Aufwertung nach diesem Gesetz unterliegen, außer Ansatz, soweit es den Betrag von 270 RM. für das Jahr nicht übersteigt. Erhält der Hilfsbedürftige zugleich eine Vorzugsrente nach Maßgabe §§ 18 bis 26, 37 des Gesetzes über die Ablösung öffentlicher Anleihen, so bleiben die im Satz 1 bezeichneten Einnahmen und die Vorzugsrente bis zum Gesamtbetrage von 270 RM. für das Jahr außer Ansatz.

1. Vorbemerkung. Nach den R.Gr. wird Hilfsbedürftigen (§ 5 R.Gr.) zur Deckung des notwendigen Lebensbedarfs unter Berücksichtigung der Eigenart der Notlage öffentliche Fürsorge gewährt. Art und Maß der Fürsorge richten sich nach den Besonderheiten des Falles, auch nach der Person des Hilfsbedürftigen (§ 10 R.Gr.). Bei Kleinrentnern und Sozialrentnern ist unter Berücksichtigung der allgemeinen Verschlechterung der Lebenshaltung des Deutschen Volkes auf die früheren Lebensverhältnisse Rücksicht zu nehmen (§§ 14, 17 R.Gr.). Ehe die Fürsorge Hilfe gewährt, muß der Hilfsbedürftige sein gesamtes verwertbares Vermögen und Einkommen einsetzen (§ 8 Abs. 1 R.Gr.); allerdings hat dieser Grundsatz zur Förderung der Erwerbstätigkeit, zur Erleichterung für alte und erwerbsbeschränkte Personen und zugunsten des Eingreifens der freien Wohlfahrtspflege durch einige erleichternde Bestimmungen, insbesondere auch für Klein- und Sozialrentner, auch Kriegsbeschädigte und Kriegshinterbliebene, gewisse Einschränkungen erfahren (§ 8 Abs. 2—5, §§ 15, 18 R.Gr.).

Eine weitere Abweichung von § 8 Abs. 1 R.Gr. bringt § 84 des Aufwertungsgesetzes; bei der Festsetzung einer Unterstützung dürfen hiernach bestimmte Teile des Aufwertungseinkommens nicht angerechnet werden. Der Betrag von 270 RM. bleibt außer Ansatz. S. auch § 26 AnlAbl.G.; abgedr. S. 85.

Wegen der Zusammenhänge der §§ 84, 85 des Aufwertungsgesetzes mit dem Initiativgesetzbeschluß des Reichstags zu § 6 Abs. 3 RFV. und mit der Ergänzung der RFV. durch die Einschaltung des § 33a, dann wegen der Bedenken, die gegen die Regelung geltend gemacht wurden, siehe § 26 AnlAblG. Anm. 1 S. 85.

Aus den Gesetzgebungsverhandlungen ist folgendes festzustellen:

Während der ursprüngliche Entwurf des Aufwertungsgesetzes (Reichstagsdrucksache Nr. 804) und auch noch die neue Fassung des

Entwurfs auf Grund der ersten Lesung im Aufwertungsausschuß (Nr. 84 der Reichstagsdrucksachen, III. Wahlperiode 1924/25, 18. Ausschuß) keinerlei Bestimmungen über die Anrechnung oder Nichtanrechnung der aus dem Aufwertungsgesetz folgenden Aufwertungsbezüge auf öffentliche Fürsorgeleistungen enthielt, wurde durch den 18. Ausschuß (Aufwertungsfragen) in seiner zweiten Lesung (S. 30 ff. insbes. S. 102 der Reichstagsdrucksache Nr. 1125) eine dem § 27 des Entwurfs des Anleiheablösungsgesetzes (§ 26 des AnlAblG.) entsprechende Bestimmung folgenden Wortlautes eingefügt:

„Bei der Festsetzung von Unterstützungen öffentlich-rechtlicher Art bleibt das Einkommen der Hilfsbedürftigen aus Ansprüchen, die der Aufwertung nach diesem Gesetz unterliegen, außer Ansatz, soweit es den Betrag von 180 Reichsmark für das Jahr nicht übersteigt.“ Diese Bestimmung erhielt in der dritten Lesung des Aufwertungsausschusses folgende Fassung: „Bei der Festsetzung einer Unterstützung öffentlich-rechtlicher Art bleibt das Einkommen des Hilfsbedürftigen aus Ansprüchen, die der Aufwertung nach diesem Gesetz unterliegen, außer Ansatz, soweit es den Betrag von 270 Reichsmark für das Jahr nicht übersteigt. Erhält der Hilfsbedürftige zugleich eine Vorzugsrente nach Maßgabe der §§ 18—26, 37 des Gesetzes über die Ablösung öffentlicher Anleihen vom 16. Juli 1925, so bleiben die im Satz 1 bezeichneten Einnahmen und die Vorzugsrente bis zum Gesamtbetrage von 270 Reichsmark für das Jahr außer Ansatz.“

Der Bericht des 18. Ausschusses über die dritte Lesung (S. 45 der Reichstagsdrucksache Nr. 1125) bemerkt zu der Abänderung des § 84 folgendes:

„§ 84 wurde entsprechend einem Antrag der Kompromißparteien geändert. Dabei wurde erörtert, daß es notwendig sei, die Aufwertungsansprüche der Gläubiger dieses Gesetzes und des Anleiheablösungsgesetzes mit dem Fürsorgerecht in Einklang zu bringen. Es wurde als zweckmäßig hingestellt, die beiden gleichartigen Bestimmungen in diesem Gesetze und im Anleiheablösungsgesetz zusammenzuschweißen und damit gleichzeitig auf einen anrechnungsfreien Gesamtbetrag herauszukommen. Dieser wurde so gewählt, daß die Mitte zwischen dem nach beiden Gesetzen nicht anrechnungspflichtigen Betrage von je 180 M. festgesetzt wurde, also 270 M. Der Antrag der Kompromißparteien wurde angenommen.

Hierzu wurde noch die Frage aufgeworfen, ob durch die Bestimmung nicht andere Hilfsbedürftige geschädigt werden könnten. Bei der sozialen Einstellung der Fürsorgebehörden, namentlich auf dem platten Lande sei es nicht ausgeschlossen, daß die Besserstellung, die mit dieser Bestimmung erfreulicherweise den bedürftigen Gläubigern gewährt werde, zum Nachteil der übrigen Hilfsbedürftigen zurückwirke. Manche Fürsorgebehörde werde vielleicht sagen, für diese Gruppe sei reichlich gesorgt, so daß die Gesamtfürsorge ermäßigt werden könne, worunter dann natürlich diejenigen litten, die keine doppelten Bezüge hätten, sondern nur ihre Bezüge aus der Fürsorge.

Ein Vertreter der Reichsregierung erklärte, daß die Regierung sich diese Frage sehr eingehend überlegt und namentlich mit Ministerialdirektor Grieser von der Sozialversicherung durchbesprochen habe. Die Praxis habe ergeben, daß, abgesehen von verhältnismäßig wenigen großen Städten, sämtliche Fürsorgeverbände die Erhöhung der Sozialrenten hingenommen hätten. Bei der anzuerkennenden außerordentlich schwierigen Finanzlage der Fürsorgeverbände, namentlich auch der ländlichen — es handle sich keineswegs nur um bösen Willen — sei es deshalb notwendig, durch gesetzliche Bestimmung eine gewisse Grenze festzusetzen. Die Summe von 270 M. stelle allerdings die Höchstgrenze dar. Auf eine weitere Frage, wie sich das Reichsarbeitsministerium und die Regierung dazu stellen würden, wenn auch Kriegsbeschädigte und Sozialrentner dieselbe Forderung erhöben, daß von ihren Rentenbezügen ein gewisser Betrag bei der sozialen Fürsorge nicht mit angerechnet würde, wurde erwidert, daß man bei der sozialen Fürsorge für die Kriegsbeschädigten schon über den Betrag hinausgegangen sei. Hier komme also die Frage praktisch nicht in Betracht. Bei den Sozialrentnern sei die Sache anders. Darüber schwebten noch Verhandlungen. Es sei Sache des jeweiligen Gesetzes, das ein derartiges Einkommen aus Renten schaffe, in dieser Hinsicht Bestimmungen zu treffen."

Diese Bestimmungen sind jetzt in § 33 a RGr. (VO. vom 7. September 1925) getroffen (abgedr. S. 42).

2. In Betracht kommen hier nur öffentliche Fürsorgeleistungen im Sinne des § 6 RFV. und der Reichsgrundsätze vom 4. Dezember 1924 i. d. F. vom 7. Sept. 1925 (RGBl. I 1924 S. 765 und 1925 S. 332). Die Bestimmung enthält eine Ausnahme von § 8 RGr.

Leistungen, auf die ein Rechtsanspruch besteht (Pensionen der Beamten und Hinterbliebenen, Renten nach dem RVG., der RVO. u. a.) gehören nicht hierher, ebensowenig Leistungen privater Fürsorge oder öffentlicher nicht auf Hilfsbedürftigkeit abgestellter Einrichtungen, z. B. Stiftungen (Stipendien).

3. § 84 ist nur bei Hilfsbedürftigen im Sinne der §§ 5 ff. RGr. anwendbar.

4. Beispiele.

a) Der Kleinrentner X besitzt eine aufzuwertende Vorkriegshypothek von 40 000 Mark. Als Kleinrentnerunterstützung erhält er nunmehr jährlich 600 RM. Der Hypothekzins der auf 10 000 RM. aufgewerteten Hypothek beträgt vom 1. 1. 26 an 300 RM. Auf die öffentliche Fürsorgeunterstützung sind anzunehmen (300—270) = 30 RM. Sonach sind seine Gesamtbezüge (600—30) = 570 RM. Unterstützung + 300 RM. Hypothekenzins = 870 RM.

b) Die Sozialrentnerin Z besitzt eine aufzuwertende Vorkriegshypothek von 2000 Mk., ferner Reichskriegsanleihe im Betrage von 2000 Mk.; an Sozialrentnerunterstützung erhält sie jährlich 480 RM. Der Hypothekzins der auf 500 RM. aufgewerteten Hypothek beträgt vom 1. 1. 26 an 15 RM. Ihre Vorzugsrente beträgt 40 RM., sonach Gesamtaufwertungseinkommen 55 RM. Da Beträge bis zu 270 RM. jährlich nicht angerechnet werden dürfen, erhält die Sozialrent-

nerin neben ihrem Aufwertungseinkommen von 55 RM. unverkürzt die Sozialrentnerunterstützung von jährlich 480 RMk.
Vgl. auch Schlegelberger-Harmening, das Aufwertungsgesetz v. 16. Juli 1925, dritte Auflage, zu § 84 (Verlag von Franz Vahlen, Berlin).

§ 85.

Soweit die öffentliche Fürsorge ihre Hilfe davon abhängig machen darf, daß die Rückzahlung der für den Hilfsbedürftigen aufgewendeten Kosten sicher gestellt wird (§ 9[1] der Reichsgrundsätze über Voraussetzung, Art und Maß der öffentlichen Fürsorge vom 4. Dezember 1924, Reichsgesetzbl. I S. 765), dürfen Ansprüche des Hilfsbedürftigen, die der Aufwertung nach diesem Gesetz unterliegen, nur nach Maßgabe von Vorschriften herangezogen werden, die die Reichsregierung mit Zustimmung des Reichsrats hierüber erläßt.[2]

1. Muß die Fürsorge eintreten, weil das Vermögen oder Einkommen des Hilfesuchenden vorerst nicht verwertet werden kann oder soll, so kann sie ihre Hilfe ausdrücklich von der Rückersatzpflicht abhängig machen (§ 9 RGr.); für Klein- und Sozialrentner s. § 15 Abs. 2, für Kriegsbeschädigte und Kriegshinterbliebene s. § 31 Abs. 2 RGr. In Ergänzung dieser Bestimmungen, die in der Praxis der Klein- und Sozialrentnerfürsorge zuweilen zu schematisch angewendet wurden, sieht § 85 des Aufwertungsgesetzes Beschränkungen vor.

2. Solche besondere Vorschriften sind noch nicht erlassen worden. Einschlägig ist hier aber auch § 33a RGr. i. d. F. der VO. vom 7. September 1925, abgedr. S. 33.

13.

Zweites Gesetz über Änderungen in der Unfallversicherung vom 14. 7. 25.

(RGBl. I S. 97.)

Auszug (Berufsfürsorge).

Vorbemerkung: 1) die Begründung zum Gesetzentwurf (Reichstagsdrucksachen III. Wahlperiode 1924/25 Nr. 691) führt hierzu auf S. 21 aus:

„Völlig neu ist die Verpflichtung zur Berufsfürsorge. Die Berufsgenossenschaften können schon jetzt Einrichtungen zur Beschaffung von Arbeitsgelegenheit für Unfallverletzte treffen und dafür Mittel aufwenden (§§ 736, 843, 1011, 1029, 1164, 1198 der Reichsversicherungsordnung). Nach dem Gesetz über die Beschäftigung Schwerbeschädigter (Reichsgesetzbl. 1923 I S. 58) ist die Unterbringung Schwerunfallverletzter Sache der Hauptfürsorgestellen oder anderer mit den Aufgaben der Hauptfürsorgestellen betrauter Einrichtungen (§ 34 der Verordnung über die Fürsorgepflicht vom 13. Februar 1924, Reichsgesetzbl. I S. 100). Für das Zusammenwirken der Hauptfürsorgestellen mit den Trägern der Unfallversicherung bei der Unterbringung Schwerunfallverletzter sind Richtlinien aufgestellt. Der Entwurf begründet statt des Rechts zur Mithilfe die Verpflichtung zur Berufsfürsorge und dehnt sie auf alle Träger der Unfallversicherung aus. Die Verpflichtung bezieht sich auf alle Verletzte, welche mindestens die Hälfte ihrer Erwerbsfähigkeit durch den Unfall verloren haben. Der Versicherungsträger soll aber auch in anderen Fällen Berufsfürsorge gewähren können. Diese Regelung entspricht dem § 3 und dem § 8 Abs. 1 Satz 2 des Schwerbeschädigtengesetzes. Die Berufsfürsorge soll im übrigen durch die Ausführungsvorschriften des Reichsarbeitsministers mit Zustimmung des Reichsrats nach § 558 e ausgestaltet werden. Ihnen wird auch vorbehalten bleiben, das Verhältnis der Versicherungsträger zu den bestehenden Fürsorgeeinrichtungen zu regeln. Dabei wird es geboten sein, bestehende Verhältnisse nicht zu stören, sondern auszubauen. Nach § 558 e wird es auch möglich sein, die Träger der Unfallversicherung zu den Kosten der Hauptfürsorgestellen heranzuziehen, soweit deren Tätigkeit in ihrem Interesse erfolgt.

Der § 1770 a der Reichsversicherungsordnung in der Fassung des Artikel 108 sieht ferner vor, daß das Verfahren über die Berufsfürsorge durch Verordnung des Reichsarbeitsministers mit Zustimmung des Reichsrats abweichend von den Vorschriften über das Feststellungsverfahren in der Unfallversicherung geregelt werden kann. Auf diese Weise wird es möglich sein, ein möglichst schleuniges Verfahren einzuführen, in dem die sachverständige Mitwirkung der Fürsorgestellen und der Einrichtungen für die Berufsberatung gewährleistet werden kann.

Der mehrfach erwähnte § 558 e gestaltet die Vorschriften über die Krankenbehandlung und Berufsfürsorge beweglich. Er gibt dem Reichsarbeitsminister ganz allgemein die Befugnis zu ihrem weiteren Ausbau, knüpft sie aber an die Zustimmung des Reichsrats. Das erscheint zweckmäßiger als die eingehende Regelung im Gesetze selbst, weil im Verordnungswege leichter eine Anpassung an die neuesten Erfahrungen und Ergebnisse der Heilkunde und die Bedürfnisse des Wirtschaftslebens zu erreichen ist. Auch eine Erweiterung des Kreises der Hilfsmittel soll der Reichsarbeitsminister vornehmen können. Dabei ist besonders an die Nutzbarmachung der Erfahrungen der Reichsversorgung bei der Gewährung von Führerhunden für Blinde gedacht."

2) Vgl. hierzu auch Hoffmeister „Die öffentliche Fürsorge nach dem Abänderungsgesetz zur Unfallversicherung vom 14. Juli 1925" in Zeitschrift f. d. Heimatwesen 1925 Sp. 553.

Art. 6.

An Stelle des § 558 treten folgende Vorschriften:

§ 558.

Die Genossenschaft hat bei Verletzung zu gewähren
1. Krankenbehandlung,
2. Berufsfürsorge,
3. eine Rente oder Krankengeld (Tagegeld, Familiengeld) für die Dauer der Erwerbsunfähigkeit.

§ 558 a.

Die Krankenbehandlung und die Berufsfürsorge sollen mit allen geeigneten Mitteln
1. die durch den Unfall hervorgerufene Gesundheitsstörung oder Körperbeschädigung und die durch den Unfall verursachte Erwerbsunfähigkeit beseitigen und eine Verschlimmerung verhüten,
2. den Verletzten zur Wiederaufnahme seines früheren Berufs oder, wenn das nicht möglich ist, zur Aufnahme eines neuen Berufs befähigen und ihm zur Erlangung einer Arbeitsstelle verhelfen.

§ 558 f.

Die Berufsfürsorge umfaßt:
1. berufliche Ausbildung zur Wiedergewinnung oder Erhöhung der Erwerbsfähigkeit, insoweit der Verletzte durch den Unfall in der Ausübung seines Berufs oder eines Berufs, der ihm billigerweise zugemutet werden kann, wesentlich beeinträchtigt ist, nötigenfalls Ausbildung für einen neuen Beruf,
2. Hilfe zur Erlangung einer Arbeitsstelle.

Die Weigerung des Verletzten, sich der Berufsfürsorge zu unterziehen, ist kein Grund zur Herabsetzung der Rente.

§ 558 g.*)

Im Rahmen der Vorschriften der Reichsversicherungsordnung kann der Reichsarbeitsminister mit Zustimmung des Reichsrats über Krankenbehandlung und Berufsfürsorge Näheres vorschreiben. Er kann insbesondere vorschreiben,
welche Arten von Hilfsmitteln zu gewähren sind,
ob und in welchem Umfange Verletzten die durch den Gebrauch der Hilfsmittel entstehenden Unkosten zu ersetzen sind,
wie die Berufsfürsorge zu gewähren ist und in welchem Um-

*) Der Entwurf einer Reichsverordnung zur Durchführung der Unfallversicherung ist z. Zt. in Beratung.

fange bei ihr die Fürsorgeverbände (§ 1 der Verordnung über die Fürsorgepflicht vom 13. Februar 1924 — Reichsgesetzblatt I S. 100) mitzuwirken haben.

Die Vorschriften des Gesetzes über die Beschäftigung Schwerbeschädigter (Reichsgesetzbl. 1923 I S. 57) bleiben unberührt. Der Reichsarbeitsminister kann mit Zustimmung des Reichsrats das Zusammenwirken der Genossenschaften und der zur Durchführung des bezeichneten Gesetzes berufenen Stellen und die Tragung der Kosten dabei regeln.

Besondere Vorschriften für das Verfahren über Berufsfürsorge.

§ 1770 a.*)

Der Reichsarbeitsminister kann mit Zustimmung des Reichsrats das Verfahren über Berufsfürsorge (§ 558 Nr. 2) abweichend von dem Feststellungsverfahren in der Unfallversicherung regeln.

14.

Gesetz über Ausbau der Angestellten- und Invalidenversicherung und der Gesundheitsfürsorge in der Reichsversicherung vom 28. 7. 1925.

(RGBl. I S. 157)

Auszug.

A. Änderungen des Angestelltenversicherungsgesetzes.

Art. II. Gegenstand der Versicherung.

2. Im IV. Abschnitt (Heilverfahren) wird eingefügt:

§ 49 a.

Die Reichsversicherungsanstalt kann mit Genehmigung des Reichsarbeitsministers Mittel aufwenden, um allgemeine Maßnahmen zur Verhütung des Eintritts vorzeitiger Berufsunfähigkeit oder zur Hebung der gesundheitlichen Verhältnisse der versicherten Bevölkerung zu fördern oder durchzuführen. Die Genehmigung kann auch für Pauschbeträge erteilt werden.

---

*) S. Fußnote S. 93!

C. Gesundheitsfürsorge in der Reichsversicherung.

Die Reichsregierung kann nach Anhörung der Versicherungsträger und der Ärzte oder ihrer Spitzenverbände mit Zustimmung des Reichsrats und eines 28gliedrigen Ausschusses des Reichstags Richtlinien*) erlassen, betreffend das Heilverfahren in der Reichsversicherung und die allgemeinen Maßnahmen der Versicherungsträger zur Verhütung des Eintritts vorzeitiger Berufsunfähigkeit oder Invalidität oder zur Hebung der gesundheitlichen Verhältnisse der versicherten Bevölkerung. Diese Richtlinien sollen ferner das Zusammenwirken der Träger der Reichsversicherung untereinander und mit den Trägern der öffentlichen und freien Wohlfahrtspflege auf dem Gebiete des Heilverfahrens und der sozialen Hygiene regeln.

*) Die Richtlinien sind z. Zt. noch nicht erlassen.

Vgl. auch Rott „Die Durchführung der Gesundheitsfürsorge im Rahmen der RVO", Zeitschrift f. d. Heimatwesen 1925 Sp. 38; Wölz, Gesundheitsfürsorge in der Wohlfahrtspolitik, (Bericht der Vereinigung der Kommunal-, Schul- und Fürsorgeärzte 1925).

Kleeis „Arbeitsgemeinschaften der Träger der sozialen Versicherung und der Wohlfahrtspflege", Deutsche Zeitschrift f. Wohlfahrtspflege 1926 Nr. 1 u. 2.

II. Bayerisches Landesrecht.

1.

Vorläufige Ausführungsverordnung zur Reichsverordnung über die Fürsorgepflicht.

(GVBl. 1924 S. 126).

Gesamtministerium des Freistaates Bayern.

Zur Ausführung der Reichsverordnung über die Fürsorgepflicht vom 13. Februar 1924 — RFV. — (RGBl. S. 100) wird auf Grund des § 31 dieser Verordnung mit Wirkung vom 1. April 1924 an bis zur gesetzlichen Regelung vorläufig folgendes verordnet:

Die VO. ist am 1. 4. 24 in Kraft getreten, zugleich mit dem Inkrafttreten der RFV., Übergangsbestimmungen, wie sie z. B. in Art. 103—106 Arm.Ges. enthalten waren, enthält die VO. nicht. Daraus ergeben sich nicht unerhebliche rechtl. Schwierigkeiten insb. wegen der Überleitung der Armenverbände in die Fürsorge-Verbände. S. auch Baath § 36 Anm. 1; ferner unten Art. 8 Anm. c S. 128.

Die vorläufige Ausführungsverordnung (VAV.) gibt unter ausdrücklichem Vorbehalt späterer gesetzlicher Regelung nur einstweilige Bestimmungen: sie behandelt:

1. Fürsorgeverbände d. i. die Bestimmung der Fürsorgeverbände gem. RFV. § 1 Eingangsworte und § 2 sowie ihre Rechtsstellung,

2. Aufgaben der Fürsorgeverbände d. i. die Bestimmung der Aufgaben, Abgrenzung des Aufgabenbereichs, der Zuständigkeit der verschiedenen Arten von Fürsorgeverbänden, Ausscheidung der Aufgaben zwischen Landesfürsorgeverbänden Staat und Kreis, Bezirks- und Ortsfürsorgeverbänden.

3. Behörden und Verfahren: diese vorläufige notdürftige Regelung sieht lediglich die Aufrechterhaltung der bisherigen Vorschriften vor; hinsichtlich der Verwaltungsorgane (gesetzliche Vertreter) der Fürsorgeverbände sind die Vorschriften ersetzt durch die Verwaltungsverordnung v. 12. 1. 25 abgedr. unten S. 143.

Verfahren, Beschwerde und Aufsicht haben bisher noch keine Neuregelung erfahren, woraus sich manche schwierige Streitfrage ergibt; s. Art. 8 Anm. 2 B;

4. Umfang der Fürsorge d. i. Voraussetzung, Art und Maß der Fürsorge oder das materielle Fürsorgerecht. Auch diese Vorschriften bestanden lediglich in der Aufrechterhaltung der bisherigen Bestimmungen, sie sind nunmehr durch die Reichsgrundsätze v. 4. 12. 24 und 7. 9. 25 im wesentlichen überholt; abgedr. S. 19.

I. Fürsorgeverbände.

Art. 1

Die Aufgaben der öffentlich rechtlichen Fürsorge nach der RFV. werden durch den Landesfürsorgeverband, Bezirksfürsorgeverbände und Ortsfürsorgeverbände erfüllt.[1] [2] [3]

1. Fürsorgeverbände s. § 1 Eingangsworte und § 2 RFV.

Die Bestimmung der Fürsorgeverbände und ihrer Aufgaben in einer dem Reichsrecht entsprechenden Weise ist Recht und Pflicht der Länder.

Während § 3 UWG. in bloß deklaratorischer Weise feststellte, daß die Ortsarmenverbände aus einer oder mehreren Gemeinden oder Amtsbezirken bestehen können, werde nunmehr die natürlich gegebene Fürsorgepflicht der Gemeinden durch die reichsrechtliche Verpflichtung der Länder abgelöst, Fürsorgeverbände zu bestimmen, Wölz-Ruppert-Richter S. 15.

Zur Frage, wer Fürsorgeverband werden soll, bemerkt die „Begründung" zur RFV.

„Die Fürsorge leidet z. Zt. schwer darunter, daß viele Körperschaften die ihnen obliegenden Fürsorgelasten nicht tragen können. Der Entwurf strebt daher an, daß für die Durchführung der Fürsorge leistungsfähige, ihren Aufgaben gewachsene Träger bestimmt werden. Als solche sieht er Landesfürsorgeverbände und Bezirksfürsorgeverbände vor, deren Einrichtung und Abgrenzung den Ländern überlassen ist. Die Gemeinden grundsätzlich zu Fürsorgeträgern zu machen, wie dies in vielen früheren Fürsorgegesetzen geschehen ist, hat der Entwurf vermieden, da in Deutschland von rund 64 000 Gemeinden nur 511 über 10 000 Einwohner haben, die einzelne Gemeinde allein daher für die gesamten Fürsorgeaufgaben in der Regel meist nicht leistungsfähig genug sein würde."

2. Art. 1 gibt lediglich eine einleitende Bemerkung, bringt gegenüber dem Reichsrecht (Art. 1 RFV.) inhaltlich nichts neues.

Irreführen kann die Bezeichnung „Ortsfürsorgeverbände". Sollte damit neben Landesfürsorgeverbänden und Bezirksfürsorgeverbänden eine dritte, reichsrechtlich nicht vorgesehene Art von Fürsorgeverbänden geschaffen werden, so wäre dies ohne weiteres unzulässig. Die Ortsfürsorgeverbände sind aber nicht eine solche neue Art von Fürsorgeverbänden; es handelt sich vielmehr nur um eine besondere Bezeichnung der Bezirksfürsorgeverbände mittelbarer Gemeinden für bestimmte Aufgaben (Armenfürsorge und Fürsorge für hilfsbedürftige Minderjährige); s. hierzu, insbes. zur Frage der rechtlichen Zulässigkeit Anm. zu Art. 3 Abs. II BAV. unten S. 102.

3. Aufgaben d. s. die in § 1 RFV. genannten Aufgaben.

Art. 2[1]

Landesfürsorgeverband[2] im Sinne der RFV. ist[4] für die ihm zugewiesenen Aufgaben[3] der Kreis, im übrigen der Staat.

Bisheriges Recht: §§ 2, 5—8 UWG., Art. 47 ArmG.

1. Reichsrechtliche Grundlage: § 2 Abs. I—III RFV.

2. Landesfürsorgeverbände sind in Bayern der Staat und daneben die 8 Kreise. Die Aufstellung von 2 Arten von Landesfürsorgeverbänden erscheint rechtlich nicht unbedenklich. Sie erklärt sich geschichtlich: Landarmenverbände waren seither die 8 Kreise, ihre Aufgaben besorgten die Landarmenräte. Dagegen war die Kriegsbeschädigten- und Kriegshinterbliebenenfürsorge in Bayern staatlich, nicht als Einrichtung der Kreise, aufgezogen, ihre Aufgaben besorgte die Landeshauptfürsorgestelle für Kriegsbeschädigte und Kriegshinterbliebene und als ihre Zweigstellen in den 8 Kreisen die Kreishauptfürsorgestellen für Kriegsbeschädigte und Kriegshinterbliebene. Der Dualismus zwischen Kriegsbeschädigten- und Kriegshinterbliebenenfürsorge und Armenfürsorge ist unausgetragen geblieben. Von der auf Antrag Bayerns geschaffenen Möglichkeit des § 2 Abs. II RFV., neben einem Landesfürsorgeverband Zweigverbände, etwa je einen für jeden Kreis, zu errichten, wurde bisher kein Gebrauch gemacht.

3. Aufgaben der Landesfürsorgeverbände s. Art. 6 und 7 BAV. S. 107 ff. u. 120 ff.

Zunächst ist der Landesfürsorgeverband:

a) kraft Reichsrechts endgültig verpflichteter Fürsorgeverband in den Fällen, in denen die RFV. dies bestimmt. (§ 7 Abs. II, Halbsatz 2, § 8 Abs. I und II RFV., für Bayern Art. 6 Abs. I, Buchst. c BAV.)

b) kraft landesrechtlicher Aufgabenübertragung fürsorgepflichtiger Verband gegenüber dem nach Reichsrecht vorläufig oder endgültig verpflichteten Bezirksfürsorgeverband, für Bayern Art. 6, Abs. I, Buchst. a und b; es handelt sich um die bisherige außerordentliche Armenpflege des Landarmenverbandes; s. Art. 6 Anm. 5 B.

c) kraft landesrechtlicher Aufgabenübertragung fürsorgepflichtiger Verband an Stelle des in der RFV. als fürsorgepflichtig bezeichneten Landes (§ 12 Abs. II, IV, V, § 13 Satz 2 RFV., für Bayern Art. 6 Abs. I Buchst. d BAV.).

Diese sämtlichen Aufgaben sind den Landesfürsorgeverbänden-Kreise übertragen. (Art. 6 Abs. II.)

Für die Beibehaltung der Kreise als Landesfürsorgeverbände: Nutz, Bl. f. öff. Fürs. 1924 S. 61.

Wegen der Aufgaben des Landesfürsorgeverbandes-Staat, insbesondere der Förderung allgemeiner Einrichtungen der Fürsorge, der Beteiligung an der Kriegsbeschädigten- und Kriegshinterbliebenenfürsorge und der Arbeitsfürsorge für Schwerbeschädigte und Schwererwerbsbeschränkte s. Art. 7 BAV.

Aufgabe des Landesfürsorgeverbands-Staat und der Landesfürsorgeverbände-Kreise ist ferner die Gewährung von Zuschüssen an unverhältnismäßig belastete Fürsorgeverbände. Art. 7 Buchst. d, Art. 6 Abs. I Buchst. e.

Wegen der Aufgaben der Landesfürsorgeverbände in den übrigen deutschen Ländern siehe die Ausführungsbestimmungen dieser Länder, abgedruckt bei Baath S. 189 ff., Gögler S. 97 ff., Julia Dünner S. 82 ff., für Sachsen vergl. nunmehr Wohlfahrtspflegegesetz vom 28. 3. 25. (Sächsisches Gesetzblatt 1925 Nr. 10); dazu Maier, Fürsorge 1925 Nr. 12; für Lübeck Wohlfahrtspflegegesetz vom 27. 11. 25, dazu Link in Deutsche Zeitschr. f. Wohlfahrtspflege 1926 Nr. 1/2.

Über die Aufgaben, insbesondere die freiwillig übernommenen Aufgaben der Landesfürsorgeverbände s. Hardrath, Die gegenwärtige Entwicklung des öffentlichen Fürsorgewesens auf dem Lande, Schriften des deutschen Vereins für öffentliche und private Fürsorge 1925 Heft 4. Über Aufgaben der Landesfürsorgeverbände s. auch Kracht, Zeitschrift f. d. Heimatwesen, 1925 Sp. 669; ferner Nachrichtendienst 1926 S. 3.

Auch für das bayerische Recht gibt die Aufzählung der Aufgaben in Art. 6 und 7 BAV. kein erschöpfendes Bild über die Aufgaben der Landesfürsorgeverbände. Nach der Entwicklung, die die Fürsorge nach der RFV. genommen hat, ist allgemein folgendes festzustellen:

Die Aufgaben der Landesfürsorgeverbände decken sich mit denen der Landarmenverbände ebensowenig wie die RFV. dem UWG. gleichsteht. Das Bestreben nach Fortentwicklung der Fürsorge über die alte Armenfürsorge hinaus, auch die Einbeziehung eines erweiterten Personenkreises, hat gegenüber den seitherigen Landarmenverbänden eine wesentliche Erweiterung der fürsorgerischen Aufgaben gebracht. Dies gilt insbesondere soweit die Landesfürsorgebehörden die Aufgaben der Hauptfürsorgestelle für Kb. und Kh. zu übernehmen hatten. Die Hauptfürsorgestellen für Kb. und Kh. haben von Anfang an eine Hauptaufgabe darin erblickt, für gleichmäßige Durchführung einer sachgemäßen Fürsorge in ihrem Bezirk zu sorgen, sie haben nicht nur durch die aufsichtliche Verbescheidung von Beschwerden, sondern nicht minder durch anregende Beeinflussung der Außenbehörden, durch Beratung und Vermittlung der Erfahrungen, vor allem auch im persönlichen Verkehr, die Fürsorge zu Gunsten der Hilfsbedürftigen zu fördern und vorwärts zu bringen gewußt.

Zutreffend führt Wölz-Ruppert-Richter S. 18 über allgemeine Aufgaben der Landesfürsorgebehörden aus: „Die Haupttätigkeit wird anschließend an die nach dem Kriege entstandenen Organisationsformen der Hauptfürsorgestellen, der Landesarbeitsämter (Arbeitsnachweisgesetz §§ 15—25), der Landesjugendämter (RJWG. §§ 12—14) der Erledigung allgemeiner Aufgaben gelten. Es seien hierfür als Beispiel nur erwähnt die grundlegende Regelung der Schwererwerbsbeschränktenfürsorge, die allgemeinen Fragen der Gesundheitsfürsorge, die Oberaufsicht über die Jugendfürsorge, die Schaffung gemeinsamer Veranstaltungen und Einrichtungen auf dem Gebiete der Arbeitsbeschaffung für Erwerbsbeschränkte, die Kreditbeschaffung, die Naturalienversorgung in gemeinsamen Wirtschaftsstellen, endlich genau wie beim Landarmenverband die Anstaltsfürsorge."

Richtig bemerkt Jung in öffentlicher und privater Wohlfahrtspflege S. 15: „Die Landesfürsorgeverbände können für ihren Bezirk nur dann wirklich Führer werden, wenn sie nicht lediglich auf dem Papier stehen und nur zur Durchführung von Gelegenheitsarbeiten berufen erscheinen; sie müssen vielmehr so aufgebaut werden, daß sie für ihren Bezirk auf dem Gebiete der Wohlfahrtspflege als die Seele zu betrachten sind, die der gesamten Fürsorge Art und Wesen verleiht."

Was § 13 RJWG. an allgemeinen Aufgaben für das Landesjugendamt vorsieht, gilt sinngemäß auch für die allgemeinen Aufgaben der Landesfürsorgeverbände. Auch für die Landesfürsorgeverbände kann zutreffen, was Gertrud Bäumer in der Handausgabe zum RJWG. § 13 über das Landesjugendamt bemerkt: „Das Landesjugendamt soll nicht die übergeordnete Behörde der Jugendämter sein, sondern die geistige Leitung ihrer Arbeit in dem Umfang ausüben, als diese Arbeit über den rein lokalen Rahmen hinausgreift. Seine Autorität wird im wesentlichen auf dem beruhen, was es in dieser Hinsicht den Jugendämtern leistet."

Eine namentlich in der Übergangszeit wichtige Aufgabe der Landesfürsorgeverbände kann ihre Mitarbeit an Fortbildungskursen zur Einführung der Fürsorge sein, s. Aufbau und Ausbau der Fürsorge. Veröffentlichungen des Deutschen Vereins für öffentliche und private Fürsorge Heft 1, Ziele, Methoden und Technik von Fortbildungskursen und Konferenzen 1924.

Die Zusammenarbeit mit der freien Wohlfahrtspflege für den Bereich des Landesfürsorgeverbandes (§ 5 Abs. IV RFV.) ist eine weitere, sehr wichtige allgemeine Aufgabe des Landesfürsorgeverbandes.

Die Behörde des Landesfürsorgeverbandes soll Mittelpunkt der öffentlichen Wohlfahrtspflege und zugleich Bindeglied zwischen öffentlicher und freier Wohlfahrtspflege sein. S. auch Hebel im Nachrichtendienst 1924 Augustnummer.

Alle diese allgemeinen Aufgaben des Landesfürsorgeverbandes werden in Bayern zunächst als Aufgaben des Landesfürsorgeverbandes-Staat zu erachten sein, für den auch die Zuständigkeitsvermutung („im übrigen") spricht. Diese allgemeinen Aufgaben, insbesondere die Zusammenarbeit zwischen öffentlicher und privater Fürsorge mit den Landesspitzenverbänden der Wohlfahrtspflege haben seither, wie schon vor dem Inkrafttreten der RFV., in der Hauptsache die Staatsministerien des Innern und für Soziale Fürsorge und die Regierungen, Kammern des Innern, auch die Kreishauptfürsorgestellen für Kriegsbeschädigte und Kriegshinterbliebene — alles staatliche Behörden —, nicht aber die Kreise als Landesfürsorgeverbände erledigt.

4. Landesfürsorgeverband „ist". Das Bayerische Armengesetz Art. 47 hatte das Wort „bildet" gewählt. Am Rechtsverhältnis hat sich nichts geändert. Wie der „Armenverband" (Pöll zu Art. 16 Anm. 1, zu Art. 47 Anm. 1) ist auch der „Fürsorgeverband" keine von dem Selbstverwaltungskörper verschiedene Rechtspersönlichkeit, was nach § 4 RFV. an sich zulässig wäre. Fürsorgeverbände und Selbstverwaltungskörper (Gemeinde, Bezirk) sind eine Rechtspersönlichkeit, haben aber für die Fürsorgeaufgaben ein besonderes Vertretungsorgan, Verwalt.VO. v. 12. 1. 25 Art. 1 Anm. 1 unten S. 145.

Art. 3[1])

I. Bezirksfürsorgeverbände im Sinne der RFV. sind die Bezirke[2]) [3]) [4]) [5]) und die kreisunmittelbaren Städte.[6])

II. An Stelle der Bezirke sind für die Armenfürsorge[6]) einschl. der Fürsorge für hilfsbedürftige Minderjährige[9]) die

nicht kreisunmittelbaren Gemeinden[6]) Bezirksfürsorgeverbände (Ortsfürsorgeverbände).[7]) [8]) [10])

Bisheriges Recht: §§ 2—4, §§ 6—8 UWG., Art. 16 ArmG.

1. Reichsrechtliche Grundlage § 2 RFV

2 a) Die Betrauung der Bezirke mit den Aufgaben der Fürsorge war schon durch die seitherige Zuständigkeit der Bezirksverwaltungsbehörden in der Kriegsbeschädigten- und Kriegshinterbliebenenfürsorge und der Kleinrentnerfürsorge veranlaßt. Auch in allen übrigen deutschen Ländern sind als Bezirksfürsorgeverbände die den Bayerischen Bezirken entsprechenden Selbstverwaltungskörper, preußische Kreise, württembergische Amtskörperschaften usw. bestellt Die Übertragung war übrigens auch nach der Bestimmung des Art 12 Abs II SVG naheliegend, wonach Aufgabe der Bezirke „die Pflege des geistigen, sittlichen und wirtschaftlichen Wohles der Einwohner" ist.

2b) Für die Pfalz s VerwVO v 12 1 25 Art 14 Anm 2 S. 180

3. Den Bezirken sind für die Durchführung der RFV keine besonderen Mittel (Steuerquellen) überwiesen worden, außer der Erhöhung des höchst zulässigen Hundertsatzes der Bezirksumlagen zu den Landesertragssteuern auf 200%: die Bezirke sind vielmehr in steuerlicher Hinsicht Kostgänger der Gemeinden geworden (Art 24 Bayer Vollzugsgesetz zum Finanzausgleichsgesetz), die Kosten müssen letzten Endes von den Gemeinden, als Steuerschuldnern der Bezirke, aufgebracht werden Diese haben hierfür eigene Einnahmequellen überwiesen erhalten.

S. oben Dritte Steuernotverordnung § 42 Anm 14

Wegen der Frage der Vorausleistungen der Gemeinden an die Bezirke s oben S 52 Anm 16

4. Die Bezirksfürsorgeverbände und Ortsfürsorgeverbände haben das Recht der Selbstverwaltung mit allen daraus folgenden Befugnissen (§ 13 SVG). Die öffentliche Fürsorge ist, wie bisher die Armenpflege, ein Bestandteil der gemeindlichen (bezirksgemeindlichen) Selbstverwaltung.

5. Sie sind Bezirksfürsorgeverbände sowohl für die vorläufige als für die endgültige Fürsorgepflicht; auch die vorläufige Fürsorgepflicht (§ 7 Abs. I RFV.) obliegt — abgesehen von der Armenfürsorge nach Abs II — ausschließlich dem Bezirk, nicht der mittelbaren Gemeinde; Kriegsbeschädigte und Kriegshinterbliebene, Sozial- und Kleinrentner sind daher auch in Fällen plötzlicher dringender Not vom Standpunkt der Fürsorge aus gezwungen, sich unmittelbar an den Bezirk um Beihilfe zu wenden, sofern nicht die Gemeinde als Verwaltungsbehörde (nicht als OFV.!) in besonderen Fällen zum Eingreifen verpflichtet ist (vgl Art. 138 Abs V Gem.O, Eingreifen des Bürgermeisters vom Standpunkte der Ortspolizei).

6. Während bei den Bezirksfürsorgeverbänden der kreisunmittelbaren Städte alle Aufgaben der Fürsorge (§ 1 Abs I und II RFV.) zusammengefaßt sind, — die kreisunmittelbaren Städte sind auch für die Armenfürsorge „Bezirksfürsorgeverbände", nicht „Ortsfürsorgeverbände", ebenso Nutz in Bl. für öff. Fürs. 1924 S. 51 — sind die Aufgaben der Fürsorge zwischen den Bezirken und

den mittelbaren Gemeinden geteilt. Die Bezirksfürsorgeverbände sind zuständig für Kriegsbeschädigten- und Kriegshinterbliebenenfürsorge, Sozialrentnerfürsorge, Kleinrentnerfürsorge, Arbeitsfürsorge für Schwerbeschädigte und Schwererwerbsbeschränkte (soweit diese Aufgabe nicht von den Kreishauptfürsorgestellen für Kb. und Kh. erledigt wird), endlich Wochenfürsorge. Die Fürsorgeverbände der mittelbaren Gemeinden (Ortsfürsorgeverbände) sind zuständig für Armenfürsorge und Fürsorge für hilfsbedürftige Minderjährige.

Die Wochenfürsorge gehört nicht zur Armenfürsorge; die Wochenfürsorge ist in § 1 Abs. I Buchst. f RFV. ausdrücklich genannt und damit von der Armenfürsorge geschieden; Art. 3 wollte nur die Armenfürsorge im Sinne des § 1 Abs. II RFV. und die Fürsorge für hilfsbedürftige Minderjährige (§ 1 Abs. I Buchst. e RFV.) den mittelbaren Gemeinden übertragen; Träger der Wochenfürsorge ist also der Bezirk und die unmittelbare Stadt; die Zweifel bei Fleischmann-Jäger, § 2 Anm. 4, sind unbegründet.

Für Sozialrentner, die die Voraussetzungen des § 16 RGr. erfüllen, besteht ab 1. 4. 24 keine Fürsorgepflicht der mittelbaren Gemeinden mehr (vgl. E.VGH. 45 S. 68; über Sozialrentnerwaisen s. Anm. 9).

7. Die Ortsfürsorgeverbände der mittelbaren Gemeinden haben für ihren Aufgabenbereich (Armenfürsorge und Fürsorge für hilfsbedürftige Minderjährige) die Rechtsstellung der BFV. im Sinne der Reichsfürsorgeverordnung. In allen Fällen, in denen die RFV. von Bezirksfürsorgeverbänden spricht, sind hierunter, soweit Armenfürsorge in mittelbaren Gemeinden Bayerns in Frage steht, die Ortsfürsorgeverbände zu verstehen.

8. Die Schaffung besonderer Ortsfürsorgeverbände begegnet Bedenken hinsichtlich der rechtlichen Zulässigkeit wie insbesondere der fürsorgerischen Zweckmäßigkeit. Wenn man auch davon ausgeht, daß hier nicht neben den in § 1 RFV. genannten Landesfürsorgeverbänden und Bezirksfürsorgeverbänden eine neue dritte Art von Fürsorgeverbänden geschaffen werden soll, was reichsrechtlich ohne weiteres unzulässig wäre, sondern daß es sich nur um eine Bezeichnung für eine besondere Art von Bezirksfürsorgeverbänden handelt, so wird man diese Ortsfürsorgeverbände allenfalls mit dem Buchstaben der RFV. (§ 2 Abs. III Satz 1), aber nicht mit Sinn und Geist der RFV. und ihrer Entstehungsgeschichte, die auch in der Begründung zum Ausdruck kommt, vereinbaren können. Es ist gerade einer der Hauptzwecke der RFV., anstelle der leistungsunfähigen Ortsfürsorgeverbände, anstelle der 64 000 deutschen Wohlfahrtsrepubliken, leistungsfähige Träger zu schaffen.

Unter Leistungsfähigkeit ist übrigens nicht nur an die finanzielle Leistungsfähigkeit zu denken, die auch bei größeren Verbänden von der landesrechtlichen Durchführung des Finanzausgleichs abhängig ist, sondern insbes. auch an die sachliche Eignung nach Behördenaufbau, fürsorgerischer Einstellung und bisheriger Betrauung mit Aufgaben gehobener Fürsorge. Zutreffend sind die Ausführungen der amtlichen Begründung zur preußischen Ausführungsverordnung vom 17. 4. 24 abgedr. bei Baath S. 141.

Was durch die Einrichtung der Ortsfürsorgeverbände erzielt werden will (Beteiligung der Gemeinden an der Arbeit und an der Finanzierung der Fürsorge, sachgemäße Sparsamkeit, Mitarbeit ehrenamtlicher Kräfte, Nutzbarmachung örtlicher und persönlicher Kenntnisse), kann in rechtlich einwandfreier Weise erreicht werden, wenn zwar die BFV. mit den Aufgaben der Armenfürsorge betraut, aber eine Delegation von den BFV. an die Gemeinden vorgesehen wird.

Schwierig ist das Rechtsverhältnis bei Streit, welche Art von Fürsorge einzugreifen hat, ob Armenfürsorge oder Kleinrentnerfürsorge. Der Streitfall kann eintreten dadurch, daß der Fürsorgebedürftige die Staatsaufsicht anruft oder im Ansatz- und Übernahmestreit oder im Ausweisungsverfahren.

Gegen Orsfürsorgeverbände: Wölz, Soz. Praxis 1924 Sp. 320, Wölz Ruppert Richter S. 18, Geiger Bayer. Gem.V. Z. 1924 Sp. 261, Rutz Blätter für öffentl. Fürs. 1924 S. 69, Hilble Bayer. Verw.Bl. 1925 Heft 9, ebenda der Bayer. Städtebund. Diefenbach Zeitschrift für das Heimatwesen 1924 Sp. 520. Riß Bl. f. ö. Fürs. 1924 S. 43, 1926 S. 23, Baath RFV. § 2 Anm. 2. Für Ortsfürsorgeverbände: Heller, Bayer. Verw.Bl. 1925, S. 140. Das Bundesamt für das Heimatwesen hat mit Entscheidung v. 7. 11. 25 ausgesprochen, daß die Errichtung von 3 verschiedenen Arten von Fürsorgeverbänden nach Reichsrecht unzulässig ist und daß daher Ortsfürsorgeverbände, wie die württembergischen (ebenso die bayerischen) Ausführungsbestimmungen sie vorsehen, im Fürsorgestreitverfahren nicht als Parteien auftreten können. Vgl. Geiger, Grundlegende Entscheidungen in Fürsorgefragen, Bayer. Gem. VZ. 1926 Sp. 65 ff; Nachrichtendienst 1926, S. 4 ff.

9. Für die Fürsorge für hilfsbedürftige Minderjährige sind nach Art. 3 Abs. II die Ortsfürsorgeverbände zuständig; damit ist aber materiell rechtlich die Fürsorge für hilfsbedürftige Minderjährige nicht der Armenfürsorge gleichgestellt, sie ist reichsrechtlich von ihr gesondert behandelt (§ 1 Abs. I Buchst. e gegenüber § 1 Abs. II RFV.).

Für die Fürsorge für Kriegerwaisen und Kriegsbeschädigtenkinder sind, da es sich um Kb.- und Kh.-Fürsorge handelt, die Bezirksfürsorgeverbände zuständig. Zweifelhaft ist die Zuständigkeit zur Fürsorge für Sozialrentnerwaisen. Während § 1 Abs. I Buchst. b RFV. die Sozialrentnerwaisen unter den Sozialrentnern mitumfaßte, hat § 16 RGr. den Begriff der Sozialrentner auf alte, invalide oder berufsunfähig gewordene Rentner beschränkt; s. auch amtliche Erläuterungen zu § 16. Es ist fraglich, ob nicht unter dem Gesichtspunkt der Wahrung der Familieneinheit aus rechtlichen und auch aus praktischen Gründen die Sozialrentnerwaisen gleich den Sozialrentnern zu behandeln sind. S. auch Nachrichtendienst 1925 Septembernummer. a. A.E.V.Gh. 28. 12. 25 Nr. 58. III. 25.

10. Für ausmärk. Bezirke ist nichts bestimmt; armenrechtlich gilt für sie gem. Art. 8 und 9 BAV. das bisherige Recht weiter (Blätter für öffentliche Fürsorge S. 51), Art. 17 und Art. 41 Armengesetz werden daher für die Armenfürsorge noch anzuwenden sein. Für die übrigen Fürsorgezweige dagegen tritt an die Stelle der nach Art. 41 Arm.Ges. verpflichteten ausmärk. Eigentümer der Bezirk.

Art. 4[1])

I. Die Bildung eines Gesamtfürsorgeverbandes[2]) durch Zusammenschluß mehrerer Bezirksfürsorgeverbände (Art. 3 Abs. I) oder Ortsfürsorgeverbände (Art. 3 Abs. II) bedarf der Genehmigung der Staatsaufsichtsbehörde. Gleiches gilt für die Teilung eines Bezirksfürsorgeverbandes oder Ortsfürsorgeverbandes.

II. Bei dringendem öffentlichen Bedürfnis, insbesondere zur Sicherung der Leistungsfähigkeit[3]) kann die Regierung, Kammer des Innern, Bezirksfürsorgeverbände und Ortsfürsorgeverbände auch ohne deren Zustimmung zu einem Gesamtfürsorgeverband vereinigen oder andere Änderungen hinsichtlich der Bezirke der Fürsorgeverbände treffen.

Bisher für die Armenfürsorge Art. 18, 19 ArmG., für die Kb.- u. Kh.-Fürsorge BO. v. 16. 3. 21. GVBl. 99.

1. Reichsrechtl. Grundlagen: § 2 Abs. I und III RFV.

2. Gesamt b e z i r k s - oder Gesamt o r t s fürsorgeverband. Die Bildung von Gesamtkreisfürsorgeverbänden durch Zusammenschluß mehrerer Kreise (als Landesfürsorgeverbände) oder durch Teilung eines Kreises ist nicht vorgesehen, kommt für die Praxis auch nicht in Frage.

Die Bestimmung über den Zusammenschluß ist nachgebildet jener über den Gesamtarmenverband. Nach reichsrechtlicher Sondervorschrift (§ 4 RFV.) haben alle Fürsorgeverbände die Eigenschaft öffentlich rechtlicher Körperschaften, soweit ihnen diese Eigenschaft nicht schon kraft Landesrecht zukommt.

Die Gesamtfürsorgeverbände sind ebenso wie die Gesamtarmenverbände Vereinigungen mehrerer Bezirke oder unmittelbarer Städte oder Vereinigungen mehrerer mittelbarer Gemeinden. Für die Vereinigungen als solche, für die Verbände, bestand vor Einführung des SVG. keine Rechtsbestimmung, wonach solche Zweckverbände kraft Gesetzes die Eigenschaft von Körperschaften des öffentlichen Rechts, also eigene Rechtspersönlichkeit hatten; für das Gebiet des Art. 26 SVG. wurden eigene Rechtspersönlichkeiten („Verein des öffentlichen Rechts") anerkannt (§ 26 Vollz.Anw. z. SVG.; Braunwart-Stößel, SVG. Art. 26 Anm. 5 Abs. III), man wird daher die Rechtspersönlichkeit (Rechtsfähigkeit) der Gesamtfürsorgeverbände sowohl auf Art. 26 SVG. als auch, da § 4 RFV. lex specialis gegenüber allgemeinen Bestimmungen des Landesrechts ist, auf § 4 RFV. stützen können.

3. Bei der Kleinheit vieler bayerischer Gemeinden wäre gerade für die Armenfürsorge die Bildung von Gesamtfürsorgeverbänden zweckmäßig. Mit Rücksicht auf die kommende Neuregelung des Gemeinderechts, die besonders auch die Frage der Zwerggemeinden zu lösen sucht, wird von der Befugnis des Art. 4 wohl nur vorsichtig Gebrauch gemacht (vgl. den Entwurf zu einem Gesetz über die Zusammenlegung der Gemeinden, abgedruckt Bayer. Gem.VZ. 1922 Sp. 313 ff.). Entwurf einer neuen Gemeindegesetzgebung ist zur Zeit in Bearbeitung.

L e i s t u n g s f ä h i g k e i t ist nach § 2 Abs. III Satz 2 RFV. eine Voraussetzung für die Bildung der Fürsorgeverbände.

Nutz Bl. f. ö. F. 1924 S. 61 regt an, Nachprüfung der Leistungsfähigkeit der Ortsfürsorgeverbände und Umbildung leistungsunfähiger Ortsfürsorgeverbände.

II. Aufgaben der Fürsorgeverbände.

Art. 5[1])

I. Aufgaben[2]) [3]) [4]) der Bezirksfürsorgeverbände (Art. 3 Abs. I) sind alle in der RFV. den Bezirksfürsorgeverbänden zugewiesenen Aufgaben der Fürsorge, insbesondere die Fürsorge in Einzelfällen, soweit sie nicht in dieser Verordnung anderen Verbänden zugewiesen sind.[5]) [6])

II. Die nach Art. 3 Abs. II den Ortsfürsorgeverbänden obliegende Armenfürsorge bemißt sich nach den für die Ortsarmenverbände geltenden Bestimmungen des Armengesetzes vom 21. August 1914.[7])

1. Vorbemerkung: Aufgaben der Fürsorgeverbände. Der Abschnitt II behandelt die Aufgabenverteilung. Die Ausscheidung der Aufgaben und der Zuständigkeit zwischen Bezirksfürsorgeverbänden, Ortsfürsorgeverbänden, Landesfürsorgeverbänden, Staat und Kreis. Nach § 2 Abs. I RFV. hat das Land zu bestimmen, welche der Aufgaben die Landesfürsorgeverbände und welche davon die Bezirksfürsorgeverbände zu erfüllen haben. Reichsrechtlich ist eine Zuweisung von „Aufgaben der Fürsorge" an BFV. einerseits, an LFV. anderseits in der RFV. nicht etwa erfolgt im Sinne einer Unterscheidung zwischen einzelnen Fürsorgezweigen des § 1 RFV. oder einer Ausscheidung nach Arten der Fürsorge wie Gesundheits-, Erholungs-, Berufsfürsorge. Die Zuweisung ist vielmehr ausschließlich erfolgt unter dem Gesichtspunkt persönlicher Zugehörigkeit (Zuständigkeit) des Hilfsbedürftigen zu dem Bezirk, z. B. Aufenthalt, gewöhnlicher Aufenthalt, Familienwohnung und Haushalt, § 7 ff. RFV.

Zu Abs. I

2. Die in Art. 5 Abs. I geregelten Aufgaben der Bezirksfürsorgeverbände sind Pflichtaufgaben, insoweit reichsrechtlich die Verpflichtung der BFV. festgelegt ist.

Für die gesetzlichen Pflichtaufgaben sind bei Bezirken die Bestimmungen über gesetzliche Distriktslasten (Art. 27, 29 Abs. I Distr.G., vgl. auch Art. 65, 67 Arm.G.), bei kreisunmittelbaren Städten die Bestimmungen über gesetzliche Gemeindebedürfnisse (Art. 38 ff. rechtsrh. Gem.O., Art. 29 ff. pfälz. Gem.O.) anwendbar. Die VAV spricht dies nicht aus; eine besondere gesetzliche Vorschrift ist auch nicht erforderlich, insoweit reichsrechtlich die Verpflichtung der BFV. festgelegt ist. Die Eigenschaft der Aufgaben der BFV. als gesetzliche Bezirkslast und ihre staatsaufsichtliche Erzwingbarkeit nach Art. 13 SVG. erkannte auch an E.VGH. v. 13. 7. 25 Nr. 24 III/25.

3. Durch Art. 5 Abs. I VAV. sind den BFV. grundsätzlich alle Zweige der Fürsorge im Sinne der RFV. überwiesen,

a) soweit nach Reichsrecht der BFV. zuständig ist, vgl. §§ 7—15 RFV.: der BFV. ist nicht zuständig für Landesfürsorgebedürftige § 7 Abs. II, § 8 Abs. I und II; auch § 12 Abs. II, IV, V, § 13, dazu für Bayern Art. 6 Abs. I Buchst. c und d;

b) soweit nicht nach Landesrecht, nach der BAV., anders bestimmt ist. Anderen Verbänden sind nach der BAV. die Aufgaben zugewiesen nach Art. 5 Abs. II (Ortsfürsorgeverbände), nach Art. 6 Abs. I a und b. (Landesfürsorgeverbände-Kreise). Die Zuweisung der Aufgaben in Art. 6 Abs. I Buchst. c und d ist wie oben zu a ausgeführt lediglich im Vollzug des Reichsrechts erfolgt.

Die Zuweisung von Aufgaben nach Art. 7 Buchst. a—c an den Landesfürsorgeverband-Staat beschränkt die Zuständigkeit der Bezirksfürsorgeverbände nicht, da es sich hier auch bei Art. 7 Buchst. a (Forderung allgemeiner Einrichtungen), nur um eine Mitbeteiligung des Landesfürsorgeverbandes-Staat, nicht um eine ausschließliche Zuständigkeit handelt.

4. Wegen des materiellrechtlichen Inhalts der Aufgaben s. Reichsgrundsätze v. 4. 12. 25 u. 7. 9. 25 abgedr. S. 23.

5. Die landesrechtliche Zuweisung von Aufgaben an andere Verbände („soweit sie nicht in dieser Verordnung anderen Verbänden zugewiesen sind"), ändert nichts an der reichsrechtlichen Verpflichtung der Bezirksfürsorgeverbände gem. § 7 ff. RFV. Auch soweit den Landesfürsorgeverbänden die Anstaltsfürsorge nach Art. 6 Abs. I Buchst. a und b obliegt, bleibt die reichsrechtlich bestehende vorläufige und endgültige Fürsorgepflicht des BFV. bestehen (s. hierüber im einzelnen Art. 6 Anm. 5).

6. Im einzelnen sind zuständig:

die BFV. der Bezirke für Kb.- und Kh.-Fürsorge, Sozialrentner-, Kleinrentner-, Wochenfürsorge, auch die Arbeitsfürsorge für Schwerbeschädigte und Schwererwerbsbeschränkte, bei der Kb.- und Kh.-Fürsorge und der Arbeitsfürsorge für Schwerbeschädigte und Schwererwerbsbeschränkte, unbeschadet der Zuständigkeit der Kreishauptfürsorgestellen für Kb. und Kh.;

die BFV. der kreisunmittelbaren Städte für die sämtlichen vorgenannten Aufgaben, dazu für die Armenfürsorge und die Fürsorge für hilfsbedürftige Minderjährige. Auch die Aufgaben der Armenfürsorge werden von den kreisunmittelbaren Städten als Bezirksfürsorgeverbänden verwaltet. Nutz, Bl. f. d. Fürs. 1924 S. 51.

Die Fürsorge in Einzelfällen ist als besonders wichtige Aufgabe der Bezirksfürsorgeverbände beispielsweise hervorgehoben. Die Fürsorge in Einzelfällen kann in offener oder geschlossener (Anstalts-) Fürsorge bestehen. Daneben ist Sache der Fürsorgeverbände auch die Förderung von Anstalten und allgemeinen Einrichtungen. §§ 4, 32 RGr.

Zur Fürsorge in Einzelfällen gehört insbesondere die Entscheidung über Bewilligung oder Ablehnung von Fürsorgeleistungen. Das Entscheidungsrecht des BFV. ergibt sich aus der Verpflichtung zur Durchführung der Fürsorgeaufgaben. Vgl. hierzu Art. 6 Verw.VO.

Zu Abs. II

7. Im Rahmen des Abschnitts „Aufgaben der Fürsorgeverbände" Art. 5—7 kann die Bestimmung des Art. 5 Abs. II nur den Sinn haben,

die Ausscheidung der Aufgaben zwischen Orts- und Bezirksfürsorgeverbänden zu umschreiben. Eine Bestimmung materiellrechtlichen Inhalts, also über Voraussetzung, Art und Maß der Fürsorge, wie sie in Art. 9 Abs. II enthalten ist, konnte in Art. 5 Abs. II, soll nicht die gleiche Bestimmung in der BAV. wiederholt werden, hier nicht gegeben werden.

Art. 6

I. Aufgaben[1]) der Kreise[2]) [3]) sind:[4]) [5]) [6])

a)[7]) die Fürsorge[8]) für hilfsbedürftige[9]) Geisteskranke,[10]) Geistesschwache, Blöde, Epileptische, Blinde,[11]) Taubstumme,[12]) Krüppelhafte[13]) und unheilbar abschreckend oder ansteckend kranke Sieche,[14]) soweit sie der Anstaltspflege bedürfen;[15])

b) die Fürsorge[8]) für die Erziehung und Ausbildung hilfsbedürftiger[9]) blöder, blinder,[11]) taubstummer[12]) und krüppelhafter[13]) Kinder, soweit sie bildungsfähig sind und der Unterbringung in Anstalten bedürfen; [15]) [16]) [17])

c) die Übernahme und Kostenerstattung[18]) in den Fällen, in denen der Landesfürsorgeverband nach der RFV. als endgültig pflichtiger Fürsorgeverband einzutreten hat;[19]) [20])

d) die dem Lande nach § 12 Abs. II mit IV[21]) und § 13[22]) RFV. obliegende Fürsorge;[23])

e) die Gewährung von Zuschüssen an Bezirks- und Ortsfürsorgeverbände,[24]) soweit sie mit Fürsorgelasten unverhältnismäßig belastet sind.[25])

II. Die Kreise können mit Genehmigung der zuständigen Staatsministerien[26]) noch andere[27]) Aufgaben der Fürsorgeverbände übernehmen.[28])

III. Der endgültig verpflichtete[29]) Bezirks- oder Ortsfürsorgeverband[30]) hat in den Fällen des Abs. I a und b[31]) ein Fünftel und in den Fällen des Abs. II mindestens ein Viertel[32]) des Fürsorgeaufwandes dem Kreise zu ersetzen.[33]) [34])

IV. Der Staat ersetzt vier Fünftel des Fürsorgeaufwandes nach Abs. I d.

Reichsrechtliche Grundlage: § 2 Abs. I u. V.
Bisher: 32a UWG., Art. 58, 59 ArmG.
Uebergangsrecht: S. Anm. 34 u. 35.

Absatz I

1. d. h. gesetzl. Kreislasten im Sinne des Kreistagsgesetzes (früher Landratsgesetzes) vom 28. 5. 1852 i. d. F. des SVG. v. 22. 5.

19 (GVBl. S. 239), des Ges. v. 28. 3. 24 (GVBl. S. 116) und des Art. 9 Gem.W.G. v. 6. 11. 24 (GVBl. S. 211) und Kreislastenausscheidungsgesetz v. 23. 5. 1846 (Ges.Bl. 1846 S. 45), abgeändert durch das SVG. v. 22. 5. 1919 (GVBl. S. 239). Sie können daher in dem vorgeschriebenen Verfahren (staatsaufsichtl. Verfahren Art. 13 SVG.) erzwungen werden (E.VGH. v. 13. 7. 25 Nr. 24 III /25); da es sich nicht um freiwillige Leistungen handelt, vielmehr um reichsrechtlich begründete Kreislasten, gelten die Ausführungen unter Art. 5 Anmerkung 3; eine der Bestimmung des Art. 63 Arm.Ges. entsprechende Bestimmung fehlt in der BAV.; damit sollte jedoch kaum zum Ausdruck gebracht werden, daß die Bestimmung „nicht mehr gelten soll".

2. „Kreise", d. h. der Kreis als Landesfürsorgeverband, die gesetzliche Ausdrucksweise ist hier ungenau; wenn die Kreise als Kreis diese Aufgaben zu erfüllen hätten, dann kämen auch nur die allgemeinen Kreisorgane (Kreistag, Kreisausschuß) im Sinne des Kreistagsgesetzes (Landratsbeschluß) in Betracht; dies ist natürlich nicht der Fall.

Organe der Kreise als LFV. sind die Kreisfürsorgeausschüsse nach Art. 8 Verw.VO. (s. Näheres dort) ab 13. 1. 1925; bis dahin blieben die alten Landarmenräte des Armengesetzes (Art. 47 ff) aufrechterhalten.

Für die Aufgaben der Kreise auf den Gebieten der Fürsorge nach Art. I Kreislastenausscheidungsgesetz blieben nach wie vor die allgemeinen Vertretungsorgane der Kreise, d. h. Kreistag und Kreisausschuß zuständig; dies ist wichtig für die Aufgaben der Kreise als Träger allgemeiner Sanitätsanstalten, namentlich Kranken-, Gebär- und Irrenhäuser (Heil- und Pflegeanstalten), Kreisarmen- und Findelhäuser, Kreisbeschäftigungsanstalten (Art. I Ziff. 4—6 des Kreislastenausscheidungsgesetzes) s. hierher auch E.VGH. 44 S. 87 über Aufhebung von Kreisanstalten; aufsichtliche Genehmigung hierzu nicht erforderlich; aber der Kreis kann sich der Erfüllung der durch öffentlich rechtliche Vereinbarung dauernd übernommenen Verpflichtungen nicht durch einseitigen Rücktritt entschlagen.

Über die Verpflichtung der Kreise als Landesfürsorgeverbände zur Errichtung und Erhaltung der zur Durchführung der Fürsorgeaufgaben erforderlichen Anstalten und Einrichtungen s. Heß in Bayer. Gem.V.Z. 1925 Sp. 257.

3. Kreis und Landesfürsorgeverband-Kreis sind ein und dieselbe Rechtspersönlichkeit (vgl. Art. 8 Anm. 1 Verw.VO.).

4. Die Aufgaben sind erschöpfend aufgezählt, sie können als Pflichtaufgaben nicht erweitert werden.

Die Wandererfürsorge mit aufzunehmen war bei den Vorverhandlungen beabsichtigt, dies ist aber unterblieben.

Die Wandererfürsorge obliegt:

a) reichsrechtlich in Anwendung der Bestimmung hiebei § 28 UWG. jetzt § 7 Abs. I RFV., grundsätzlich dem Ortsarmenverband, Ortsfürsorgeverband des Aufenthaltsorts als gesetzliche Pflichtleistung mit Rückersatzpflicht des endgültig verpflichteten OAV., OFV.

b) nach bayerischem Landesrecht (Art. 65, 67, 69 Arm.-Ges.) ist die Wandererfürsorge unter Loslösung von der Armenpflege eine freiwillige, nicht als gesetzliche Distriktslast erklärte Aufgabe der Distriktsgemeinden (jetzt der Bezirke). Art. 67 Arm.-Ges. nennt ausdrücklich nicht die Aufgabe des Art. 67 Abs. I Ziff. 4 Arm.Ges., sondern nur die Aufgaben unter Ziff. 1—3. Unter diese freiwilligen Aufgaben der Bezirke als Bezirke (nicht als Bezirksfürsorgeverbände!) fällt sowohl die Einzelfürsorge für den einzelnen Wanderer (Einzelunterstützung), Arbeitsvermittlung, Gewährung von Obdach und Beköstigung gegen Arbeitsleistung, als auch die Schaffung besonderer Einrichtungen und Anstalten der Wandererfürsorge, insbesondere der Wandererherbergen (Naturalverpflegsstationen) und Wandererarbeitsstätten; sind solche Anstalten und Einrichtungen als Dauereinrichtungen einmal durch gesetzmäßigen Beschluß der Organe des Bezirks geschaffen, so ist ihre Aufrechterhaltung und Unterhaltung eine gesetzliche Distriktslast (Art. 27 Distr.Ges. EVGH. 14 S. 26). An diesem Rechtszustand ist, da das Armengesetz, insbes. Art. 65 ff. nicht aufgehoben wurde, insoweit nichts geändert (Min.E. v. 2. 7. 25 Nr. 4 110 d 100/25 betr. Vollzug der RFV., hier die Bezirksfürsorgeverbände in der Pfalz) als er nicht den Bestimmungen der RFV. oder anderen reichsrechtlichen Bestimmungen widerspricht.

Bei der künftigen gesetzlichen Regelung der Wandererfürsorge werden die Aufgaben als Pflichtaufgaben den Fürsorgeverbänden (BFV., LFV.) zu übertragen sein.

Nach § 2 Arb.N.G. kann der Reichsarbeitsminister weitere Aufgaben zur Regelung des Arbeitsmarktes, insbes. Mitarbeit auf dem Gebiete der Wandererfürsorge den öffentlichen Arbeitsnachweisen übertragen. Er kann nach § 59 daselbst Bestimmungen zur Ausführung dieses Gesetzes erlassen, insbesondere Vorschriften über die Zusammenarbeit der Arbeitsnachweisämter mit den Stellen, die für die Durchführung der Wandererfürsorge zuständig sind. Eine Übertragung nach § 2 der allgemeinen Ausführungsbestimmungen nach § 59 sind für die Wandererfürsorge bisher nicht erfolgt.

Da die RFV. nicht über die Wandererfürsorge im besonderen bestimmt, kommt wieder für die Einzelfürsorge lediglich der dem § 28 UWG. entsprechende § 7 Abs. I RFV. wegen der vorläufigen Verpflichtung in Frage; da die „Wanderer" meist keinen „gewöhnlichen Aufenthalt" haben, sind sie regelmäßig landesfürsorgebedürftig, sodaß jeweils der Landesfürsorgeverband des jeweiligen Unterstützungsorts endgültig fürsorgepflichtig ist. Der Rückersatzanspruch ist jedoch meist infolge der Bestimmung in § 16 III (Ausschluß der Ersatzansprüche unter 10 M.) ausgeschlossen.

Soweit Wandererherbergen usw. von privaten Rechtsträgern (insbesondere Vereinen) unterhalten werden, können die der Herberge im Einzelfall entstehenden Kosten nur nach Maßgabe der Bestimmung in Art. 14 Arm.Ges. (noch aufrechterhalten, E.VGH. v. 13. 7. u. 21. 9. 1925 Nr. 16 u. 45 III/25) oder, falls zwischen dem privaten Rechtsträger und dem Armenverband ein Abkommen im Sinne des Art. 5 Arm.Ges. (jetzt § 5 Abs. 1 und 2 RFV.) abgeschlossen ist, dem Abkommen entsprechend (gegebenenfalls durch Zivilklage) ersetzt verlangt werden.

Über die Fragen der Wandererfürsorge s. insbes. Diefenbach, Reichsarmengesetz S. 305—320; R.D. 1925 S. 264; Hartmann, RABl. 1925, nicht-amtlicher Teil S. 86, Hartmann, Schriften des Deutschen Vereins für öff. u. pr. Fürsorge 1925 Heft 3; Lemmermann, kirchliche Wandererfürsorge, evang. Wohlfahrtsdienst, Heft 8; Wichernverlag Berlin-Dahlem.

Die amtlichen Verhandlungen über ein Reichswandererarbeitsstättengesetz sind bis jetzt in den Anfängen stecken geblieben. Rege Verhandlungen der Verbände — Gesamtverband deutscher Verpflegsstationen, Zentralvorstand deutscher Arbeiterkolonien — haben zu einem privaten Entwurf, bearbeitet von Frh. von Welck, geführt. Abgedr. Nachrichtendienst 1925, S. 435.

5. Die Rechtsstellung der Kreise als Landesfürsorgeverbände (-Kreise) zu den Bezirksfürsorgeverbänden:

I. Bisherige Rechtsstellung der Landarmenverbände.

A) Wenn kraft Reichsrechts (UWG.) endgültig die Armenfürsorge von keinem OAV. zu tragen ist, also bei Landarmen (§ 5), hat der Landarmenverband die Eigenschaft des endgültig hilfspflichtigen Armenverbandes, tritt voll und ganz an die Stelle des OAV. (Pöll Art. 58 Anm. 11) unmittelbare Fürsorgepflicht des Landarmenverbandes, der sich aber zur Ausübung gemäß Art. 56 Arm.Ges. § 8 UWG. der Ortsarmenverbände als seiner Geschäftsstellen bedienen kann.

B) Nicht dagegen hat der Landarmenverband diese Eigenschaft bei landesrechtlich im Vollzug der §§ 8, 32a und 59 UWG. übertragenen Aufgaben, bei der sogenannten „außerordentlichen Armenpflege" (Pöll Art. 58 Anm. 2), der geschlossenen Armenpflege (Anstaltspflege); für diese gilt nach Schrifttum und Rechtsprechung folgendes:

1. Vor Aufnahme in die Anstalt des LAV., also vor vollzogener Übernahme des Hilfsbedürftigen in die eigene Fürsorge des LAV., bleibt die Verpflichtung des vorläufigen OAV. und des OAV. des Unterstützungswohnsitzes nach §§ 28—30 UWG. unberührt bestehen; der Landarmenverband hat hier nicht die Stellung des endgültig verpflichteten Armenverbandes, er hat nur eine Verpflichtung zur Beteiligung an den nach reichsgesetzlicher Bestimmung (§§ 28—30) den Ortsarmenverbänden obliegenden Leistungen (E.VGH. 40 S. 54). Es handelt sich dabei nach den Gesetzgebungsverhandlungen um eine mittelbare, durch Übernahme eines Teiles der Armenpflege erfolgende „Beihilfegewährung" im Sinne des § 8 UWG. (s. E. 44 S. 39). Auch nach § 32a UWG. („soweit") hat der Landarmenverband nur insoweit die Rechte und Pflichten des OAV., als dies landesrechtlich bestimmt ist; der Umfang der Rechte und Pflichten bestimmt sich also ausschließlich nach der Landesgesetzgebung (Pöll § 32a Anm. 2), insbes. Beginn (Hilfsbedürftigkeit, Notwendigkeit und Anstaltspflege und Kenntnis des LAV.) und Voraussetzung der Fürsorgepflicht (Pöll Art. 58 Anm. 4, 5 und 6).

Die Verpflichtung eines LAV. zur Übernahme der Fürsorge für einen anstaltspflegebedürftigen Gebrechlichen beginnt erst mit dem Zeitpunkt, in welchem der mit den erforderlichen Nachweisen belegte Übernahmeantrag des vorläufig zur Fürsorge verpflichteten OAV. beim Landarmenverband einläuft, E.VGH. 38 S. 149 = Reger 37 S. 306, 40 S. 52; E. v. 18. 2. 24 bayer. Gem.V.Z. 1924 Sp. 631 unten. Erfolgt die Übernahme durch den LAV. ohne einen solchen Antrag des OAV., so liegt eine freiwillige, eine Ersatzpflicht des OAV. nicht begründende Fürsorgeübernahme vor; eine Ersatzpflicht kommt hier nur im Rahmen des Art. 58 III Arm.Ges. in Frage (E.VGH. v. 18. 2. 24, bayer. Gem.V.Z. 1924 Sp. 632). Die Stellung eines Übernahmeantrages durch Dritte z. B. die Verwaltung der Anstalt wirkt für und gegen den OAV. nur, wenn sie klar und einwandfrei im Namen und Auftrag des OAV. erfolgt (Ersatzanmeldung), E.VGH. v. 18. 2. 24 a. a. O.

Die Verpflichtung des OAV. zur Anmeldung des Unterstützungsfalles gegenüber dem LAV. als Voraussetzung der Erhebung von Ersatzansprüchen folgt schon aus dem entsprechend auch hier anwendbaren Grundsatz „in praeteritum non vivitur“ (E.VGH. 38 S. 149); keine Anwendbarkeit der §§ 14 und 18 RFV. auf das Verhältnis zwischen endgültig verpflichteten BFV. (Art. 6 Abs. III BAV.) und dem LFV. (Bl. f. öfftl. Fürs. 1925 S. 41).

Die Verbindlichkeiten des OAV. bleiben reichsgesetzlich bestehen, insbesondere die des reichsgesetzlich endgültig verpflichteten OAV. (Pöll Art. 58 Anm. 10).

Die Bestimmungen über die außerordentliche Armenpflege haben Geltung im Bereich des Bundesstaats, für den sie erlassen sind (Pöll § 32a Anm. 3 und Art. 58 Anm. 10), die Bestimmung des Art. 58, also nur Geltung als Verpflichtung der bayerischen Landarmenverbände gegenüber bayerischen OAV., nicht aber gegenüber einem außerbayerischen OAV. des Unterstützungswohnsitzes. Außerbayerische Fürsorgeverbände können nur den nach der RFV. endgültig verpflichteten Bezirksfürsorgeverband in Anspruch nehmen, nicht den LFV., der nur nach bayerischem Landesrecht dem BFV. gegenüber zur Übernahme der Fürsorge für Anstaltspflegebedürftige verpflichtet ist (vgl. E.BAH. v. 14. 3. 25 Bremen—Hannover) (vgl. im einzelnen Pöll Art. 58 Anm. 10).

Die Fürsorgepflicht des LAV. nach Art. 58 besteht nur als Verpflichtung gegenüber den Ortsarmenverbänden, nicht aber gegenüber dem Hilfsbedürftigen (E.VGH. 38 S. 153 und 40 S. 52, ferner E.VGH. in Bayer. Gem.V.Z. 1924 Sp. 632). Die OAV. bleiben in diesem Falle gegebenenfalls auch die endgültig verpflichteten Fürsorgeverbände (E.VGH. 40 S. 54); der Landarmenverband tritt also primär in keine Rechtsbeziehungen zum hilfsbedürftigen Nichtlandarmen, solange er nicht in seine Anstalt aufgenommen ist.

Bis zur Übernahme durch den LFV. verbleibt die Fürsorge dem vorläufig fürsorgepflichtigen BFV., der sich an dem endgültig fürsorgepflichtigen BFV. schadlos halten, aber auch die Übernahme der Anstaltspflege von dem endgültig fürsorgepflichtigen LFV. verlangen kann. Dieser kann seinen Erstattungsanspruch gegen denselben LFV. richten, dem der endgültig fürsorgepflichtige BFV. angehört, kann aber auch von letzterem BFV. selbst Erstattung fordern; dagegen ist ein Anspruch auf Übernahme eines Kranken in die eigene Fürsorge eines BFV. nur im Rahmen des Art. 56 Arm.Ges. zulässig.

II. Derzeitige Stellung des Kreises als LFV.

Die Ausführungen unter I gelten entsprechend vom LFV. gegenüber dem BFV. (OFV.) und dem Hilfsbedürftigen. An die Stelle des OAV. tritt der BFV. (OFV.).

Die Grundgedanken des Art. 58 Arm.Ges. gelten also auch für Art. 6 BAV., insbesondere in folgender Richtung:

a) Art. 6 hat nur Bedeutung im Bereich Bayerns, er begründet keine Verpflichtung bayerischer LFV. gegenüber außerbayerischen BFV., s. im Einzelnen Pöll Art. 58 Anm. 10;

b) die Verpflichtung des LFV. besteht nur im Innenverhältnis gegenüber dem BFV. (OFV.), zur Abnahme des Hilfsbedürftigen.

Fraglich ist aber, welche Bedeutung das Fehlen des § 32a UWG. im neuen Recht hat, ferner ob Art. 6 Buchst. a und b erst auf der Grundlage des § 2 Abs. V RFV. oder etwa schon auf der Grundlage des § 2 Abs. I RFV. zulässig ist.

Für Preußen ähnliche Vorschrift wie Art. 58 Arm.Ges. im § 6 der preuß. Ausf.VO. v. 13. 2. 24 u. 17. 4. 24; s. dazu Baath, Anm. 2 zu § 6 preuß. Ausf.VO.

6. Örtliche Zuständigkeit der Kreise: In der BAV. ist hierüber nichts bestimmt. Art. 58 Abs. II Arm.Ges. ist nicht übernommen worden, ist aber entsprechend auch jetzt anzuwenden.

Absatz I Buchst. a und b

7. Die Bestimmungen sind wörtlich dem Art. 58 Abs. I Ziff. 1 und 2 nachgebildet. „Die Staatsministerien des Innern und für Soziale Fürsorge sind bei Abfassung des Art. 6a und b davon ausgegangen, daß für die Fürsorgepflichtigen der Kreis als LFV. und für deren Verhältnis zu den BFV. hinsichtlich der Anstaltspflege die in der Rechtsprechung des VGH. zur Auslegung des Art. 58 Arm.Ges. entwickelten Grundsätze unverändert maßgebend bleiben sollen." In Min.E. v. 3. 4. 25 Nr. 4110 d 28.

8. Der Personenkreis der Fürsorgebedürftigen ist in Art. 6 nicht eingeschränkt, es fallen daher, wie sich zweifellos aus den Vorverhandlungen zu Art. 8 ergibt, alle Personengruppen des § 1 Abs. I und II RFV. unter Art. 6, insbesondere also auch Kb. und Kh. (für diese s. auch § 28 Abs. II u. III R.Gr, § 4 Abs. IV RVG. über Siechenfürsorge für Kb. als Kannleistung der Reichsversorgung, früher nur Soziale Fürsorge: Ziffer 12c Zuständigkeitsgrundsätze vom 6. u. 10. 12. 1919; Ziffer 4 der Leitsätze für die Versorgungsheilbehandlung

vom 6. 5. 21), Kleinrentner, Sozialrentner (richtig Hilble Bl. f. öfftl. Fürs. 1924 S. 151); für sie alle hat der Kreis als Landesfürsorgeverband die Kosten zu tragen, soweit Anstaltspflegebedürftigkeit vorliegt. Soweit bisher bei diesen Personengruppen — ob mit Recht oder Unrecht mag hier dahingestellt bleiben — die Armenfürsorge statt der Sonderfürsorge eingetreten ist, geht ab 1. 4. 24 die Verpflichtung auf den Kreis als Landesfürsorgeverband über mit der Wirkung, daß der Bezirksfürsorgeverband 1/5 die Kosten zurückzuersetzen hat (Abs. III), ebenso ein autogr. E. d. St.Min. f. soz. Fürs. v. 3. 10. 24 Nr. 2750/383; ebenso auch VGH. 20. 10. u. 22. 12. 24 Nr. 33. III. 24.

„Fürsorge" in Buchstabe a und b ist nicht gleichbedeutend mit endgültiger Fürsorgepflicht, sondern bedeutet die internrechtliche Verpflichtung des Kreises, die dem endgültig pflichtigen Bezirks- (Orts-) Fürsorgeverband — dessen endgültige Pflicht an sich unberührt bleibt — obliegende Fürsorgepflicht diesem im Innenverhältnis abzunehmen. Nicht aber tritt der LAV. (LFV.) ohne weiteres in Bayern an die Stelle des OAV. (BFV.) (Vgl. über die Regelung in Preußen, Baath. Anm. 2 zu § 6 Preuß. Ausf.VO.; E.BAH. v. 11. 10. 24 Nr. Br.L. 125; abgedr. „Die Fürsorge" 1924 S. 169).

Fraglich ist, ob diese Abnahme der Fürsorgepflicht nur in der Form des Kostenersatzes oder auch in der Form der Verpflichtung zur Übernahme erfolgt, ob also die Pflicht des Kreises als Landesfürsorgeverband nach Buchst. a und b die beiden Seiten der Pflichten des endgültig pflichtigen Fürsorgeverbandes (Kostenersatz und Übernahme) (§ 14 RFV.) umfaßt, und ob demgemäß umgekehrt der vorläufig unterstützende (Orts-) Bezirksfürsorgeverband gegen den Kreislandesfürsorgeverband einen Rechtsanspruch auf Übernahme und Kostenerstattung hat.

Hier ist einschlägig:

a) E.BAH. v. 11. 10. 24 D. Jur.Z. 1925 Sp. 586: Nur der vorläufig verpflichtete Fürsorgeverband hat Anspruch auf Kostenersatz und Übernahme; vgl. auch E.VGH. v. 6. 4. 25 Nr. 27/III24: „Der Übernahmeantrag kann nur vom vorläufig verpflichteten Verband gestellt werden"; ist endgültig fürsorgepflichtig der LFV., so hat der BFV. keinen Anspruch auf Übernahme in eigener Fürsorge; der BFV. muß vielmehr in diesem Fall dulden, daß der Hilfsbedürftige auf Kosten des LFV. in seinem Bezirk verbleibt.

Über das Recht des endgültig verpflichteten LFV., den BFV. (OFV.) mit der Fürsorge zu betrauen, s. für Bayern Art. 56 Arm. Ges., und Art. 8 und 9 BAV.

b) § 14 RFV. (Übernahmepflicht) kommt für den Kreis als Träger der sogenannten geschlossenen Armenpflege nach Art. 6 Abs. I Buchst. a und b nicht in Betracht, weil der LFV. hier nicht endgültig verpflichteter Fürsorgeverband im Sinne des Reichsrechts ist (Gegensatz s. folgende Bemerkung c).

c) E.BAH. v. 11. 10. 24 für einen Fall der Landesfürsorgebedürftigkeit im Sinne des § 7 Abs. II Halbs. 2 RFV., Art. 6 Abs. I Buchst. c s. unten Anm. 20.

9. Begriff hilfsbedürftig s. RGr. §§ 5 ff. Das Wort ist hier in derselben Bedeutung wie auch in § 7 RFV. gebraucht.

Das Komma nach „Hilfsbedürftiger" (beim Abdruck im Staatsanzeiger Nr. 74) ist Redaktionsversehen, es gehört weg (vgl. Art. 58 Arm.Ges.); die Kreise haben also nicht für alle Hilfsbedürftigen zu sorgen.

10. Über geisteskrank gewordene Sträflinge s. Pöll S. 531, 235, 285; nur während der Inhaftierung obliegt die Fürsorge dem Strafvollzug nicht aber nachher, E.VGH., Gem.V.Z. 124 Sp. 179; ERG. Ziv. 89 S. 92 ff., E. Reger 37, S. 349 u. 371.

Die Kosten für die gemäß Art. 80 P. St.G.B. eingeschafften Geisteskranken sind Armenfürsorgekosten und treffen den LFV.; eine Nachprüfung der Anstaltspflegebedürftigkeit ist im fürsorgerechtlichen Verfahren nicht zulässig, E.VGH. 42 S. 79, 44 S. 101 (a. A. in ständiger Rechtsprechung Bundesamt für Heimatwesen); allerdings wird der VGH. seine Auffassung mit Rücksicht auf die durch § 6 RFV. geänderte Rechtslage, derzufolge das Reich über Voraussetzung, Art und Maß der Fürsorge Grundsätze aufstellt und insbesondere den Begriff der Hilfsbedürftigkeit entgegen dem UWG. nicht mehr ausschließlich dem Landesrecht überläßt, neuerdings nachzuprüfen haben.

11. Kriegs- und Friedensblinde. Für Kriegsblinde vgl. Art. 7 Buchst. b mit Anmerkungen.

Blind = erlöschen der Sehkraft auf beiden Augen, E.VGH. v. 20. 6. 25 Nr. 8 III/25.

12. Taubstumm: Es genügt nicht bloß starke Schwerhörigkeit und daher schweres sich verständlich machen können, E.VGH. v. 30. 6. 25 Nr. 8 III 25.

13. Von neueren Abhandlungen über Jugendkrüppelausbildung s. Heuler: „Über die Berufsausbildung jugendlicher Krüppelhafter". Schwarz, rechtliche Fürsorge für die von Jugend an Gebrechlichen s. Anm. 17.

Krüppelhaft = Fehlen eines bedeutsamen Körperteils oder doch Vorliegen einer diesem Mangel gleichkommenden Gebrauchsbehinderung infolge eingetretener Verunstaltung, E.VGH. v. 30. 6. 25 Nr. 8 III. 25.

14. Die Siechen, wenn sie gleichzeitig die Voraussetzung der Unheilbarkeit und der abschreckenden Krankheit oder der ansteckenden Krankheit erfüllen, sind eine besondere Gruppe von Hilfsbedürftigen im Sinne dieser Ziffer; Altersgebrechlichkeit allein reicht nicht aus. E.VGH. v. 30. 6. 25 Nr. 8 III. 25.

15. „bedürfen": Es genügt nicht, daß die Anstaltspflege bloß wünschenswert ist. E.VGH. v. 30. 6. 25 Nr. 8 III 25. Der Umfang der Fürsorge nach Buchst. a deckt sich mit dem Umfang nach Art. 58 Arm.G.; s. § 46 Abs. 2 Vollz.Anw. z. Arm.G.; darnach gehören nur die Kosten der Anstaltspflege selbst, nicht aber die Kosten der Einschaffung in die Anstalt oder die Beerdigungskosten hierher.

Die Notwendigkeit einer Anstaltspflege wird unter Umständen aus § 6 e R.Gr. hergeleitet werden können, soweit Blinden, Taubstummen, Krüppelhaften nur hierdurch Erwerbsbefähigung ermöglicht werden kann. Eine Anpassung der bayer. Ausf.VO. an § 6 e R.Gr. ist noch nicht erfolgt. Für Preußen vgl. Wittelshöfer, Zeitschrift f. d. Heimatwesen 1925 Sp. 549.

16. Verhältnis dieser Bestimmung zu den Bestimmungen über „Fürsorge für hilfsbedürftige Minderjährige" (§ 1 Abs. I Buchst. e) insbes. zu Art. 9 II s. Anm. 3 b zu Art. 9.

17. Eine Nachprüfung, ob Anstaltspflegebedürftigkeit vorliegt, ist nicht zulässig, wenn bereits rechtskräftig im polizeilichen Zwangseinschaffungsverfahren nach Art. 80 PStGB. die Anstaltspflegebedürftigkeit festgestellt ist. E. 42 S. 79.

Literatur über Gebrechlichkeitsfürsorge s. Schwarz „rechtliche Fürsorge für die von Jugend an körperlich Gebrechlichen", München-Leipzig, Verlag von Dunker u. Humblot 1915; über Abnormenfürsorge, insbes. Krüppelfürsorge s. den Bericht über den 8. Kongreß der deutschen Vereinigung für Krüppelfürsorge vom 30. 6. und 1. 7. 1924, Caritas 1925 S. 33.

Absatz I Buchst. c

18. überhaupt die endgültige Fürsorgepflicht im Sinne des § 14 RFV.

19. Nämlich im Fall § 7 Abs. II Halbs. 2 (Landesfürsorgebedürftige) und § 8 Abs. I u. II (unehel. Kinder) RFV.

Verhältnis dieser Bestimmung zu Art. 2 s. dort Anm. 1. Der Buchst. c begründet entsprechend bisher § 30 Buchst. b und 31 UWG. (Verpflichtung des Landarmenverbandes) die Verpflichtung der Kreise zur Übernahme und Kostenerstattung bei „Landesfürsorgebedürftigen", also eine endgültige Fürsorgepflicht als Landesfürsorgeverband (abweichend die Rechtstellung des Kreises nach Buchst. a u. b s. Anm. 5). Eine vorläufige Verpflichtung der Kreise, insbesondere als Pflicht gegenüber dem Hilfsbedürftigen besteht nie, s. oben Anmerkung 5.

Hier einschlägig E.BAH. v. 11. 10. 24, Bd. 60 S. 45:

a) der Kreis (LFV.) kann einen ihm selbst endgültig zur Last fallenden Hilfsbedürftigen in jedem ihm passend erscheinenden Ort seines Bezirks unterbringen.

b) Der BFV. hat den auf Kosten des Kreises (LFV.) in dem Bezirk des BFV. untergebrachten Hilfsbedürftigen zu dulden; der BFV. hat nicht das Recht, die Übernahme in die eigene Fürsorge, d. h. die Entfernung aus seinem Bezirk, zu fordern.

c) Soweit der BFV. in diesem Fall Unterstützung leistet, sei es als vorläufig verpflichteter Fürsorgeverband oder kraft besonderen Auftrags, hat er Anspruch auf Kostenersatz.

20. Anwendung des § 14 RFV. auf Landesfürsorgebedürftige: s. E.BAH. v. 11. 10. 24 Nr. Br. L. 140 24 abgedr. Fürs. 1924 S. 170 s. auch E.BAH. 49 S. 120 in erster Linie für § 34 preuß. A.G. UWG. entsprechend Bayern Art. 36 Arm.Ges.

Ist endgültig fürsorgepflichtig im Sinne des § 14 RFV. ein Landesfürsorgeverband (§ 7 Abs. II Halbs. 2 RFV., s. Art. 6 Abs. I Buchst. c BAV.) so kann, wie nach bisherigem Recht, so auch jetzt der vorläufig verpflichtete BFV. auf jeden Fall dann nicht vom LFV. Übernahme verlangen, wenn der LFV. den Hilfsbedürftigen dem BFV. gemäß Art. 56 Arm.Ges. (§ 34 preuß. AG. UWG.) überwiesen hat; Art. 56 a. a. O. gilt noch gem. Art. 9 BAV.; der BFV. kann aber auch, wenn keine solche Vereinbarung (Überweisung) erfolgt ist, die Übernahme nicht verlangen.

Dieser Auffassung ist zuzustimmen.

Dem Recht des LFV., einem ihm endgültig zur Last fallenden Hilfsbedürftigen an einen beliebigen Ort seines Bezirks auf seine Kosten unterzubringen, entspricht die Pflicht des BFV., einen solchen Hilfsbedürftigen in seinem Bezirk zu dulden. Da kein Übernahmeanspruch vorliegt, kann auch die armenrechtliche Wegweisung nach § 30 RFV. nicht erfolgen.

Der Kostenersatzanspruch bleibt dem vorläufig oder nach Art. 56 Arm.Ges. als beauftragtem hilfeleistenden BFV. (OFV.) natürlich gewahrt.

Absatz I Buchst. d

21. Heimkehrende Deutsche und staatenlose ehemalige Deutsche, bisher Art. 61 Arm.Ges.

Art. 6 Buchst. d hat ausdrücklich nur die Abs. II und IV des § 12 aufgeführt; aber auch zu Abs. V wird der Kreis als Landesfürsorgeverband vorschußpflichtig sein.

Welcher Kreis örtlich zuständig ist, ist nicht geregelt. Die Lücke kann durch Auslegung nicht ausgefüllt werden. Demzufolge sind die Landesfürsorgeverbände in Bayern übereingekommen, bis zur Schaffung der fehlenden Zuständigkeitsbestimmung im AG. RFV. sich über die Zuständigkeit gütlich in jedem einzelnen Fall zu einigen; dabei wird als Grundsatz aufgestellt, daß nach dem Muster des § 4 der preußischen Ausf.VO. v. 17. 4. 24 in erster Linie derjenige Kreis, Landesfürsorgeverband, als endgültig fürsorgepflichtig in Betracht kommt, in dessen Bezirk der Hilfsbedürftige mit bayerischer Staatsangehörigkeit geboren ist.

Über endgültige Fürsorgepflicht für ehemalige Lagerflüchtlinge und den Ausschluß eines Ersatzanspruchs gegen den bayerischen Staat (Art. 61 bayer. Arm.Ges. § 12, 13, 36 III RFV., §§ 1, 2, 11, 14 Abs. II der VO. über Auflösung der Flüchtlingslager v. 17. 12. 23 RGBl. I S. 1202, s. E. BGH. v. 19. 10. 25 Nr. 47 III/25, abgedr. „bayer. Bürgermeister" 1925 S. 262; s. auch Anm. 12 zu § 42 der Dritten Steuernotverordnung, oben S. 50.

22. D. i. für Ausländer.

Das Saargebiet ist nicht Ausland. Über die fürsorgerechtl. Beziehungen zum Saargebiet s. Gerlach in „Die Wohlfahrtspflege in der Rheinprovinz" 1926 Nr. 4.

23. Diese endgültige Fürsorgepflicht des Kreises ist hinsichtlich der rechtl. Stellung des Kreises gleichbedeutend mit seiner endgültigen Fürsorgepflicht nach Buchst. c; s. hierüber Anm. 20. Über die Beschränkung der endgültigen Fürsorgepflicht des Kreises nach § 13 auf Kostenersatz unter Ausschluß der Übernahmepflicht gilt folgendes:

Dem klaren Wortlaut der Gesetzesbestimmung (§ 13 S. 2 RFV.: „Das Land hat die Kosten zu ersetzen") ist zu entnehmen, daß nur die eine Seite der endgültigen Fürsorgepflicht, nämlich die Kostenersatzpflicht, nicht aber die Übernahmepflicht (§ 14) dem Land auferlegt ist. Da Gesetzesauslegung nicht zur Gesetzesänderung führen darf, muß angenommen werden, daß nur die Kostenersatzpflicht dem Land obliegt (a. A. Wölz, Ruppert, Richter Seite 62). Der bisherige

Rechtszustand, der auch die Übernahmepflicht des Bundesstaates aussprach (§ 60 S. 2 UWG.) ist somit kraft ausdrücklicher Gesetzesbestimmung geändert; ob diese Änderung zweckmäßig war, ist eine andere Frage: auch ob sie gewollt war, ist zweifelhaft. Aber bei dem klaren Wortlaut ist eine „Auslegung" eben nicht möglich. Die Wirkung dieser Auffassung ist, daß nur eine beschränkte, endgültige Fürsorgepflicht des Landes in Bezug auf Ausländer besteht, daß eine Übernahmepflicht nicht besteht und daher der vorläufig verpflichtete Verband teilweise zugleich endgültig fürsorgepflichtig ist, insoferne er keinen Übernahmeanspruch geltend machen kann.

Die Bestimmungen über den endgültig pflichtigen Fürsorgeverband in §§ 7, 8, 9, 11 finden auf Ausländer keine Anwendung (für § 11 vgl. dort Anm. 2).

Absatz I Buchst. e

24. Diese können an sich auch vom Staat Zuschüsse nach Art. 7 Buchst. d erhalten (s. hierüber Abs. 6 zu Art. 7); doch wird entsprechend der bisherigen Regelung der Art. 59 und 64 Arm.Ges. für die Fürsorge, vorbehaltlich der Sonderfürsorge für Kb. und Kh., daran festzuhalten sein, daß überbürdete Fürsorgeverbände regelmäßig von den Kreisen und die Kreise als Landesfürsorgeverbände vom Staat Zuschüsse erhalten (Min.E. v. 4. 7. 25 Nr. 4097a 10, dann (mit kurzen Richtlinien), Inn. Min.E. v. 3. 2. 26 Nr. 4097a 7, SozialMin.E. v. 15. 2. 26 Nr. 2750d 7.

25. Hier handelt es sich um in das pflichtgemäße Ermessen des Kreises gestellte Zuschußleistungen; die Bezirks- und Ortsfürsorgeverbände haben keinen verwaltungsrechtlich geschützten Rechtsanspruch auf die Zuschüsse; die Rechtslage wird in entsprechender Anwendung der Bestimmungen in Art. 59 Arm.Ges. die sein, daß im staatsaufsichtlichen Verfahren (Fragen des Verwaltungsermessens; s. Pöll Art. 59 Anmerkung 6) über die Zuschußverpflichtung der Kreises zu entscheiden ist.

Absatz II

26. d. i. der Staatsministerien des Innern und für Soziale Fürsorge.

27. Hierher gehört insbes. die Erwerbsbefähigung und orthop. Versorgung Krüppelhafter in öffentlicher Fürsorge, wie sie die Landarmenverbände als freiwillige Leistungen schon bisher teilweise übernommen hatten.

28. Soweit sie schon bisher freiwillige Aufgaben übernommen haben (bes. Anstaltsfürsorge in Erweiterung des Art. 58 Ziff. 1 Arm. Ges., ohne daß die dortigen Voraussetzungen alle vorliegen) sowie Heilfürsorge für Krüppelhafte, werden diese Verpflichtungen der Kreise fortbestehen. Die rechtliche Konstruktion ist schwierig; da die Landesfürsorgeverbände und die Landarmenverbände dieselben Rechtssubjekte, nur mit verschiedenen Verwaltungsorganen sind, wird aber unter Berücksichtigung des bei der Schaffung der VAV. zugrundeliegenden Grundgedankens der möglichsten Aufrechterhaltung des bisherigen Zustandes die weiter dauernde Verpflichtung des Kreises begründet sein. Jedenfalls erweist es sich als zweckmäßig, neue Ausdehnungsbe-

schlüsse zu fassen, so die mit Min.E. v. 19. 9. 25 Nr. 4082 a 26 genehmigten Beschlüsse des Landesfürsorgeverbands Oberbayern.

Absatz III

29. Aus diesem Wortlaut ergibt sich, daß trotz der Verpflichtung des LFV. doch der BFV. (OFV.) endgültig fürsorgepflichtiger Verband im Sinne der RFV. auch nach Art. 6 BAV. bleibt, wie dies schon bisher im Falle des § 32 a UWG., Art. 58 Arm.Ges. der Fall war, s. oben Anm. 5.

30. Der Ortsfürsorgeverband ist verpflichtet, falls es sich um Einweisung auf Kosten der Armenfürsorge handelt; bei den übrigen Fürsorgebedürftigen (§ 1 I RFV.) dagegen die Bez.Fürs.Verbände (Art. 3): daher stets festzustellen, welchen Charakter die Fürsorgeleistung hat. Im Streitfall sind im verwaltungsrechtlichen Verfahren unter Umständen 3 Beteiligte: Ortsfürsorgeverbände, Bezirksfürsorgeverbände, Kreislandesfürsorgeverbände möglich.

31. Nicht aber in Fällen Buchst. c) und d), da hier der Landesfürsorgeverband selbst endgültig fürsorgepflichtig ist.

32. Ein Viertel hat der BFV. (OFV.) nur dann zu ersetzen, wenn es sich um eine allgemeine, mit Genehmigung des zuständigen Ministeriums übernommene Fürsorgeaufgabe handelt, nicht also dann, wenn im Einzelfall der Kreis als LFV. freiwillig oder z. B. irrtümlich über die Pflichtaufgaben hinaus eine Fürsorgeleistung übernimmt (Fleischmann-Jäger § 2 Anm. 5). In den Fällen der freiwilligen Ausdehnung der Fürsorge des Kreises im Einzelfall ist es jedoch zulässig, mit dem BFV. (OFV.) dessen Beteiligung an der Kostenaufbringung zu vereinbaren. Eine solche Vereinbarung verstößt nicht gegen zwingende Vorschriften der RFV. oder der Reichsgrundsätze, da ja in § 35 R.Grunds. ausdrücklich die Erweiterung der Fürsorgeleistungen des Fürsorgeverbandes zugelassen ist und in Bayern landesrechtlich bis jetzt kein Verbot dieser Ausdehnungsbeschlüsse der Fürsorgeverbände ergangen ist.

33. Streitfall: § 29 RFV., § 37 I UWG.; Art. 8 II BAV., Art. 72 Arm.Ges., Art. 10 Ziff. 5 VGG.:

1. Instanz Bez.Verw.Beh. Regierungssenat. 2. Instanz VGH. s. im einzelnen Art. 8 Anm. S. 125 ff.

Die Übergangsbestimmung des § 36 II RFV. ist auf das Ersatzstreitverfahren nicht anwendbar, weil sich § 36 Abs. II nur auf Streitfälle zwischen vorläufig und endgültig verpflichteten FV., nicht aber auf Streitfälle zwischen zwei endgültig, jedoch landesrechtlich nur anteilsmäßig verpflichteten FV. bezieht; in diesem Fall ist also für Ersatzansprüche für die Zeit vor dem 1. 4. 24 noch das bisherige Recht (Art. 58 IV Arm.Ges. anzuwenden. E. VGH. v. 7. 7. 24 Nr. 122 III 23, bayer. Gem.V.Z. 1925 Sp. 274).

Unzulässig ist der Einwand des OFV., der Landesfürsorgeverband hätte gemäß § 62 UWG., 21 II RFV. gegen die verpflegende Anstalt einen Anspruch auf Kostenübernahme gemäß einem Einkaufsvertrag; der OFV. ist endgültig verpflichtet und muß $^{1}/_{5}$ zahlen, kann aber seinerseits nach den angegebenen Bestimmungen den Ersatz seiner Auslagen von der Anstalt im Prozeßweg verlangen, E. VGH. a. a. O.

Der Rückersatzanspruch nach Abs. III stellt nicht eine Ersatzforderung im Sinne der §§ 14, 18 RFV. dar, denn im Fall des Abs. III handelt es sich ja um Ersatzanspruch eines endgültig verpflichteten LFV. gegen einen anderen endgültig verpflichteten BFV.: die Frist des § 18 RFV. scheidet hier daher aus (so mit Recht Bl. f. öfftl. Fürs. 1925 S. 41).

34. Übergangsrecht. a) Die Rechtsprechung des VGH. führt hierzu aus:

Die auf dem Gebiete der sogenannten geschlossenen Fürsorge (früher geschlossenen Armenpflege des Art. 58) durch Art 58 Abs. IV Arm.Ges. den OAV. auferlegte Interessenquote ist eine rein landesgesetzlich begründete Verpflichtung. Sie ist durch den vorliegenden Abs. III als Verpflichtung des endgültig verpflichteten OFV. (BFV.) auch in das neue Recht übernommen. Eine Übergangsbestimmung hat das neue Recht nicht getroffen; soweit daher nicht der § 36 RFV. zutrifft, muß von dem Rechtsgrundsatz ausgegangen werden, daß der RFV. eine rückwirkende Kraft auf Übergangsfälle nicht zukommt: es muß daher auf den allgemeinen Rechtssatz zurückgegriffen werden, daß ein unter dem alten Recht zwischen 2 Streitteilen begründetes Rechtsverhältnis auch unter dem neuen Recht die Einwirkungen entfaltet, die das alte Recht daran geknüpft hat, ein Rechtssatz, der übrigens auch der das neue Recht beherrschende Grundsatz von der Unteilbarkeit (?) eines Pflegefalles und der Vermeidung eines Wechsels der endgültig verpflichteten Fürsorgeverbände (§ 15 RFV.) entspricht: es muß also bei fortgesetzten Fürsorgefällen auch für die Zeit nach dem 31. 3. 24 die Ersatzpflicht des OAV. noch nach altem Recht, nach Art. 58 IV Arm.Ges. behandelt werden, mit der Maßgabe, daß an Stelle des OAV. der an seine Stelle getretene OFV. und an Stelle des LAV. der an seine Stelle getretene LFV. tritt, E. VGH. v. 22. 12. 24 Nr. 46/III 1924, Bayer. Gem.V.Z. 1925 Sp. 203, Bayer. Verw.Bl. 1925 S. 54 u. Bd. 45 S. 70.

Diese Entscheidung ist nicht unbedenklich. Zunächst ist es immerhin zweifelhaft, ob eine Verpflichtung, die mittelbar auf Reichsrecht beruht, eine „rein landesrechtliche Verpflichtung" ist; zum anderen bestehen erhebliche Bedenken über den Grundsatz von der „Unteilbarkeit eines Pflegefalles", der, wie es scheint, schon allein durch die in die Rechtsprechung des VGH. und des BAH. einstimmig anerkannte Notwendigkeit der Trennung des Fürsorgefalles in die Zeit vor dem 1. 4. 24 (Anwendung des alten Rechts) und in die Zeit nach dem 31. 3. 24 (grundsätzlich neues Recht) widerlegt wird. Es möchte daher anzunehmen sein, daß im vorliegenden Fall der ab 1. 4. 24 vorliegende Tatbestand nur nach neuem Recht beurteilt werden kann. Der endgültig verpflichtete Verband (OFV.) muß nicht nach dem Landesrecht, sondern ausschließl. nach dem Reichsrecht bestimmt werden; das Landesrecht kann das Reichsrecht nach dieser Richtung nicht abändern. Es fragt sich, ob mit dem 1. 4. 24 automatisch sich eine Änderung hinsichtlich des $^1/_5$ kostenpflichtigen Verbandes ergeben hat oder ob das früher zwischen dem OAV. und LAV. geschaffene „Rechtsverhältnis" fortbesteht. Hat es sich automatisch geändert, so braucht es gar keine Übergangsbestimmung.

b) Weiterer Übergangsfall (E. VGH. v. 30. 6. 25

Nr. 8 III 25 (Kraiburg gegen Oberbayern): die geschlossene Armenpflege ist sowohl nach altem Recht (§ 32 a UWG., Art. 58 Arm.Ges. als nach neuem Recht (Art. 6 Buchst. a und b BAB.) eine rein landesgesetzlich begründete Verpflichtung der Landesfürsorgeverbände. Ist der Fürsorgefall unter altem Recht bereits entstanden (Hilfsbedürftigkeit des Anstaltsinsassen eingetreten vor dem 1. 4. 24) und dauert sie über den 1. 4. 24 weiter fort, (sog. Übergangsfall) so ist mangels ausdrücklicher gesetzlicher Bestimmungen und mangels rückwirkender Kraft der BAB. der Streitfall bis 31. 3. 24 nach Art. 58 Abs. I Ziff. 1 Arm.Ges. ab 1. 4. 24 nach Art. 6 Abs. I Lit. a BAB. zu entscheiden. (Diese Entscheidung steht im Widerspruch zur E. v. 22. 12. 24, s. oben Anm. 34 a).

Art. 7.[1])

Aufgabe des Staates ist[2]) [3])

a) die Förderung allgemeiner Einrichtungen[4]) der Fürsorge,

b) die Beteiligung[5]) an der sozialen Kriegsbeschädigten- und Kriegshinterbliebenenfürsorge,[6]) insbesondere an der Erziehungs-, Berufs- und Gesundheitsfürsorge[7]) für Kriegerwaisen und Kinder Schwerkriegsbeschädigter, an der Siechenfürsorge[8], und der Fürsorge für sonstige Schwerstbeschädigte;[9])

c) die Beteiligung[5]) an der Arbeitsfürsorge[10]) für Schwerbeschädigte und Schwererwerbsbeschränkte im Sinne des § 1 Abs. I d. RFV.;

d) die Gewährung von Zuschüssen an Fürsorgeverbände,[11]) soweit sie mit Fürsorgelasten unverhältnismäßig belastet[12]) sind.

Bisheriges Recht: für die Armenfürsorge Art. 64 ArmGes., für die Kriegsbeschädigten- und Kriegshinterbliebenenfürsorge BO. v. 8. 2. 19 (RGBl. S. 187), Reichskostengesetz v. 8. 5. 20 (RGBl. S. 1066), § 1 der Bayer. BO. v. 16. 8. 21 (GBBl. S. 99)

1. Reichsrechtliche Grundlage: Art. 2 Abs. I und V RFV.

2. Der Wortlaut ergibt, daß es sich um Pflichtaufgaben, nicht um freiwillige Leistungen handelt. Das Maß der Erfüllung dieser Aufgaben bemißt sich nach dem Staatshaushalt, s. z. B. für 1926 Staatshaushalt Nr. 17 des Staatsministeriums für Soziale Fürsorge, Ausgaben Ziff. V, VII und I B Kap. 1, § 8, Staatshaushalt Nr. 14 des Staatsministeriums des Innern Ausgaben Ziff. V.

Aufgabe des Staates = Aufgabe des Landesfürsorgeverbands-Staat (Art. 2 BAB.)

3. Wegen weiterer Aufgaben des Landesfürsorgeverbands-Staat vgl. die Ausführungen zu Art. 2 BAB., Anm. 2.

Zu den in Art. 7 genannten Aufgaben des Staates kommt ferner die in Art. 6 Abs. IV festgelegte Kostenersatzpflicht bei Auslandsdeutschen und Ausländern.

Aufgabe des Landesfürsorgeverbands-Staat ist nach Art. 7 nicht nur eine allgemein fördernde und unterstützende Tätigkeit (Buchst. a und d), sondern auch eine Tätigkeit auf dem Gebiete der Individualfürsorge (Buchst. b und c).

Eine unmittelbare Fürsorgepflicht auf dem Gebiete der sozialen Fürsorge hat der Staat als Landesfürsorgeverband zurzeit weder aus dem Gebiet der vorläufigen noch dem der endgültigen Unterstützungspflicht, auch nicht im bloßen Innenverhältnis zu Bezirksfürsorgeverband und Kreis; seine Rechtsstellung ist also anders, als die des Kreises als Landesfürsorgeverband; über letztere s. Art. 6 Anm. 5.

Die Verpflichtung des Staates als Landesfürsorgeverband nach Art. 7 weicht auch insofern von den Pflichtaufgaben der Kreise und der Bezirksfürsorgeverbände ab, als eine aufsichtliche Erzwingung dieser Pflichtaufgaben nicht möglich ist. Der Staat stellt für die Erfüllung der Aufgaben nach Art. 7 im Staatshaushalt, der der Genehmigung des Landtags unterliegt, bestimmte Mittel bereit, innerhalb deren die Erfüllung der Aufgaben nach Art. 7 durch die zuständigen Landesbehörden pflichtgemäß zu erfolgen hat. Ein Anspruch der Bez.-Fürs.-Verb. und der Kreise auf eigene Entlastung besteht jedoch nicht. Über die Erfüllung der Pflichtaufgaben des Staates wacht nach der Staatsverfassung der Landtag.

Der Staat kann bei der finanziellen Beteiligung im Sinne des Art. 7 im Verwaltungsweg, insbesondere bei der Vergebung von Zuschüssen, sich gegenüber dem reichsrechtlich verpflichteten Bezirks- oder Landesfürsorgeverband-Kreis gewisse Rechte, auch auf dem Gebiete der sozialen Fürsorge vorbehalten, wie das Recht der endgültigen Genehmigung gewisser Arten von Fürsorgeleistungen, z. B. solcher, die reichsrechtlich und landesrechtlich keine Pflichtleistungen sind, aber auch bezüglich der reichs- und landesrechtlichen Pflichtleistungen kann er sich, insoferne er selbst finanziell mitwirkt, das Entscheidungsrecht ganz oder teilweise an Stelle des Organs des Fürsorgeverbands vorbehalten: allein ein solcher Vorbehalt hat lediglich im Innenrechtsverhältnis zwischen Staat und dem verpflichteten Fürsorgeverband Bedeutung dahin gehend, daß innenrechtlich der Fürsorgeverband verpflichtet wird, vor seiner Entscheidung über Bewilligung oder Ablehnung einer Fürsorgeleistung die Genehmigung einzuholen; an der rechtlichen Stellung des Fürsorgeverbandes gegenüber dem Hilfsbedürftigen und gegenüber anderen Fürsorgeverbänden, insbesondere im Ersatz- und Übernahmestreit, wird dadurch nichts geändert.

Zweifelhaft erscheint die Frage, ob der Staat mit Rücksicht auf seine Aufgaben nach Art. 7 in Streitigkeiten der Fürsorgeverbände im Sinne des § 29 RFV. selbst mitbeteiligt ist und Parteistellung einnimmt, ferner durch wen er in diesen Angelegenheiten zu vertreten wäre. Man wird die Parteistellung des Staates abzulehnen haben, sowohl soweit Streitigkeiten der vorläufig oder endgültig verpflichteten Fürsorgeverbände untereinander als auch der Fürsorgeverbände mit dem Staat in Frage stehen: denn wenn auch der Staat gemäß Art. 2 Landesfürsorgeverband und als solcher ein Fürsorgeverband im Sinne des § 29 RFV. ist, wollte er doch wohl — nach der seitherigen Fassung der VAV. und bei dem Nebeneinanderbestehen zweier Arten von Landesfürsorgeverbänden — durch Art. 7, nicht sich selbst gegenüber, verwaltungsrichterlich erzwingbare

Pflichten eingehen; dazu ist die Übernahme der Verpflichtung zur „Förderung" (Buchst. a), zur „Beteiligung" (Buchst. b und c) und zur „Zuschußgewährung" (Buchst. d) viel zu allgemein und unbestimmt. Der Staat kann also weder im Verhältnis zu einem anderen Fürsorgeverband noch anläßlich des Rechtsstreites anderer Fürsorgeverbände untereinander als Partei im verwaltungsrechtlichen Streitverfahren erscheinen und er kann nicht zu irgend einer Leistung auf Grund des Art. 7 verwaltungsrichterlich verpflichtet werden.

4. Der Begriff „Einrichtung" ist in weiterem Sinne gebraucht und umfaßt Einrichtungen und Anstalten; „Anstalten" sind Einrichtungen mit Grundstücksvermögen (z. B. Krankenanstalten, Erholungsheime usw.), „Einrichtungen" i. e. S. sind dauernde Veranstaltungen ohne Grundstücksvermögen (vgl. Rösch, SVG., Art. 21, Anm. 3; Braunwart-Stössel, SVG., Art. 21, Anm. 8). Hierher gehören alle Anstalten und Einrichtungen, für die einzeln in § 1 Abs. I und II genannten Fürsorgezweige, auf allen Fachgebieten der Fürsorge, sei es Gesundheitsfürsorge, insbes. Heilfürsorge und Erholungsfürsorge (Heilstättenfürsorge, Erholungsheime), sei es Berufsfürsorge, (insbes. Einrichtungen der Berufsberatung, Lehrstellenvermittlung, der Berufsausbildung, Werkstätten u. dgl.). Als „Einrichtungen der Fürsorge" erscheinen z. B. auch die Krankenfürsorge der Fürsorgeverbände für nichtversicherte Klein- und Sozialrentner usw., dann Einrichtungen nach § 23 RFV.; als „Einrichtungen der Fürsorge" im Sinne dieser Vorschrift kommt auch in Betracht die Förderung der Aufstellung von Fürsorgerinnen durch die Bezirksfürsorgeverbände.

5. Die Beteiligung kann an sich

a) in einzelnen Fürsorgefällen erfolgen, ein solcher Vorbehalt war erforderlich, um in besonderen Ausnahmefällen eingreifen zu können, besonders wenn es sich um sehr hohe Ausgaben eines Einzelfalles, z. B. bei Heilstättenbehandlung usw., handelt. Sie kann auch

b) durch Zuschüsse an die Bez. und Kreisf.-Verb. erfolgen und zwar

aa) Zuschüsse für einen Einzelfall,

bb) Zuschüsse für eine besondere Gruppe von Fürsorgefällen,

cc) Zuschüsse im allgemeinen ohne Bindung für bes. Fürsorgefälle; sie kann ferner

c) in einer Quotenbeteiligung an den Gesamtaufwendungen der Bezirks = Kreisfürsorgeverbände bestehen, wie dies bisher nach § 1 Reichskostenges. v. 8. 5. 20 im Verhältnis zwischen Reich, Land und Gemeinden (Bezirken) der Fall war. Über Vorbehalte des Staates bei der Beteiligung s. oben Anm. 3.

„Beteiligung" ganz allgemein, nicht bloß finanzielle Beteiligung, sondern auch Arbeitsbeteiligung (persönl. Fürsorgedienste), insbesondere in der Schwerbeschädigtenfürsorge (Buchst. c).

6. Soziale Kriegsbeschädigten- und Kriegshinterbliebenenfürsorge: § 1, Abs. 1, Buchst. a RFV., §§ 18, 19—32, RGr., §§ 21—23 RVG.

Die nach § 1 I, Buchst. a den Kb. und Kh. gleichstehenden Personenkreise sind hier nicht ausdrücklich aufgeführt; es ist jedoch anzunehmen, daß auch die Beteiligung an der Fürsorge für diesen Personenkreis unter die Aufgaben des Staates im Sinne der vorliegenden Bestimmung fällt.

7. Erziehungs-, Berufs- und Gesundheitsfürsorge für Kriegerwaisen und Kinder Schwerkriegsbeschädigter s. RGr. § 29, s. auch Mitt. LHFSt. 1922 Nr. 7.

8. Siechenfürsorge = Fürsorge für Sieche; der Begriff des „Siechen" ist landesrechtlich, auch reichsrechtlich nicht bestimmt, steht auch in der Wissenschaft, die übrigens auch von „Halbsiechen" spricht, nicht fest. Der Begriff „siech" findet sich schon in den Zuständigkeitsgrundsätzen vom 6./10. 12. 19. Für Sieche (nicht Heilungsfähige, dauernd pflegebedürftige) Kriegsbeschädigte hat die soziale Fürsorge zu sorgen, für kranke (heilbare) Kriegsbeschädigte hat die Reichsversorgung zu sorgen (Heilversorgungsanspruch). Der Begriff findet sich ferner in § 4 Abs. IV RFG. („Beschädigte, die dauernder Pflege bedürfen"), sowie § 31 RVG. (Pflegezulagenempfänger = „solange der Beschädigte infolge der Dienstbeschädigung so hilflos ist, daß er nicht ohne fremde Wartung und Pflege bestehen kann"; „ist die Gesundheitsstörung so schwer, daß sie dauerndes Krankenlager oder außergewöhnliche Pflege erfordert").

Landesrechtlich ist Art. 58 I Arm.-Ges. zu vergleichen („abschreckend oder ansteckend" — „kranker Siecher"). Für den Begriff „siech" ist in E.VGH. 38 S. 15, 40 S. 10, der Schwerpunkt darauf gelegt, daß es sich um einen chronischen, den ganzen Organismus des Menschen ergreifenden Krankheitszustand handelt, das Schwinden der Körperkräfte und Hinfälligkeit zur Folge hat, „chronisch" ist dabei „voraussichtlich dauernd, in der Hauptsache gleichbedeutend mehr oder minder stationär", Besserung oder Stillstand des Leidens nicht zu erwarten ist und „die Krankheit voraussichtlich in kurzer Zeit zum Tode führt". Anderseits hat E 41 S. 143 oben eine „fortschreitende Krankheit als Siechtum" bezeichnet. Bemerkt muß werden, daß die hienach für den Begriff des „Siechen" maßgebenden Merkmale nur Anhaltspunkte für den Umfang der Siechenfürsorge im Sinne der vorliegenden Gesetzesbestimmung sein können. Die allzu enge Auslegung des VGH. gerade zu Art. 58 Abs. I Ziff. I Arm.Ges. kann nicht zur Grundlage für den Umfang der Siechenfürsorge des Art. 7 Buchst. b gemacht werden. So wird namentlich das Erfordernis, „daß die Krankheit voraussichtlich in kurzer Zeit zum Tode führen wird", unbedingt abgelehnt werden müssen. Für die Anwendung des Art. 7, Buchst. b, wird vielmehr der Personenkreis von Fürsorgebedürftigen in Betracht kommen, wie er ganz allgemein in § 4 Abs. IV RVG. niedergelegt ist, also Beschädigte, die dauernder Pflege bedürfen. Daß hierunter regelmäßig die Empfänger von Pflegezulage gehören, ist zweifelsfrei; es kommen vor allem in Frage: schwer Hirnverletzte, offen-Tuberkulose, Nervensieche, Rückenmarkleidende.

Zur Ermöglichung der Aufnahme von Kriegssiechen in Heimen hat die Landeshauptfürsorgestelle mit mehreren Anstalten Verträge abgeschlossen, insbesondere mit der Anstalt der Barmherzigen Brüder in München-Nymphenburg, mit der Anstalt des gleichen Unternehmens in Costenz im bayer. Wald und mit dem Kriegerheim Bethesda in Rummelsberg bei Nürnberg.

9. Der Begriff „Schwerstbeschädigte" ist gesetzlich nir-

gends festgelegt, muß also erst durch die Rechtsprechung entwickelt werden. Hierher gehören insbesondere: Kriegsblinde, schwer Hirnverletzte, schwer Nervenkranke, doppelt Arm- oder Beinamputierte, Schwerlungenkranke, ferner die Pflegezulagenempfänger im Sinne des § 31 RVG. ohne Rücksicht auf den Grad ihrer Erwerbsbeschränkung. Es werden hierher gehören auch sämtliche Empfänger der Vollrente (§ 27 Abs. IV RVG.) sowie die Empfänger einer Rente auf Grund einer über 80 v. H. bestehenden Erwerbsminderung — in Anpassung an die oberste Stufe der Zusatzrentenempfänger (§ 89 RVG.).

Der Begriff „Schwerstbeschädigter" wird auch in Ziff. 4 III der Min. Bek. v. 28. 12. 1925 (St.Anz. Nr. 302) über Wohnungsbaudarlehen 1926 verwendet; hier ist der Begriff auf Grund einer Vollzugsanweisung vom 31. 1. 1926 Nr. 2750 k 12 auf Kriegsbeschädigte mit mindestens 70 v. H. Rente erweitert.

Der Schwerstbeschädigtenfürsorge dienen u. a.: das Hirnverletztenheim (Heilstätte, Heim und Werkstätten) München, Parzivalplatz 2 a, das Kriegsblindenerholungsheim in Söcking bei Starnberg.

10. Die Beteiligung an der Arbeitsfürsorge deckt insbesondere auch die Tätigkeit der Landeshauptfürsorgestelle und der Kreishauptfürsorgestellen auf diesem Gebiete. Der Begriff „Arbeitsfürsorge" ist gleichbedeutend mit „Fürsorge für Schwerbeschädigte und Schwererwerbsbeschränkte durch Arbeitsbeschaffung"; s. Reichsgesetz über die Beschäftigung Schwerbeschädigter i. d. F. v. 12. 1. 23 abgedr. oben S. 63.

Der Forderung der Arbeitsfürsorge (Erwerbsbeschränkten, Werkstätten usw.) dient insbesondere auch die „Kreditgemeinschaft gemeinnütziger Selbsthilfeorganisationen", (Kageso), Berlin N 24, Monbijouplatz 3. Ihre Geschäfte führt in Bayern zur Zeit nach Maßgabe ihrer sonstigen Zuständigkeit die Landeshauptfürsorgestelle.

11. „Fürsorgeverbände" s. Art. 1—3. Der Staat kann als Landesfürsorgeverband nach dem Wortlaut der Bestimmung die Zuschüsse an die Kreise als Landesfürsorgeverbände, aber auch unmittelbar an die Bezirks- (oder Orts-) Fürsorgeverbände geben. Da aber auch der Landesfürsorgeverband = Kreis verpflichtet ist, an überlastete Bezirks- und Ortsfürsorgeverbände Zuschüsse zu gewähren, fragt es sich, ob daneben auch noch der Staat an diese beiden Arten von Fürsorgeverbänden unmittelbar Zuschüsse geben soll. Die Staatszuschüsse werden im allgemeinen nur durch Vermittlung der Landesfürsorgeverbände-Kreise gegeben; für die Kb.- und Kh.-fürsorge ist die Vergebung durch LHFSt. und KrHFSt. beibehalten s. S. 117 Anm. 24.

12. „Unverhältnismäßig belastet" vgl. den entsprechenden Wortlaut in Art. 59 Abs. I Arm.Ges.

III. Behörden und Verfahren.

Art. 8

I. Die Durchführung der Fürsorgeaufgaben obliegt den nach den bisherigen Vorschriften zuständigen Stellen. Dies gilt auch für die Armenfürsorge.

II. Für das Verfahren sind die bisherigen Vorschriften vorbehaltlich des § 29 Satz 2 RFV. maßgebend.

Zu Absatz I:

1. Der Absatz I ist durch Art. 8 der Verw.VO. v. 12. 1. 25 ersetzt, (ebenso E. VGH. v. 13. 7. 25 Nr. 24 III/25). Die Verwaltungsorgane (gesetzlichen Vertreter der Fürsorgeverbände) richten sich daher jetzt ausschließlich nach der Verw.VO. v. 12. 1. 25 (abgedr. unten S. 143) für alle in § 1 der RFV. genannten Fürsorgezweige. Über den früheren Rechtszustand bis zum Inkrafttreten der Verw.VO. vgl. Heß, Bayer. Gem.V.Z. 1924 Sp. 465 ff., 545 ff., 569 ff., 617 ff., 739 ff.; Nachreiner in Gögler, Handwörterbuch der Fürsorgepflicht S. 138 ff.

2. Hiernach sind alle verfahrensrechtlichen Bestimmungen auf dem Gebiet des Fürsorgerechts, und zwar auf allen Gebieten, auch der Armenfürsorge, aufrecht erhalten worden. Das Wort „Verfahren" muß dabei weitestgehend unter Einschluß von Beschwerde und Aufsicht ausgelegt werden. Die Bestimmung des Abs. II wollte in Ermangelung einer seinerzeit im März 1924 in der kurzen Frist vor dem Inkrafttreten der RFV. nicht möglichen ausführlichen landesgesetzlichen Regelung für das fürsorgerechtliche Streitverfahren, für Beschwerde- und Aufsichtsverfahren den bisherigen Rechtszustand nach allen Richtungen aufrecht erhalten, natürlich nur soweit dies mit der reichsrechtlichen Regelung noch vereinbar ist.

A. Verfahren bei Streitigkeiten zwischen Fürsorgeverbänden.

I. Auf dem Gebiet der Armenfürsorge und der Fürsorge für hilfsbedürftige Minderjährige.

1. Hier kommen in Betracht fürsorgerechtliche Streitigkeiten, die aus Anlaß von Leistungen der Fürsorgeverbände auf dem Gebiet der Armenfürsorge und der Fürsorge für hilfsbedürftige Minderjährige gemäß § 1 Abs. 2 und Abs. 1 Buchst. e, ferner § 29 RFV., §§ 1—13 der Reichsgrundsätze, Art. 3 Abs. II, 5 Abs. II und 9 Abs. II BAV., in Verbindung mit den noch aufrechterhaltenen Bestimmungen des Arm.Ges. geführt werden.

a) Reichsrechtlich ist dabei Streitgegenstand zunächst Ersatz-, Übernahme- oder Übergabepflicht (§ 14 RFV.).

b) Einschlägig sind ferner die in Art. 75 Ziff. 1 und 2 Arm.G. erwähnten, öffentlich-rechtlichen Armenstreitsachen, nämlich Streitigkeiten,

α) über die Ersatzpflicht von Personen, die öffentliche Armenunterstützung empfangen haben und über den Ersatz von Armenunterstützungen aus dem Nachlaß, § 25 RFV., §§ 9, 15 Abs. II und 31 Abs. II; RGr. (bisher Art. 10 Arm.Ges.), Art. 75 Ziff. 1 Arm. Ges. (aufrecht erhalten durch Art. 8[a] BAV.),

β) über die Ersatzansprüche der ohne Rechtspflicht und ohne Auftrag eines Armenverbands hilfeleistenden Personen, Art. 75 Ziff. 2 und Art. 14 Arm.Ges., aufrechterhalten durch Art 8 Abs. II BAV. (ebenso jetzt Entscheidung Verwaltungsgerichtshof vom 21. 9. 24 Nr. 45 III/24).

c) Unter § 29 S. 2 fallen nicht, sind also hinsichtlich des Streitverfahrens reichsrechtlich in der RFV. nicht geregelt:

α) Streitigkeiten über Rechtsverpflichtungen der Fürsorgeverbände gegenüber dem Hilfsbedürftigen; hier besteht nur die Möglichkeit der Anrufung der Staatsaufsicht (Art. 8 Abs. II BAV., Art. 71 Arm.Ges.; Pöll UWG. § 61 Anm. 3 und Arm.Ges. Art. 71 Anm. 2), dann Streitigkeiten zwischen dem Fürsorgeverband und dem Unterstützten oder dessen Erben (§ 25 RFV., Art. 75 Abs. I Ziff. 1 Arm.Ges., Art. 10 Ziff. 6 VGG.), Streitigkeiten zwischen Fürsorgeverband und Hilfsbedürftigen aus § 20 RFV.

β) Streitigkeiten über Rechtsansprüche oder Verpflichtungen der Fürsorgeverbände außerhalb des Rahmens der RFV. nach Maßgabe der fürsorgerechtlichen Landesgesetzgebung; hierher gehört gemäß Art. 8 Abs. II BAV insbesondere der Anspruch der ohne Rechtspflicht Hilfe leistenden gemäß Art. 14 Arm.Ges., der in der RFV. nicht vorgesehen ist, aber durch Art. 8 Abs. II BAV. landesgesetzlich aufrecht erhalten ist. (E. VGH. v. 21. 9. 25 Nr. 45 III/24.)

γ) Streitigkeiten über Rechtsansprüche oder Verpflichtungen der Fürsorgeverbände auf bürgerlich-rechtlicher Rechtsgrundlage.

2. Gemäß § 29 RFV gelten für das Verfahren bei diesen Fürsorgeverbandsstreitigkeiten die §§ 37—57, 58 Abs. II des UWG.

a) Darnach sind zuständige Streitentscheidungsbehörden:

α) bei innerstaatlichen Streitigkeiten (sogenannten Landessachen), d. h. Streitigkeiten zwischen bayerischen Fürsorgeverbänden (§ 29 RFV., § 37 Abs. I und 38 Abs. II UWG.) gemäß Art. 72 Arm.Ges.:

aa) im ersten Rechtszug

die dem beklagten Fürsorgeverband zunächst vorgesetzte Aufsichtsbehörde, d. i. gemäß Art. 70 Arm.Ges., Art. 13 SVG. für den Ortsfürsorgeverband der mittelbaren Gemeinden (Art. 3II BAV.) das Bezirksamt,

für den Bezirksfürsorgeverband der unmittelbaren Stadt die Regierung, Kammer des Innern,

für den Landesfürsorgeverband-Kreis die Regierung, Kammer des Innern.

bb) im zweiten Rechtszug

der Verwaltungsgerichtshof bei Beschwerden der Fürsorgeverbände — nicht des Hilfsbedürftigen — gegen den Bescheid des Bezirksamts, der Regierung. Art. 72 II—IV Arm.Ges., Art. 10 Ziff. 5 VGG. (beide Bestimmungen aufrecht erhalten durch Art. 8 Abs. II BAV. Entscheidung des VGH. v. 21. 9. 25 Nr. 45 III/24).

β) bei zwischenstaatlichen Streitigkeiten (sog. Bundessachen), d. h. bei Streitigkeiten zwischen bayerischen und außerbayerischen Fürsorgeverbänden (§§ 37 Abs. II 38, 41 UWG.)

aa) im ersten Rechtszug

die dem in Anspruch genommenen Fürsorgeverband vorgesetzte (oben unter 2 a α, aa bezeichnete) Aufsichtsbehörde.

bb) im zweiten Rechtszug

auf Berufung das Bundesamt für das Heimatwesen in Berlin. Das Bundesamt für das Heimatwesen tritt für diese Streitigkeiten an Stelle des Verwaltungsgerichtshofes.

Die Entscheidung, die das BAH. als höchste reichsgesetzliche Spruchbehörde in einer bestimmten Streitsache über die Zuständigkeit erläßt, bindet auch den Verwaltungsgerichtshof. E. VGH. v. 1. 5. 22 Nr. 1 III/22.

b) Der Verwaltungsgerichtshof prüft im Verfahren nach Art. 10 Ziff. 5 VGG. (ebenso nach Art. 10 Ziff. 6 und Art. 8 Ziff. 3 VGG.) die Frage der Hilfsbedürftigkeit (§ 5ff. RGr.) als eine als Zwischenpunkt zu beurteilende Tat- und Rechtsfrage, s. vielfache E.VGH. in Dyroff VGG. Art. 10 Ziff. 5, Anm. 5; Gegensatz staatsaufsichtliches Verfahren gegenüber OFV. (BFV.) nach Art. 70 Arm.Ges., in welchem die Frage der Hilfsbedürftigkeit als eine nach Art. 13 Abs. I Ziff. 3 VGG. der Würdigung des VGH. entrückte Ermessensfrage zu behandeln ist, Dyroff a. a. O., s. dazu E.VGH. in Reger 34 Seite 428. Wie der VGH. im Streit nach Art. 10 Ziff. 2 VGG.*) nicht über die Frage der Hilfsbedürftigkeit und die damit zusammenhängende Notwendigkeit einer Armenunterstützung entscheiden kann, so kann er auch nicht darüber befinden, in welcher Weise die benötigte Hilfe zu gewähren ist; dagegen bildet die Frage, ob die einem Fürsorgeverband auf Grund des AG. staatsaufsichtlich auferlegte Leistung nach Art und Gegenstand in den Rahmen, der nach diesem Gesetz den öffentlichen Armenpflegen obliegenden Aufgaben fällt, ob beispielsweise eine Armenpflege zur Beschaffung eines künstlichen Armes aufsichtlich für verpflichtet erklärt werden durfte, eine Rechtsfrage, die der Würdigung des VGH. unterliegt, E.VGH. vom 13. 1. 1919 Nr. 58 III/18.

Unzulässig ist eine Verbindung des Streitverfahrens nach § 29 RFV., 37 Abs. I 38 Abs. II UWG., Art. 72 Arm.Ges. (Streit zwischen Fürsorgeverbänden) mit dem Staatsaufsichtsverfahren nach Art. 70 Arm.Ges. (unten Teil B), schon weil die Zuständigkeit im zweiten Rechtszug verschieden ist (Regierung, Kammer des Innern einerseits, Verwaltungsgerichtshof andererseits), E.VGH. v. 23. 12. 24 Nr. 49 III 24 (Bayer. Verw.Bl. 1925 S. 55)

3. Parteien im Streitverfahren:

a) Dies konnten bisher nur Armenverbände (E. VGH. v. 12. 2. 17 Nr. 2 III/17) und können jetzt nur Fürsorgeverbände, nicht auch öffentlich=rechtliche Verbände anderer Art, nicht Gemeinden als solche sein (E. BAH. v. 20. 9. 24 in Sachen Usedom=Wollin, Regenwalde; E. v. 11. 10. 24, Nr. H. 1053, abgedr. „Fürsorge" 1924 S. 169; E. v. 20. 9. 24, Nr. Br.L. 155/2. 24; E. v. 20. 11. 24, Nr. Br.L. 155, 24 („Fürs." S. 199). Danach kann eine Gemeinde, die bisher als Armenverband Partei war, ab 1. 4. 24 in dieser Eigenschaft nicht mehr als Partei im Streit teilnehmen, da sie diese Eigenschaft kraft der RFV. verloren hat; sie ist daher ab 1. 4. 24 zur Einlegung von Rechtsmitteln nicht legitimiert, wenn sie nicht Fürsorgeverband und daher nicht Partei im Streitverfahren im Sinne der RFV.

---

*) Für die Beschwerde des OAV. (Ortsfürsorgeverband bezw. Bezirksfürsorgeverband) gegen die Verfügung der Staatsaufsichtsbehörde gilt nunmehr die Beschwerdefrist von 4 Wochen nach Art. 13 SG. (VGHE. vom 9. 5. 1921 Nr. 25/III/21).

wurde. (E. BAH. v. 20. 9. 24 Nr. Br.L. 155/2 24 Neukrug gegen Waldkein).

Als Kläger kann nach dem UWG. und ebenso nach der RFV. jeder Armen-(Fürsorge-)Verband auftreten, der nicht selbst endgültig fürsorgepflichtig ist, auch wenn er ohne selbst verpflichtet gewesen zu sein, nur als Geschäftsführer für einen anderen gehandelt hat, E. BAH. 52 S. 51; E. BAH. v. 16. 5. 25 Nr. H. 238 (Provinz Brandenburg-Niederbarnim). Parteien im Streitverfahren können nur Fürsorgeverbände sein. Die Gemeinden als solche, als frühere Träger der Armenlast können daher nur insoweit nach dem 1. 4. 24 noch als Parteien auftreten, als ihnen die Eigenschaft als Fürsorgeverband verliehen worden ist. E. BAH. Neukrug gegen Waldkein v. 20.9. 24 Nr. Br.L. $\frac{155}{2}$ und E. vom gleichen Tag Camburg Leislau Nr. Br.L. $\frac{159.24}{2}$ und mehrere andere Entscheidungen, z. B. v. 15. 11 24 Nr. H. 1097.

Wegen der reichsrechtlichen Unzulässigkeit der Ortsfürsorgeverbände und der Unzulässigkeit ihres Auftretens als Parteien im Fürsorgestreitverfahren s. E. BAH. v. 7. 11. 25 oben Art. 3 Anm. 8 S. 102.

b) Die Vertretung des OAV (jetzt OFV.) im Streitverfahren: Art. 7 Verw.VO. Eine Übertragung der Befugnisse des Armenrats (jetzt Ortsfürsorgeausschusses, Art. 7 Verw.VO.) auf den Gemeinde- oder Stadtrat ist nicht zulässig. Eine Klage des Stadtrats namens des OAV. (jetzt OFV.) ist als unzulässig abzuweisen, so VGH. in ständiger Rechtsprechung, zuletzt E. v. 24. 11. 24 Nr. 34/III 24.

Damit ist reichsrechtlich für Streitigkeiten über Rechte und Pflichten der Fürsorgeverbände untereinander insbes. auf Kostenersatz, Übernahme und Übergabe (§ 14) und zwar ohne Rücksicht darauf, ob es sich um Rechte oder Pflichten aus der Gewährung armenfürsorglicher Leistung (§ 1 Abs. 2 RFV.) oder aus der Gewährung von Leistungen der Sonderfürsorgezweige des § 1 Abs. I handelt, in prozessualer Hinsicht ein dem bisher für das Rechtsverhältnis der Armenverbände untereinander entsprechender Rechtszustand geschaffen.

c) Über die Fürsorgeverbände als **Rechtsnachfolger der Armenverbände** führt das BAH. aus:

aa) Mit dem am 1. 4. 24 erfolgten Inkrafttreten der RFV. haben sämtliche Armenverbände zu bestehen aufgehört; Träger der armenrechtlichen Fürsorge sind die Fürsorgeverbände geworden. E. BAH. Camburg gegen Leislau vom 20. 9. 24 Br.L. $\frac{159, 24.}{2}$

bb) E. BAH. vom 20. 9. 24 Nr. Br.L. 129. 24 Usedom-Wollin gegen Regenwalde, ferner E. v. gleichen Tag Nr. H. 1015, „Fürsorge" S. 133 und 183 und eine Reihe weiterer Entscheidungen; s. auch Baath, Die Fürsorge, 1924 S. 133, Wittelshöfer, Zeitschrift f. d. Heimatwesen 1925, Sp. 129.

In die vor 1. 4. 24 zwischen Armenverbänden anhängigen Rechtsstreitigkeiten treten nach der Rechtsprechung des BAH. die

Fürsorgeverbände als Rechtsnachfolger der Armenverbände kraft Gesetzes ein. Daß die FV. als gesetzliche Rechtsnachfolger der AV. in die bis 1. 4. 24 entstandenen Rechte und Pflichten der AV. eintreten, folgt nach den angegebenen Entscheidungen des BAH. zunächst

α) aus der allgemeinen Erwägung, daß es bei Neuregelung eines Komplexes öffentlich-rechtlicher Ansprüche und Pflichten, die in größerer Menge laufend neu zur Entstehung kommen, als der vermutliche Wille des Gesetzgebers angesehen werden muß, daß die neuen Rechtsträger, wie sie in alle über den Stichtag *hinaus* laufenden Rechte und Pflichten einzutreten haben, so auch in die bis *dahin entstandenen* eintreten sollen.

β) aus der Überlegung, daß eine zweckmäßige und *einheitliche* Entscheidung über die *vor* und *nach* dem 1. 4. 24 entstandenen Fürsorgekosten in *demselben Fürsorgestreitverfahren* nur bei Bejahung der Rechtsnachfolge möglich ist, E. BAH. v. 20. 9. 24 Nr. Br.L. 129. 24/3 und vom gleichen Tag Nr. 159. 24 159.24/2 § 36 Abs. III insbes. soll nicht eine Ausnahmevorschrift enthalten, sondern den Ausfluß des allgemeinen Gedankens der Rechtsnachfolge.

Soweit jedoch *landesrechtlich das Rechtssubjekt des Armenverbands identisch* ist mit *dem Rechtssubjekt des Fürsorgeverbands* (so in Bayern), kann von einer eigentlichen „Rechtsnachfolge" nicht gesprochen werden, denn diese erfordert 2 *verschiedene* Rechtssubjekte, einen Rechtsvorgänger und einen Rechtsnachfolger (*Heß* in Bayr. Gem.V.Z. 1924 Sp. 550). Bei dieser Gleichheit der Rechtssubjekte ist es auch ohne die Konstruktion der Rechtsnachfolge selbstverständlich, daß die „Fürsorgeverbände" an die von ihnen an ihrer Eigenschaft als frühere „Armenverbände" eingegangenen Verpflichtungen gebunden sind. (*Hilble*, Bl. f. öffentl. Fürs. 1924 S. 160 f. begründet diese Bindung an die eingegangenen Verpflichtungen mit dem Gesichtspunkt der Rechtsnachfolge.)

cc) Das Verfahren ist *einzustellen*, wenn zwei Armenverbände in einem und demselben Fürsorgeverband aufgegangen sind (confusio). Die Kosten sind dem BFV. als Rechtsnachfolger beider Parteien aufzuerlegen, E. BAH. v. 20. 9. 24 Nr. Br.L. 155. 24/2 Usedom-Wollin gegen Regenwalde u. v. gl. Tage Camburg gegen Leislau. Ebenso E. BAH. v. 20. 11. 24 Nr. Br.L. 155. 24, abgedr. „Fürs." 1924 S. 199.

dd) Die Frage, inwieweit und in welchem Umfange die *bisherigen Rechtsträger* für den gesetzlichen Übergang ihrer Ansprüche auf die neuen Verbände *zu entschädigen* sind, hatte das BAH. nicht zu entscheiden. Diese Frage wird vielmehr durch landesrechtliche Auseinandersetzungsvorschriften zu regeln sein; das gleiche gilt für die Ansprüche, die durch Vereinigung von Forderung und Schuld in einer Person erloschen sind, weil der bisherige berechtigte und der bisher verpflichtete Armenverband denselben neuen Verband zum Rechtsnachfolger haben, E. BAH. v. 20. 9. 24 Nr. Br. L. 159/24/2.

4) über Streit zwischen Fürsorgeverbänden und Versicherungsträgern (§ 1531 RVO.) s. Collatz in „Arbeiterversorgung“ 1924 S. 495 wegen Ersatzansprüchen des FV. gegen Krankenkassen bei Hilfeleistung für Personen, denen Krankenversicherungsleistungen zu gewähren sind und zwar bei Hilfeleistung

a) für eine für ihre eigene Person versicherte Ehefrau,

b) für eine nicht versicherte Ehefrau, deren Ehemann jedoch versichert ist mit der Wirkung, daß auch Versicherungsleistungen für die Ehefrau (z. B. Krankenhilfe, Wochenhilfe) zu gewähren sind.

Collatz bejaht die Anwendbarkeit des § 1531 in diesen Fällen auch für das neue Recht trotz Aufgabe des Grundsatzes der „armenrechtlichen Familiengemeinschaft“.

S. aber E. Bad. Verwaltungsgerichtshof v. 8. 7. 25 Arbeiterversorgung 1925 S. 401: § 1531 ff. RVO. ist auf Fürsorgeverbände nicht anwendbar, soweit gehobene Fürsorge in Betracht kommt, dagegen anwendbar auf Fürsorgeverbände für das Gebiet der Armenfürsorge; ebenso E. stadt. Versicherungsamt Mannheim v. 25. 7. 25 „Arbeiterversorgung“ 1925 S. 407, das ebenfalls den § 1531 nur auf Ersatzleistungen einer Gemeinde als Träger der Armenfürsorge anwendbar erklärt, nicht dagegen als Träger anderer Fürsorge-Verpflichtungen. Die Entscheidung setzt sich insbesondere mit der Neufassung der RVO. v. 15. 12. 24 (RGBl. S. 779) auseinander.

5) a) Gerichtsstand des Sachzusammenhanges: Von derjenigen Behörde, bei der die Sache zuerst anhängig wurde, ist nach allen Richtungen, also gegebenenfalls auch gegen Gemeinden, die der angerufenen Behörde nicht untergeordnet sind, und gegen Landesfürsorgeverbände, die der entscheidenden Bezirksverwaltungsbehörde nicht untergeordnet sind, zu entscheiden, vergl. E. VGH. 2 S. 49; 12 S. 31; 16 S. 31; 18 S. 11 und 215; 22 S. 136; E.VGH. Bayr. Gem.B.Z. 1919 S. 234; E. VGH. 8. 5. 22 Nr. 28/III/22. Der Grundsatz findet jedoch keine Anwendung, wenn außerbayerische Fürsorgeverbände in Betracht kommen, vgl. E. VGH. 41 S. 48.

b) Feststellungsklage.

Eine lediglich die endgültige Unterstützungspflicht eines Fürsorgeverbandes feststellende finanzielle Entscheidung, ohne daß eine Klage auf Erstattung bereits tatsächlich aufgewandter Unterstützungskosten vorliegt, ist ebensowenig zulässig, wie die des Unterstützungswohnsitzes nach früherem Recht (VGH. 41, S. 13), VGHE. vom 6. 5. 1925 Nr. 27 III 24, vom 8. 6. 25 Nr. 40 III/25 und v. 12. 10. 1925 Nr. 54 III/25 s. letztere Bayerische Bürgermeister 1925 S. 262. Ähnlich E.VGH. vom 15. 6. 25 Nr. 50 III/24 (vgl. auch Dyroff VGG. S. 262). Eine Feststellungsklage, z. B. über die Übernahmepflicht eines Landesfürsorgeverbandes, ohne daß ein Ersuchen auf Übernahme gestellt werden will, würde nur theoretischen Charakter haben und wäre losgelöst von hierauf gegründeten Rechtsansprüchen oder -Verbindlichkeiten (wie sie der bayerische Verwaltungsprozeß verlangt, VGH. 24, S. 6); eine solche Feststellungsklage ist im Hinblick auf den Wortlaut des Art. 10 Ziff. 5 VGG. unzulässig.

Wesentliche Voraussetzung für ein armenrechtliches Streitverfahren ist hiernach, daß über eine Klage auf Erstattung tatsächlich bereits aufgewendeter Unterstützungskosten Entscheidung getroffen wird, s. hierüber die oben angegebenen Entscheidungen, ferner E. VGH. v. 15. 9. 24 Nr. 22 III/24; „Kläger muß die Fürsorge tatsächlich übernommen haben": E. VGH. v. 1. 12. 24 Nr. 40 III/24 und vom 23. 12. 24 Nr. 49 III/24.

II. Auf dem Gebiete der Sonderfürsorge ausschließlich der Fürsorge für hilfsbedürftige Minderjährige und zwar

1.

der Sozialrentnerfürsorge, Kleinrentnerfürsorge, Fürsorge für Schwerbeschädigte und Wochenfürsorge.

Hier kommen in Betracht Streitigkeiten, die aus Anlaß von Leistungen der Fürsorgeverbände auf dem Gebiet der Sozialrentner-, Kleinrentner- usw. Fürsorge gemäß § 1 Abs. 1 Buchst. b, c, d f, § 29 RFV. verbunden mit §§ 14—17, 12, 1—13 der Reichsgrundsätze, Art. 3 Abs. I BAV geführt werden.

Gemäß § 29 RFV. gelten auch für diese Fürsorgeverbandsstreitigkeiten die §§ 37 Abs. I, 52—57, 58 Abs. II UWG. Darnach sind zuständig:

a) bei innerstaatlichen Streitigkeiten, d. h. Streitigkeiten zwischen bayerischen Fürsorgeverbänden (Landessachen), diejenigen Stellen, die nach den Landesgesetzen dazu bestimmt sind (§ 37 Abs. I UWG.). Da ausdrückliche landesgesetzliche Vorschriften nach § 37 Abs. I seit Inkrafttreten der RFV. nicht erlassen worden sind, ist die Frage streitig geworden, ob in Bayern für die Fürsorgeverbandsstreitigkeiten aus Sonderfürsorgeleistungen die Vorschriften für armenrechtliche Fürsorgeverbandsstreitigkeiten (oben A I) entsprechend anwendbar sind. Bedenken äußert Geiger Bayer. Gem.V.Z. 1924 Sp. 264, auch Riebler Bayer. Gem.V.Z. 1925 Sp. 478, dagegen bejahend Heß Bayer. Gem.V.Z. 1924 Spalte 468 ff. Die Streitfrage der Zuständigkeit in der gehobenen Fürsorge ist vom Verwaltungsgerichtshof für innerstaatliche Streitigkeiten bisher noch nicht entschieden worden. Eine Verordnung, die die Bayerische Staatsregierung etwa mit dem Wortlaut hätte erlassen können: „In Art. 10 Ziff. 5 des Verwaltungsgerichtsgesetzes treten anstelle der Worte armenrechtlich die Worte fürsorgerechtlich" ist bisher noch nicht erlassen worden. Man wird aber wohl zu dem Ergebnis kommen müssen, daß sowohl auf innerstaatliche Verbandsstreitigkeiten zwischen bayer. Fürsorgeverbänden als auch auf zwischenstaatliche Verbandsstreitigkeiten zwischen bayerischen und außerbayerischen Fürsorgeverbänden die Bestimmungen der §§ 37 bis 57 und 58 Abs. II Anwendung finden; das bisherige Verfahrensrecht für Armenverbandsstreitigkeiten findet also für alle Fürsorgeverbandsstreitigkeiten, auch aus Sonderfürsorgeleistungen Anwendung. A. A. nun E.V.G.H. v. 1. 3. 26 Nr. 80 III 25.

Hiernach sind zuständig:

α) im ersten Rechtszug

die dem beklagten Fürsorgeverband zunächst vorgesetzte Aufsichtsbehörde, d. i. gemäß Art. 70 Arm.Ges. Art. 13 SVG. für den Bezirksfürsorgeverband des Bezirks und der unmittelbaren Stadt (Art. 3 Abs. I BAV.) die Regierung, Kammer des Innern, ebenso für den Landesfürsorgeverband-Kreis.

β) im zweiten Rechtszug
der Verwaltungsgerichtshof bei Beschwerden der Fürsorgeverbände gegen Bescheide der Regierung, Kammer des Innern, in entsprechender Anwendung des Art. 72 Abs. II—IV Arm.Ges.

Ebenso wird auch eine Ausdehnung der Zuständigkeit der genannten Behörden auf Streitigkeiten nach Art. 75 Ziff. 1 und 2 Arm.Ges., wenn es sich um Streit aus Sonderfürsorgeleistungen handelt, zuzulassen sein (vgl. oben A I 1. Buchstabe b).

b) bei zwischenstaatlichen Streitigkeiten (Bundessachen)

α) im ersten Rechtszug die unter a bezeichnete Aufsichtsbehörde (§§ 37 Abs. II, 38 Abs. I und II, Art. 72 Arm.Ges., Art. 13 SWG.),

β im zweiten Rechtszug § 37 Abs. II, 41 S. 2 UWG.) das Bundesamt für das Heimatwesen.

c) Fürsorgegattungsstreitigkeiten, d. h. Streitigkeiten zwischen Fürsorgeverbänden über Kostenersatz, Übernahme und Übergabe, soweit die Art der Fürsorge, ob Armenfürsorge oder Sonderfürsorge und damit auch die endgültige Fürsorgepflicht besonders zwischen Ortsfürsorgeverband und Bezirksfürsorgeverband streitig ist, fallen nicht unter die Streitigkeiten nach § 29 RFV., § 37 ff. UWG. und Art. 71 ff. Arm.Ges. Bestimmungen über das Verfahren hierüber fehlen.

S. auch E. BAH. v. 18. 1. 26 BFV. Zwickau gg. Wallersdorf (Nachträge).

2.

Auf dem Gebiet der Kriegsbeschädigten- und Kriegshinterbliebenenfürsorge.

Hier ist durch die reichsrechtliche Aufrechterhaltung der Hauptfürsorgestellen und Fürsorgestellen und des dafür vorgesehenen Sonderverfahrens (§ 34 RFV.) eine besondere Rechtslage geschaffen, die landesgesetzlich noch nicht völlig geklärt zu sein scheint. Immerhin muß auch hier von dem Grundsatz ausgegangen werden, daß nach Art. 8 II BAV. die nach den bisherigen Vorschriften zuständigen Stellen nur soweit zuständig bleiben, als dies mit den reichsrechtlichen Vorschriften der RFV. sowie mit den allgemeinen Landesgesetzen vereinbar ist. (Heß Bayer. Gem.V.Z. 1924 Sp. 6, 17) vgl. Zuständigkeitsgrundsätze v. 6. 12. 19. Fürsorgeverbandsstreitigkeiten auf dem Gebiet der Kriegsbeschädigten- und Kriegshinterbliebenenfürsorge im Sinne des § 29 RFV. gab es vor 1. 4. 24 wohl überhaupt nicht. Vgl. hierzu Zuständigkeitsgrundsätze vom 6./10. 12. 1919 Ziff. 23 ff. Amtl. Nachrichten des RAM. 1919 S. 85 ff.

Bisherige Vorschriften kommen daher für diese Verbandsstreitigkeiten nicht in Frage. Es kann vielmehr nur durch entsprechende Anwendung der für Armenfürsorgeverbandsstreitigkeiten geltenden Bestimmungen auch auf die aus Leistungen der Kriegsbeschädigten- und Kriegshinterbliebenenfürsorge entstehenden Streitigkeiten die mangels ausdrücklicher landesgesetzlicher Regelung zu § 37 Abs. I und § 38 Abs. II UWG. bestehende gesetzliche Lücke ausgefüllt werden. Entstehen daher aus Leistungen der Kriegsfürsorge Streitigkeiten zwischen Fürsorgeverbänden über Kostenersatz,

Übergabe oder Übernahme, so ist ebenfalls im ersten Rechtszug die dem beklagten Fürsorgeverband vorgesetzte Aufsichtsbehörde (für Bezirke, unmittelbare Städte und Kreise die Regierung, K. d. J.) zur Entscheidung zuständig. Die Beschwerde geht

a) in innerstaatlichen Streitigkeiten an den bayerischen VGH. (Art. 72 Arm.Ges., Art. 10 Ziff. 5 VGG. in entsprechender Anwendung),

b) in zwischenstaatlichen Streitigkeiten an das Bundesamt für das Heimatwesen (§ 41 S. 2 UWG.).

Wegen des Sonderfalls der Berufsausbildung von Kriegsbeschädigten s. § 21 RVG.

B. Aufsicht.

Die Aufrechterhaltung der bisherigen Bestimmungen über die Aufsicht ergibt sich sowohl aus dem Grundgedanken des Art. 8 Abs. I als auch des Abs. II.

Die Oberste Aufsicht über die Fürsorgeangelegenheiten nach der RFV. führen die Staatsministerien des Innern und für Soziale Fürsorge, in gemeinschaftlichen Fragen gemeinschaftlich, im übrigen jedes für seinen Geschäftsbereich, sonach

das Staatsministerium des Innern für die Armenfürsorge, die Kleinrentnerfürsorge und die Fürsorge für hilfsbedürftige M. (s. für die Armenfürsorge Art. 70 Abs. III Arm.Ges.),

das Staatsministerium für Soziale Fürsorge für die Kriegsbeschädigten- und Kriegshinterbliebenenfürsorge, die Sozialrentnerfürsorge, die Fürsorge für Schwerbeschädigte und Schwererwerbsbeschränkte durch Arbeitsbeschaffung und die Wochenfürsorge (§ 1 Abs. I Buchst. a, b, d und f).

I. Aufsicht in der Armenfürsorge und in der Fürsorge für hilfsbedürftige Minderjährige.

1. Die Aufsichtsbehörden.

Während die Armenfürsorge den Gemeinden nach früherer Rechtsansicht (Seydel, Graßmann, Bayer. Staatsrecht Bd. II S. 293) als Aufgabe des übertragenen Wirkungskreises zukam, ist sie im Hinblick auf Art. 71 Arm.Ges. („Rechtsaufsicht") nunmehr als eigentliche Gemeindeangelegenheit anerkannt. Die Aufsicht über diese eigentliche Gemeinde-, Bezirks- und Kreisangelegenheit steht hiernach gemäß § 3 RFV. Art. 8 Abs. II BAV. unter entsprechender Anwendung des Art. 70 f. Arm.Ges. und Art. 13 Selbstverw.G. folgenden Behörden zu: für die Ortsfürsorgeverbände den Bezirksverwaltungsbehörden, für die Bezirksfürsorgeverbände (Bezirke, kreisunmittelbare Städte) den Regierungen, Kammern des Innern, für die Landesfürsorgeverbände (Kreise) den Regierungen, Kammern des Innern.

2. Der Inhalt und Umfang der Aufsicht.

a) Für die Aufsicht gelten die gesetzlichen Vorschriften über die Staatsaufsicht in Gemeindeangelegenheiten entsprechend (Art. 71 Arm.Ges.); darnach kommt jetzt in Betracht Art. 13 SVG. anstelle des Art. 157 Gem.O.

Gemäß Art. 13 Abs. II hat die Aufsichtsbehörde

α) die sogenannte Rechtsaufsicht, d. h. das Recht, gesetzwidrige Beschlüsse aufzuheben; denn die Selbstverwaltung besteht nur nach Maßgabe der Gesetze (Art. 12 Abs. I), E. VGH. Bayer. Gem.V.Z. 1922 Sp. 347.

β) die sogenannte Pflichtaufsicht, d. h. das Recht, die Erfüllung der gesetzlichen oder übernommenen Verpflichtungen zu erzwingen; da die Verpflichtungen aus der RFV. gesetzliche Pflichtlasten der Gemeinden, Bezirke und Kreise sind, so können sie von der Aufsichtsbehörde nach der genannten Vorschrift erzwungen werden.

b) Der Hilfsbedürftige kann die Staatsaufsicht anrufen (vgl. § 55 der Vollzugsanweisung zum Armengesetz): die Staatsaufsicht kann darauf entweder gemäß Art. 13 Abs. II SVG. einschreiten oder die vom Hilfsbedürftigen erbetene Aufhebung oder Abänderung eines angefochtenen Beschlusses des Orts-, Bezirks- oder Landesfürsorgeverbands-Kreis im Verfahren nach dem noch gültigen Art. 163 Gem.O. aussprechen (vergl. Pöll, Art. 71 Anm. 2).

In einer Entscheidung vom 11. 2. 19 Nr. 48 III/18 spricht der Verwaltungsgerichtshof aus: Unter Art. 70 und 71 Arm.Ges. fallen auch die Beschwerden hilfesuchender Personen wegen Verweigerung der erbetenen Armenunterstützung; da die Unterstützungspflicht der Armenverbände eine Verbindlichkeit der Armenverbände nur gegenüber der Staatsgewalt darstellt, so muß der Hilfsbedürftige, gegebenenfalls durch Anrufung der Staatsaufsicht sein Unterstützungsbegehren zur Geltung bringen; diese Anrufung der Staatsaufsicht ist seitens des Hilfsbedürftigen auch gegen eine an den Ortsarmenverband ergangene, den Unterstützungsbedürftigen betreffende Verfügung des Landarmenverbandes zulässig.

Einen Rechtsanspruch hat der Hilfsbedürftige gegen den Fürsorgeverband nicht; eine Anrufung des Verwaltungsgerichtshofs steht dem Hilfsbedürftigen nicht zu, seine Beschwerde wäre als unzulässig zurückzuweisen, da Art. 10 Ziff. 5 nur Streitigkeiten zwischen Fürsorgeverbänden, Art. 10 Ziff. 1 und 2 nur Streitigkeiten zwischen Staatsaufsicht und Gemeinden oder Gemeindeverbänden betrifft.

Das Recht des Einschreitens der Staatsaufsichtsbehörde gegenüber dem Fürsorgeverband bei Armenfürsorgeleistungen besteht nur gegenüber dem Orts- (Bezirks-) Fürsorgeverband des tatsächlichen Aufenthaltsortes (§ 7 Abs. I RFV.), nicht gegenüber dem nur nach § 7 Abs. II RFV. endgültig verpflichteten Fürsorgeverband des gewöhnlichen Aufenthalts, wenn er nicht gleichzeitig Fürsorgeverband des tatsächlichen Aufenthalts ist. (Vergl. E. VGH. 43 S. 86.)

c) Die Befugnisse der Staatsaufsichtsbehörde:
Die Frage der Hilfsbedürftigkeit (§§ 5 ff. RGr.) ist, ebenso wie die Frage nach Art und Maß der erforderlichen Unterstützung (§§ 10 f. RGr.) im staatsaufsichtlichen Verfahren von der Staatsaufsichtsbehörde als aktive Verwaltungsermessensfrage nachzuprüfen; der Verwaltungsgerichtshof im Verfahren nach Art. 10 Ziff. 2 VGG. (staatsaufsichtliches Verfahren) darf die Frage jedoch als Ermessensfrage gemäß Art. 13 Abs. I Ziff. 3 VGG. nicht nachprüfen, E. VGH. 21

S. 116 VGH. Reger Bd. 34 S. 428 (anders — nach der vielfach angefochtenen Rechtsprechung des Verwaltungsgerichtshofes — im Verfahren nach Art. 10 Ziff. 5 VGG. bei Streit zwischen Fürsorgeverbänden, wo die Frage der Hilfsbedürftigkeit eine vom Verwaltungsgerichtshof zu beurteilende Rechts- und Tatfrage ist, Dyroff VGG. Art. 10 Ziff. 5 Anm. 5 f. oben A I 2 a β).

3. Verfahren und verwaltungsrichterlicher Schutz der Fürsorgeverbände gegen Eingriffe der Staatsaufsicht: (Art. 10 Ziff. 2 VGG. für die Ortsfürsorgeverbände und Bezirksfürsorgeverbände der unmittelbaren Städte; Art. 10 Ziff. 1 für die Landesfürsorgeverbände-Kreise*); der Verwaltungsgerichtshof, der nach diesen Bestimmungen nur von den Fürsorgeverbänden, nicht vom Hilfsbedürftigen angerufen werden kann, hat zu prüfen:

α) ob die gesetzlichen Voraussetzungen für ein staatsaufsichtliches Eingreifen des Bezirksamts, der Regierung gegeben waren,

β) ob beim Einschreiten das gesetzliche Verfahren eingehalten wurde (E. VGH. 35 S. 21; 38 S. 221; Entscheidung vom 13. 7. 25 Nr. 24 III/25 (E.Bd. 46 S. 21): für einen Fall der Kleinrentnerfürsorge).

Dagegen erstreckt sich die Zuständigkeit des VGH. gemäß Art. 13 VGG. nicht auf die Fragen, ob das Einschreiten der Staatsaufsicht notwendig und zweckmäßig war, ob die Gemeinde genügend leistungsfähig ist, überhaupt auf keine Frage, in der die Verwaltungsbehörden nach ihrem Ermessen zu verfügen berechtigt sind (VGH. 35 S. 19), also insbesondere nicht auf die Frage der Hilfsbedürftigkeit, des Umfangs und der Art der Fürsorge. S. oben 2 c.

Armenverbänden (Fürsorgeverbänden) steht kein verwaltungsrichterlicher Schutz dagegen zu, daß bei aufsichtlichem Vorgehen gegen sie ihre finanzielle Leistungsfähigkeit nicht berücksichtigt wird. E. VGH. 43 S. 61; 44 S. 38 und 91; E. VGH. v. 9. 5. 21 Nr. 25/III 21.

Der Fürsorgeverband kann den Verwaltungsgerichtshof nur mit der Behauptung anrufen, die staatsaufsichtliche Verfügung verletze das gesetzliche Selbstverwaltungsrecht oder belaste ihn mit einer gesetzlich nicht begründeten Leistung.

E. VGH. v. 21. 9. 25 Nr. 45 III/24: Die Bestimmung des Art. 8 Abs. II BAV. ist auch die Grundlage für die Aufrechterhaltung des Art. 10 Ziff. 2 VGG., wobei anstelle der Ortsarmenverbände die Ortsfürsorgeverbände treten; die RFV. befaßt sich überhaupt nicht mit der Staatsaufsicht über die Fürsorgeverbände und mit dem hiewegen einzuhaltenden Verfahren — (abgesehen von § 29 RFV., der aber nur den Streit zwischen Fürsorgeverbänden betrifft).

4. Der Umfang der Aufsichtsbefugnisse in Fürsorgesachen wird im endgültigen AG. RFV. geregelt werden müssen. Es wird zu entscheiden sein, ob das Aufsichtsrecht der Aufsichtsbehörde auch gilt, soweit die Fürsorgeverbände nach ihrem Ermessen zu verfügen berechtigt sind, wie dies aus Kreisen der Fürsorge vielfach gefordert wird oder ob das Aufsichtsrecht für die Ermessensfragen wie in § 30 RVO. i. d. F. v. 14. 7. 25 (RGBl. I S. 97) ausgeschlossen werden soll.

---

*) Die Bezirke kommen nach Art. 3 Abs. II BAV. als Träger der Armenfürsorge nicht in Betracht.

II. Aufsicht in Sonderfürsorgeangelegenheiten.

α) Sozialrentner-, Kleinrentner-, Wochenfürsorge, Arbeitsfürsorge für Schwerbeschädigte.

1. Die Aufsichtsbehörden.

Aufsichtsbehörden über die Bezirke und kreisunmittelbaren Städte als BFV. und über die Landesfürsorgeverbände-Kreise sind die Regierungen, Kammern des Innern. Art. 13, Selbstverw.G., ferner E. VGH. v. 13. 7. 25 Nr. 24 III/25.

2. Inhalt und Umfang der Aufsicht.

Hier gelten die Ausführungen zu B 2 entsprechend.

3. Verfahren und verwaltungsrichterlicher Schutz der Fürsorgeverbände.

Im Hinblick auf Art. 8 Abs. II VAV. greifen für die Sozialrentner-, Kleinrentner- und Wochenfürsorge, die eine gesetzliche Pflichtaufgabe der Bezirke als BFV. und der unmittelbaren Städte als BFV., im Rahmen des Art. 6 VAV. auch der Kreise als Landesfürsorgeverbände ist (§§ 1 und 2 RFV., Art. 5 und 3 Abs. I VAV.), die Bestimmungen über Staatsaufsicht nach Art. 13 Abs. I SVG. Platz; daher ist in diesen Gegenständen auch die Beschwerde an den VGH. und zwar hinsichtlich der Bezirke und Kreise nach Art. 10 Ziff. 1 VGG., für die unmittelbaren Städte nach Art. 10 Ziff. 2 VGG. gegeben, E. VGH. vom 13. 7. 25 Nr. 24 III/25 s. im übrigen oben B 3.

β) Kriegsbeschädigten- und Kriegshinterbliebenenfürsorge, s. Verw.VO. Art. 10 Anm. 2b S. 173.

IV. Umfang der Fürsorge.

Art. 9

I Voraussetzung, Art und Maß der zu gewährenden Fürsorge richtet sich bis zum Erlaß neuer Vorschriften nach den bisherigen Vorschriften über die Fürsorge für Kriegsbeschädigte und Kriegshinterbliebene, Sozialrentner und Kleinrentner, sowie über die Wochenfürsorge.

II Für die Armenfürsorge einschließlich der Fürsorge für hilfsbedürftige Minderjährige gelten entsprechend die Bestimmungen des Armengesetzes vom 21. August 1914.

Die Bestimmungen über den Umfang der Fürsorge, das materielle Fürsorgerecht, sind nunmehr durch die RGr. v. 4. 12. 24/7. 9. 25 (abgedr. S. 23) überholt. Weitergehende landesrechtliche Bestimmungen sind nach § 35 RGr. (abgedr. S. 32) aufrecht erhalten. Über die derzeit noch aufrecht erhaltenen Bestimmungen des bayerischen Armengesetzes vgl. Heß, Bayer. Gem.B.Z. 1925 Sp. 482 ff. und 503 ff., Niebler, ebenda Sp. 449 ff. und 473 ff.

München, den 27. März 1924

Dr. von Knilling, Gürtner, Dr. Schweyer, Dr. Matt,
Dr. Krausneck, Oswald, Lang, Staatsrat
I. V. Dr. Schmidt.

2.
Verordnung über die Verwaltung der Fürsorgeverbände vom 12. Januar 1925.
(GVBl. S. 39)

Zur Einführung*)

Nach § 3 der Reichsverordnung über die Fürsorgepflicht vom 13. 2. 24 (RGBl. I S. 100) bestimmt das Land, welche Behörden oder Stellen die Aufgaben der Landes- und Bezirksfürsorgeverbände durchzuführen haben. Die bayerische vorläufige Ausführungsverordnung vom 27. 3. 24 (GVBl. S. 126) hat hierzu in Art. 8 Abs. I nur vorgeschrieben:

„Die Durchführung der Fürsorgeaufgaben obliegt den nach den bisherigen Vorschriften zuständigen Stellen. Dies gilt auch für die Armenfürsorge."

Die endgültige Regelung blieb dem Ausführungsgesetz vorbehalten; dieses ist bisher noch nicht erlassen, wird aber nach Erklärung der Staatsregierung in tunlichster Bälde erscheinen.

1. Schwierigkeiten ergaben sich in jüngster Zeit für das Gebiet der Armenfürsorge. Hier waren seither noch in Stadt und Land die Armenräte (Art. 21 ff. des Armengesetzes vom 21. 8. 14) als Behörden der Fürsorge, als Verwaltungsorgane und gesetzliche Vertreter der Fürsorgeverbände, aufrecht erhalten. Die Amtsdauer der Armenräte ist zufolge Ablaufs der Wahlzeit (Art. 22 und 25 des Armengesetzes in Verbindung mit Art. 5 des Selbstverwaltungsgesetzes) zugleich mit der Amtsdauer der Stadt- und Gemeinderäte mit dem 31. Dezember 1924 zu Ende gegangen. Daraus ergäbe sich an sich die Notwendigkeit von Neuwahlen für die Armenräte. Das künftige Ausführungsgesetz wird aber wohl, mit der Neuregelung der Behörden der Fürsorge, den Wegfall der seitherigen Armenräte bringen, wie dies namentlich auch von städtischen Vertretern dringend gefordert wird.

Es wäre nicht gerechtfertigt gewesen, für die Zeitdauer von ein paar Monaten Armenräte neu zu wählen, wegen dieser kurzen Zeitspanne die Beunruhigung politischer Wahlen in alle Gemeinden des Landes zu tragen und ihnen die Arbeit und die Kosten der Wahlen aufzubürden. Auch konnte den Neugewählten kaum zugemutet werden, ein Amt, in das sie sich in mancher Hinsicht erst einarbeiten müßten, für diese kurze Zeit zu übernehmen. Neuwahlen der Armenräte mußten daher vermieden werden.

Hierzu blieben, solange die abschließende gesetzliche Regelung der Ausführungsbestimmungen noch aussteht, zwei Möglichkeiten:

1. Verlängerung der Geltungsdauer der bisher gewählten Armenräte,

*) Aus einer Abhandlung des Ministerialrats Dr. Geiger in der Bayer. Gemeinde- und Verwaltungs-Zeitung 1925 Nr. 4 übernommen.

2. Schaffung neuer Vertretungsorgane der Fürsorgeverbände, also die Regelung eines Teilstückes des künftigen Ausführungsgesetzes.

Die Regelung in dem einen wie dem andern Sinn konnte sowohl im Wege der Gesetzgebung wie auch gemäß § 31 RFV. durch die Landesregierung im Verordnungswege erfolgen. Wenn auch der zu Ziff. 1 genannte Weg einfacher und rascher zu dem zunächst erstrebten Ziele (Vermeidung der Armenratwahlen) geführt hätte, so wurden hiergegen doch manche Bedenken erhoben. Es erschien namentlich städtischen Vertretern unerwünscht, die künftig wegfallenden Armenräte überhaupt noch zu berufen und nach der politischen Neuzusammensetzung der Stadt- und Gemeinderäte die Armenräte in der alten Zusammensetzung weiter wirken zu lassen.

Anderseits sprachen freilich auch gegen den zu Ziff. 2 genannten Weg manche Bedenken: Zerreißung des einheitlichen Gesetzgebungswerkes in mehrere vorläufige Ausführungsverordnungen, Trennung der Bestimmungen über die Verwaltungsorgane von den Bestimmungen über Verfahren, Beschwerde und Aufsicht mit den daraus folgenden rechtlichen Schwierigkeiten und Unklarheiten.

In der Verordnung über die Verwaltung der Fürsorgeverbände vom 12. 1. 25 (Staatsanz. Nr. 9) ist der zweitgenannte Weg beschritten.

2. Die Verwaltungsverordnung regelt nur die Verwaltungsorgane, d. i. die gesetzlichen Vertreter der Fürsorgeverbände, die Bildung der Organe und ihre Vertretungsbefugnisse. Dagegen läßt sie die Fragen der Träger der Fürsorge (Bezirksfürsorgeverbände, Ortsfürsorgeverbände und Landesfürsorgeverbände) und die Aufgabenverteilung zwischen ihnen, ferner im wesentlichen auch das Verfahrensrecht, Beschwerde und Aufsicht unberührt. Demnach bleiben die Bestimmungen der vorläufigen Ausführungsverordnung vom 27. 3. 24 mit Ausnahme des Art. 8 Abs. I aufrecht erhalten.

Art. 9 VAV. ist inzwischen allerdings im wesentlichen durch die Reichsgrundsätze über Voraussetzung, Art und Maß der öffentlichen Fürsorge vom 4. 12. 24 (RGBl. I S. 765) ersetzt worden.

Gleich der Reichsverordnung über die Fürsorgepflicht vom 13. 2. 24 und den Reichsgrundsätzen über Voraussetzung, Art und Maß der öffentlichen Fürsorge vom 4. 12. 24 zielt auch die bayerische Verwaltungsverordnung auf die Vereinheitlichung der Fürsorge ab, gleich den Reichsverordnungen geht auch sie davon aus, den besonderen Verhältnissen und Bedürfnissen der Kriegsbeschädigten- und Kriegshinterbliebenenfürsorge, der Kleinrentner und Sozialrentnerfürsorge Rechnung zu tragen.

In den rechtlich und politisch schwierigen Fragen der Regelung der Zusammenarbeit von öffentlicher und freier Wohlfahrtspflege, der bestimmenden Mitarbeit der Vertreter der Fürsorgebedürftigen, der Aufgabenabgrenzung zwischen Staatsverwaltung und Selbstverwaltung, sucht die Verordnung einen Weg zu beschreiten, der der Fortentwicklung der Fürsorge dient und so dem Gesetzgeber vielleicht für das künftige Ausführungsgesetz richtunggebend sein kann.

In dem Widerstreit der Belange städtischer Selbstverwaltung, freier Wohlfahrtspflege, Vertretung der Fürsorgebedürftigen, wählt die Verordnung einen Mittelweg, um einen Ausgleich zu schaffen, der zunächst wohl keinem der Beteiligten ganz entspricht, aber gerade deshalb vielleicht das Richtige trifft. Es bedeutet kein Mißtrauen gegenüber der öffentlichen Fürsorge der Selbstverwaltungskörper und gegenüber ihren Leistungen, wenn die Verordnung in Anerkennung der hervorragenden Bedeutung der freien Wohlfahrtspflege für unser gesamtes Fürsorgewesen ihr einen mitbestimmenden Einfluß einräumt und in Fortführung des bereits im bayerischen Armengesetz eingebürgerten Grundsatzes für die Vertretung des Fürsorgeträgers ein besonderes (von Stadtrat, Bezirkstag, Kreistag verschiedenes) Organ schafft. Die Bestimmungen des § 5 der RFV. werden dabei unter Verwertung der Gedanken des § 9 des Reichsjugendwohlfahrtsgesetzes angewendet, um eine wirksame Art des Zusammenarbeitens zwischen öffentlicher und freier Wohlfahrtspflege zu gewährleisten. Schon in der Kriegsbeschädigten- und Kriegshinterbliebenenfürsorge hatte sich die in der Verordnung vom 8. 2. 19 §§ 1, 2, 6 (RGBl. S. 187) vorgesehene Mitarbeit der freien Wohlfahrtspflege bewährt.

Die günstigen Erfahrungen in der Kriegsbeschädigten- und Kriegshinterbliebenenfürsorge waren es auch, die, wie in der RFV. § 3 Abs. II Satz 1, §§ 32 und 34, so auch in der bayerischen Verwaltungsverordnung zur verantwortlichen Heranziehung der Vertreter der Fürsorgebedürftigen, allerdings in der gebotenen Beschränkung auf Kriegsbeschädigte, Kriegshinterbliebene, Sozialrentner und Kleinrentner, geführt haben.

Wohl konnte angenommen werden, daß die Selbstverwaltungskörper auch von sich aus, ähnlich dem Vorbild der preußischen gemischten Deputationen, nach Art. 106 der Gemeindeordnung für die Beiziehung der freien Wohlfahrtspflege und der Fürsorgebedürftigen in ihren Unterausschüssen sorgen würden. Die Verordnung gibt aber, ohne der Regelung durch Stadtrat, Bezirkstag, im einzelnen vorzugreifen, im allgemeinen über die Zusammensetzung der Fürsorgeausschüsse (Wohlfahrtsausschüsse, Spruchausschüsse), über die Vertretung der verschiedenen Gruppen und das die Gleichberechtigung (Parität) wahrende Zahlenverhältnis einheitliche bindende Richtlinien für das ganze Land. Die einheitliche Richtschnur für das Land will verhindern, daß über die gleichen grundsätzlichen Fragen die gleichen Kämpfe mit wechselnden Zufallsergebnissen in 200 Städten und Bezirken des Landes durchgeführt werden.

Die Bindung an bestimmte Zahlen — z. B. bei den Spruchausschüssen der kreisunmittelbaren Städte und der Bezirke 4 oder 7 Mitglieder im ganzen — will auch verhindern, daß die Ausschüsse allzugroß werden.

Die Festsetzung des Haushalts ist auch für den Fürsorgeaufwand allein den politischen Vertretungen der Selbstverwaltungskörper, Stadtrat, Bezirkstag, Kreistag, übertragen, vgl. im einzelnen Art. 1, 3, 4, 5, 8 und 12.

Die Fragen des Ineinandergreifens von Staatsverwaltung und Selbstverwaltung in der Durchführung der Fürsorge kommen namentlich dort in Betracht, wo die Selbstverwaltung auf dem Fürsorgegebiet, insbesondere der Kriegsbeschädigten- und Kriegshinterbliebenenfürsorge, der Sozialrentner- und Kleinrentnerfürsorge seither noch wenig entwickelt ist. Selbstverwaltung setzt Selbstverantwortung und Selbsttragung der Kosten, auch des Verwaltungsaufwands, voraus. Im Gegensatz zu anderen Ländern des Reichs ist in Bayern gerade auch auf diesem Gebiet die Selbstverwaltung der Bezirke nicht bis ins einzelne durchgebildet. Ganz abgesehen von grundsätzlichen Fragen wäre es in einer Zeit, in der größte Sparsamkeit im Verwaltungsaufwand geboten ist, schon aus praktischen Gründen nicht vertretbar, eine Selbstverwaltung mit eigenem Beamtenapparat neu aufzuziehen, um ihr die bisher unter Mitwirkung staatlicher Stellen geführten Aufgaben zur eigenen Erledigung zu übertragen. Anderseits muß der Notwendigkeit Rechnung getragen werden, den Selbstverwaltungskörpern, die die Kosten aufzubringen haben, auch entsprechenden Einfluß auf die Verwaltung zu sichern. Auf der Würdigung dieser beiden Gesichtspunkte, auf Rücksichten auf die Erhaltung bestehender bewährter Einrichtungen, auch auf Gründen der Geschäftsvereinfachung und der Wahrung der Zusammenhänge der inneren Verwaltung dürften die Bestimmungen aufgebaut sein, die in der Verordnung über die Zusammensetzung der Bezirksfürsorgeausschüsse und Kreisfürsorgeausschüsse vorgesehen sind. Art. 4, 5, 8. Den Rücksichten der Geschäftsvereinfachung dienen übrigens auch die Bestimmungen, wonach die Erledigung von Aufgaben dem Vorsitzenden oder einem Beamten allein übertragen werden kann. Art. 3, 5, 8.

Die Vereinheitlichung der Fürsorge ist für alle Fürsorgezweige, einschließlich der Armenfürsorge, bei den Bezirksfürsorgeverbänden der kreisunmittelbaren Städte in ihren Verwaltungsorganen durchgeführt. Allerdings sind hier 2 Ausschüsse (Wohlfahrtsausschuß, Spruchausschuß) nebeneinander und selbständig voneinander als gesetzliche Vertretungsorgane vorgesehen; die Abgrenzung ihrer Zuständigkeiten ist in der Verordnung nicht mit der erwünschten Schärfe ausgesprochen (Art. 1, 3, 12).

Auch bei den Verwaltungsorganen der Landesfürsorgeverbände der Kreise ist — unbeschadet des Fortbestehens besonderer Stellen der

Kriegsbeschädigten- und Kriegshinterbliebenenfürsorge — eine Vereinheitlichung der Fürsorge in mancher Hinsicht erreicht, in anderer doch angebahnt. Die Lösung der Frage im künftigen Gesetz wird mit der Regelung des eigenen und übertragenen Wirkungskreises der Landesfürsorgeverbände in Zusammenhang stehen, auch davon abhängen, inwieweit die Landesfürsorgeverbände über den seitherigen Rahmen der Landarmenverbände hinaus sich zu Fürsorgeverbänden in dem Sinn entwickeln, wie die Stellen der Kriegsbeschädigten- und Kriegshinterbliebenenfürsorge ihre Fürsorgeaufgaben stets aufgefaßt haben. Es wird sich ferner fragen, wie Verfahren, Beschwerde und Aufsicht, Staatsaufsicht oder gegebenenfalls auch Fachaufsicht, geregelt werden, und wie Schwierigkeiten vermieden werden können, die sich in Preußen aus dem Nebeneinanderwirken eines oberen und eines unteren Kommunalverbandes da und dort ergeben haben, Schwierigkeiten, die für bayerische Stellen bisher nicht in Betracht kamen.

Bei den Bezirksfürsorgeverbänden der Bezirke sind, wie seither, auch in den neugeschaffenen Bezirksfürsorgeausschüssen nur die Sonderfürsorgezweige des § 1 Abs. I RFV. einheitlich zusammengefaßt. Die Frage, ob für die Armenfürsorge in den mittelbaren Gemeinden besondere Rechtsträger (Ortsfürsorgeverbände) beizubehalten sind, wie sie Art. 3 Abs. II BAV. geschaffen hat, oder ob nicht den praktischen Bedürfnissen der Mitarbeit der Gemeinde in der Fürsorge und ihrer Beteiligung an den Kosten in anderer rechtlich einwandfreierer Form genügt werden kann, war in der Verordnung über die Verwaltungsorgane nicht zu lösen; sie bleibt dem Gesetz vorbehalten.

Der Vereinheitlichung der Fürsorge dient auch die Eingliederung der amtlichen Fürsorgestellen für Kriegsbeschädigte und Kriegshinterbliebene in die Fürsorge- oder die Bezirksverwaltungsbehörden bei den Bezirksämtern und bei den kreisunmittelbaren Stadträten und die Erklärung der Spruchausschüsse zu Beiräten der Kriegsbeschädigten- und Kriegshinterbliebenenfürsorge. Mit der Eingliederung hören die Fürsorgestellen für Kriegsbeschädigte und Kriegshinterbliebene (Bayr. VO. vom 16. 3. 1921 §§ 3, 7 ff., GVBl. S. 99), deren rechtliche Sonderstellung nie scharf durchgebildet war, als besondere Stellen zu bestehen auf. Schon in der bisherigen Übung wurden sie — bei richtiger Durchführung nicht zum Schaden der Sache — nicht so fast als eigene Behörden als vielmehr als Abschnitte (Referate) der Bezirksverwaltungsbehörden behandelt. Die Überleitung gründet sich auf § 10 der VO. vom 8. 2. 1919 i. d. F. des § 34 RFV. Entsprechend der Doppelnatur der Aufgaben der Fürsorgestellen — teils Fürsorgeaufgaben nach der RFV., teils von Staat (oder Reich) außerhalb der RFV. übertragenen Aufgaben, wie die Zusatzrentenbehandlung — wurden diese Aufgaben teils den Verwaltungsorganen der Bezirksfürsorgeverbände, teils den Bezirksverwaltungsbehörden übertragen. Könnte diese Zweiteilung als Geschäftserschwerung erscheinen, so ist der Zweck der Bestimmung gerade Geschäftsvereinfachung, da sich die Aufgaben des übertragenen Wirkungskreises zur behörden-(büro-)mäßigen Erledigung eignen.

Die Verordnung bekundet in § 9, daß bei den obersten Landesverwaltungsbehörden (Staatsministerien des Innern und für soziale Fürsorge) die Vereinheitlichung noch fehlt, die aus der Praxis der Fürsorge, vom Bayerischen Städtebund, von den Verbänden der Fürsorgebedürftigen, aus Kreisen der freien Wohlfahrtspflege, wiederholt und dringend verlangt wurde. Die Verwaltungsverordnung stellt auch hier lediglich den derzeitigen Rechtszustand fest. Eine Zusammenfassung auch in der obersten Landesverwaltungsbehörde ist vom Standpunkt der Fürsorge notwendig. Bayern wird hier wohl dem Beispiel der Länder Preußen, Sachsen, Baden, Thüringen folgen müssen. Auch zu den Wünschen nach Ausbau der Einrichtungen der Landeshauptfürsorgestelle und Erweiterung ihres Beirats auch für Sozial- und Kleinrentnerfürsorge wird erst das künftige Gesetz Stellung zu nehmen haben.

Die Verordnung über die Verwaltung der Fürsorgeverbände soll, wie eingangs erwähnt, in Bälde durch ein Gesetz ersetzt werden. Dies ist zu begrüßen, da manche unsichere Rechtsfrage der Lösung harren wird. Beispielsweise möchte ich Juristen, die ihren Scharfsinn erproben wollen, die Frage vorlegen, was im einzelnen von dem Bayer. Armengesetz vom 21. 8. 14 derzeit noch gilt, was nicht mehr gilt.

Die einstweilige Regelung durch die Verwaltungsverordnung bringt für die Behandlung des künftigen Ausführungsgesetzes den Vorteil, daß gerade auch in den Fragen der Organisation Erfahrungen gesammelt werden können, um für die endgültige gesetzliche Regelung die bestmögliche Lösung zu versuchen. Denn neben dem materiellen Fürsorgerecht, wie es nunmehr die Reichsgrundsätze über Voraussetzung, Art und Maß der öffentlichen Fürsorge vom 4. 12. 24 in begrüßenswerter Weise festgelegt haben, ist für die Durchführung der Fürsorge die Behördeneinrichtung und die persönliche Einstellung aller ihrer Mitarbeiter von der größten Bedeutung.

Inhaltsübersicht.

Es behandeln:

Art. 1—3: die Verwaltungsorgane der Bezirksfürsorgeverbände kreisunmittelbarer Städte,

Art. 4 u. 5: die Verwaltungsorgane der Bezirksfürsorgeverbände der Bezirke,

Art. 6: die amtlichen Fürsorgestellen für Kriegsbeschädigte und Kriegshinterbliebene,

Wortlaut der Verordnung

(mit Erläuterungen).

Nr. 4110 de 2750/11

Gesamtministerium des Freistaates Bayern.

Verordnung über die Verwaltung der Fürsorgeverbände nach der Reichsverordnung über die Fürsorgepflicht.

(B. Staatsanz. 1925 Nr. 9; GVBl. S. 39)

Zur Ausführung der Reichsverordnung über die Fürsorgepflicht vom 13. 2. 1924 — RFV. — (RGBl. I S. 100) wird auf Grund des § 31 dieser Verordnung folgendes verordnet:

B.F.V. unmittelb. Städte.*)
Wohlfahrtsausschuß.

Art. 1.

I Die Geschäfte des Bezirksfürsorgeverbandes in den kreisunmittelbaren Städten verwaltet der städt. Wohlfahrtsausschuß (Wohlfahrtshauptausschuß). Die Zusammensetzung des Wohlfahrtsausschusses wird im Rahmen der folgenden Bestimmungen durch den Stadtrat geregelt.

II Der Wohlfahrtsausschuß besteht aus

a) einem Vorsitzenden oder dessen Stellvertreter,
b) einer Anzahl Stadtratsmitglieder,
c) dem Amtsarzt,
d) je einem Geistlichen der katholischen Kirche, der evangelisch-lutherischen Landeskirche rechts des Rheins, der reformierten Kirche, in der Pfalz der protestantischen pfälzischen Landeskirche, insoweit im Stadtbezirk Kirchengemeinden des Bekenntnisses bestehen, ferner aus dem Rabbiner, wenn ein solcher in der Stadt seinen Sitz hat,

*) Die Stichworte und Absatzziffern befinden sich nicht im Verordnungswortlaut.

andernfalls aus einem abgeordneten Mitglied der israelitischen Kultusverwaltung (in der Pfalz des Synagogenausschusses), wenn eine solche in der Stadt besteht,

e) Vertretern der in der Stadt tätigen Verbände der freien Wohlfahrtspflege wenigstens in der Hälfte der Zahl der Mitglieder nach b),

f) Vertretern aus den Kreisen der Kriegsbeschädigten und Kriegshinterbliebenen, der Sozialrentner und Kleinrentner wenigstens in der Hälfte der Zahl der Mitglieder nach b), von denen wenigstens die Hälfte den Kriegsbeschädigten und Kriegshinterbliebenen zu entnehmen sind,

g) Vertretern der Vorsteher von Wohlfahrtsbezirken (Art. 2 Abs. I und II) oder sonstigen in der öffentlichen Wohlfahrtspflege tätigen Personen bis zu $^1/_3$ der Zahl der Mitglieder nach b).

III Den Vorsitzenden und dessen Stellvertreter beruft der Stadtrat für die Dauer seiner Wahlzeit aus seiner Mitte; er bestimmt die Zahl der Mitglieder nach Abs. II b und g und beruft sie und ebensoviele Stellvertreter für die Dauer seiner Wahlzeit.

IV Die Geistlichen und ihre Stellvertreter (Abs. II d 1. Teil) ordnet für die Dauer der Wahlzeit die kirchliche Oberbehörde ab. Haben mehrere Amtsärzte im Stadtbezirk ihren Sitz, so bestimmt die vorgesetzte Dienstbehörde, welcher von ihnen dem Wohlfahrtsausschusse angehört.

V Die Vertreter der Verbände der freien Wohlfahrtspflege und ebensoviele Stellvertreter werden vom Stadtrat für die Dauer seiner Wahlzeit nach den Vorschlägen der im Stadtbezirk wirkenden Vereinigungen für freie Wohlfahrtspflege berufen. Vorschlagsberechtigt sind Vereinigungen, die sich seit mindestens 3 Jahren mit Wohlfahrtspflege im Stadtbezirke befassen und eine entsprechende Zahl von Mitgliedern ausweisen. Ihre Vorschläge sind nach Umfang und Bedeutung des Wirkens der Vereinigung zu berücksichtigen. Den Vereinigungen steht wegen Ausschlusses vom Vorschlag oder wegen Nichtberücksichtigung ihrer Vorschläge binnen 2 Wochen die Beschwerde zur Regierung, Kammer des Innern, offen. Diese entscheidet unbeschadet der Oberaufsichtsbeschwerde endgültig. Von den Voraussetzungen nach Satz 2 kann für die erstmalige Bildung der Ausschüsse die Regierung, Kammer des Innern, auf Antrag Befreiung bewilligen. Liegen Vorschläge im Sinne vorstehender Bestimmungen nicht vor, so beruft der Stadtrat die Vertreter nach freiem Ermessen.

VI Die Vertreter der Hilfsbedürftigen (Abs. II f) und ebensoviele Stellvertreter werden vom Stadtrat für die Dauer seiner Wahlzeit nach den Vorschlägen der Vereinigungen der Kriegsbeschädigten und Kriegshinterbliebenen, der Sozialrentner und Kleinrentner berufen. Abs. V Satz 2 mit 7 gilt entsprechend.

Absatz I.

1. Der Bezirksfürsorgeverband der kreisunmittelbaren Stadt und die Stadt sind eine Rechtspersönlichkeit, Art. 3 BAB. E. VGH. v. 13 7. 24 Nr. 24 III/25. Allerdings hat diese Rechtspersönlichkeit für verschiedene Aufgabengebiete verschiedene Vertretungsorgane, den Stadtrat als allgemeines Vertretungsorgan, den Wohlfahrtsausschuß als Vertretungsorgan für die Aufgaben des Bezirksfürsorgeverbandes, als Sonderverwaltungsorgan des Bezirks mit genau umschriebenen Wirkungskreis (s. Art. 12). Diese Zweistellung des Wohlfahrtsausschusses hat ihr Vorbild in Art. 31 des Arm. G.

Aus Kreisen der Städtevertretungen wurden Wünsche laut, das Sonderorgan (Wohlfahrtsausschuß) zu beseitigen und auch die Fürsorgeaufgaben auf das allgemeine städtische Vertretungsorgan (den Stadtrat) zu übertragen und die Durchführung der Fürsorge besonderen Ausschüssen nach Art. 106 Gem.-O. zu überlassen. Demgegenüber gingen die Wünsche aus den Kreisen der freien Wohlfahrtspflege und der Verbände der Hilfsbedürftigen auf Schaffung dieses Sonderorgans (in Ausbau des seitherigen Armenrats) und auf ihre stimmberechtigte Mitwirkung in dem Sonderorgan. Die Verordnung wählt einen Mittelweg zum Ausgleich der widerstreitenden Belange (s. Einleitung, auch Anm. 5). Für die Haushaltsbewilligung bleibt die ausschließliche Zuständigkeit des Stadtrats unberührt (Art. 12 Abs. I Satz 2 und 3).

2. Rechtsstellung des Wohlfahrtsausschusses: Der Wohlfahrtsausschuß ist selbständiges Vertretungsorgan des Bezirksfürsorgeverbands (Stadt) in seinem Wirkungskreis, tritt also für seinen Wirkungskreis an die Stelle des Stadtrats. Die Entscheidungen des Wohlfahrtsausschusses unterliegen sonach keiner Nachprüfung durch den Stadtrat; der Stadtrat ist nicht berechtigt, dem Wohlfahrtsausschuß Weisungen zu erteilen; der Wohlfahrtsausschuß ist in seinem Aufgabengebiet dem Stadtrat nicht nachgeordnet, hat nicht die Rechtsstellung des „besonderen Ausschusses" nach Art. 106 Gem.-O., er ist vielmehr dem Stadtrat gleichgeordnet.

Der Wohlfahrtsausschuß kann seine Befugnisse nicht auf den Stadtrat übertragen, da es sich um eine gesetzlich begründete, ausschließliche Zuständigkeit des Wohlfahrtsausschusses handelt. Für das gleichgelagerte Rechtsverhältnis zwischen Armenrat und Stadtrat s. E. VGH. v. 24. Febr. 1924 Nr. 34 III 24 Bayer. Gem. VZ. 1925 Sp. 181.

Wegen der Verteilung der Vertretungsbefugnis auf Wohlfahrtsausschuß und Spruchausschuß und ihrer gegenseitigen Stellung s. Art. 3 Anm. 1, im übrigen s. Art. 12 mit Anmerkungen.

Hat die Stadt mehrere Wohlfahrtsbezirke (Art. 2) und sonach mehrere Wohlfahrtsausschüsse gebildet, so führt der zentrale Wohlfahrtsausschuß für die gesamte Stadt die Bezeichnung „Wohlfahrtshauptausschuß".

Gegen die Beschlüsse des Wohlfahrts(haupt)ausschusses ist die Anrufung der allgemeinen Staatsaufsicht zulässig. Vgl. oben die Anmerkungen zu Art. 8 Abs. II BAV.; für Kb.- u. Kh.-Fürsorge vgl. auch unten Art. 10 Anm. 1 Buchst. b. über den Umfang des oberaufsichtlichen Entscheidungsrechts vgl. die Schrifttumsnachweise in dem Aufsatz Zorn, bayr. Gem. VZ. 1925 Sp. 7.

3. Durch Art. 1 werden alle in § 1 Abs. I und II aufgezählten Fürsorgezweige, die Sonderfürsorge wie die Armenfürsorge, nunmehr einem einzigen Verwaltungsorgan übertragen.

4. Aufgaben des Wohlfahrtsausschusses: alle Aufgaben des Fürsorgeverbandes, soweit sie nicht dem Spruchausschuß obliegen. Die Vermutung der Zuständigkeit spricht nach der Fassung des Art. 12 für den Wohlfahrtsausschuß. (Vgl. Art. 3 Anm. 1).

Beispiele: Aufstellung von Richtlinien, insbesondere von Richtsätzen über die Unterstützung, wie sie neuerlich durch § 33a I RGr. i. d. F. vom 7. Sept. 1925 (RGBl. I S. 332) für die oberste Landesbehörde oder die von ihr bestimmten Stellen vorgeschrieben sind; vgl. Min.-Bek. v. 24. 10. 25, abgedr. S. 46, das Gleiche gilt wegen der Einkommensgrenze für die Wochenfürsorge nach § 33a Abs. II RGr.

Mitwirkung bei Aufstellung des Haushalts, Leitung und Beaufsichtigung der gemeindlichen Fürsorgeeinrichtungen, Armenhäuser und sonstigen aus Mitteln des Fürsorgeverbandes (ehemaligen Ortsarmenverbands) unterhaltenen Anstalten (vgl. Art. 32 II Arm. G.). Ausstellung von Armenrechtszeugnissen 7 Art. 7, Anm. 7.

5. Die Zusammensetzung des Wohlfahrtsausschusses wird durch den Stadtrat geregelt. Der Stadtrat kann diese wie weitere Fragen der Verwaltungsverordnung im Wege einer Satzung regeln; während in einem Vorentwurf die Erlassung einer Satzung und auch ihre Genehmigung durch die Staatsaufsichtsbehörde vorgesehen waren, sind diese die Selbstverwaltung einschränkenden Bestimmungen (vgl. hiezu Art. 27 Abs. 4 Armengesetz) in der Verordnung nicht enthalten. Die Regelung durch Satzung des Stadtrats nach den allgemeinen Bestimmungen der Gemeindeordnung wird aber zur Sicherung der notwendigen Stetigkeit in der Zusammensetzung der Wohlfahrtsausschüsse zweckmäßig sein.

6. Rechtsstellung der Stellvertreter: Die Stellvertreter im Sinne der Verw.VO. (Art. 1., 3., 4., 5., 6., 7. und 8) sind eigentliche Stellvertreter, sie haben in jedem einzelnen Behinderungsfall das Mitglied zu vertreten. Die Stellvertreter sind nicht „Ersatzleute" im Sinne der Bestimmungen des Wahlrechts zu öffentlichen Körperschaften z. B. Art. 3 Ziff. 11 Gem.-Wahlgesetz vom 6. Nov. 1924 (GVBl. S. 211), d. h. sie rücken nicht ein, wenn das Mitglied endgültig ausscheidet. Scheidet das Mitglied z. B. zufolge Ablebens oder Rücktritts aus, so tritt nicht der Stellvertreter ein, sondern es ist die Neubestellung eines Mitgliedes erforderlich.

Die Stellvertreter sind namentlich zu bestellen. Bei Behinderung eines Mitgliedes hat nur der für dieses namentlich aufgestellte Stellvertreter einzutreten.

Die Stellvertreter müssen ebenso wie die Mitglieder selbst die Voraussetzung des Art. 11, insbesondere wegen der Wählbarkeit zu Gemeindeämtern, erfüllen, s. im einzelnen Art. 11 Anmerkung 2.

Stellvertreter für Teilgebiete der Fürsorge, z. B. für Sozialrentnerfürsorge oder für Kleinrentnerfürsorge allein sieht die Verw.-VO. nicht ausdrücklich vor. Gleichwohl wird es aus praktischen Gründen, auch zur Ermöglichung der Beiziehung kleinerer Verbände, vielfach notwendig werden, mehrere Stellvertreter aufzustellen und im Turnus oder je nach dem Gegenstand der zu behandelnden Fürsorgeaufgaben einzuberufen. Im AG. RFV. wird die Frage ausdrücklich zu regeln sein.

Absatz II.

7. Die Zusammensetzung im einzelnen:

Die Zusammensetzung sucht sowohl den Belangen der Stadt, insbesondere auf Wahrung einheitlicher und sachgemäßer Finanzverwaltung als auch den fürsorgerischen Belangen, die außer von der Stadt auch von der freien Wohlfahrtspflege und den Hilfsbedürftigen vertreten werden, angemessen Rechnung zu tragen. Die Bestimmung ist dem Art. 22 Arm.G. nachgebildet, ergänzt durch Aufnahme der Verbände der freien Wohlfahrtspflege und der Verbände der Hilfsbedürftigen; sie ist Blankettbestimmung, die im einzelnen durch Beschluß des Stadtrats ausgefüllt wird.

Bindungen bestehen hinsichtlich des Zahlenverhältnisses der Mitglieder nach b einerseits, e und f anderseits, nach b und g. Die Parität muß zugunsten der freien Wohlfahrtspflege und der Hilfsbedürftigen gewahrt werden. Beispiel: Ist die Zahl der Stadtratsmitglieder nach b 6, so muß die Zahl der Vertreter nach e und f mindestens je 3 betragen, von den Hilfsbedürftigen nach f müßte (wenigstens) die Hälfte, hier also 2, den Kb. u. Kh. entnommen werden; die Zahl der Vertreter nach g wäre höchstens 2. Die Gesamtzahl beträgt demnach: 1 Vorsitzender (Buchst. a) + 6 (Buchst. b) + 1 (Buchst. c) + 3 Buchst. d) + 3 (Buchst. e) + 3 (Buchst. f) + 2 (Buchst. g) = 19.

Schon dieses Beispiel ergibt, daß eine gewisse Gefahr besteht, daß die Ausschüsse zu groß werden. Aus Rücksichten der Geschäftsvereinfachung und Sparsamkeit der Verwaltung sind Ausschüsse in zu großer Zusammensetzung zu vermeiden. Die Mitgliederzahl zu b) darf daher nicht zu hoch gegriffen werden.

8. Zu Abs. II Buchst. a.

Der Stellvertreter des Vorsitzenden ist nicht Mitglied, solange der Vorsitzende anwesend ist.

9. Zu Abs. II Buchst. b.

Als Stadtratsmitglieder können auch in Betracht kommen berufsmäßige, nur beschränkt stimmberechtigte Stadträte. Art. 6 Abs. V S. BG.

10. Zu Abs. II Buchst. c.

Amtsarzt: oder seinem Stellvertreter. Fleischmann-Jäger § 3 Anm. 6 A.c.

10a. Zu Abs. II Buchst. d. Nur die hier ausdrücklich genannten Religionsbekenntnisse sind vertretungsberechtigt; die altkatholische Kirche gehört nicht hierher.

11. Zu Abs. II Buchst. e.

Die Beiziehung der Vertreter der freien Wohlfahrtspflege ist zwar in § 5 RFV. nicht ausdrücklich vorgeschrieben — anders § 9 RJWG. — sie stellt aber die zweckmäßigste und wirksamste Form des Zusammenarbeitens zwischen öffentlicher und freier Wohlfahrtspflege dar.

Die Zusammenarbeit ist übrigens bereits in der VO. vom 8. 2. 19 über die Kb.- und Kh.-Fürsorge §§ 1, 2, 6 und 9 sowie in den bayer. Ausführungsbestimmungen vom 31. 3. 19 und 4. 8. 22 (Mitt. der Landesfürsorgestelle 1. Jahrg. Nr. 1, 4. Jahrg. Nr. 4 S. 10) und ebenso für die Jugendausschüsse der Hauptfürsorgestellen, auch im Art. 22 Abs. IV Arm. G. vorgesehen.

Verbände der Hilfsbedürftigen sind auch, wenn sie wohlfahrtspflegerische Aufgaben erfüllen, nicht gleichzeitig als Verbände der Hilfsbedürftigen nach f und dazu als Verbände der freien Wohlfahrtspflege nach e beizuziehen.

Über die Begriffe freie und öffentliche Wohlfahrtspflege s. Heß in Bl. f. öffentliche Fürsorge 1925 S. 149 und 162, auch oben S. 49 Anm. 2.

12. Zu Abs. II Buchst. f:

Vertreter der Hilfsbedürftigen im Sinne der Bestimmungen der Verwaltungsverordnung sind nur Kb. und Kh., Sozialrentner und Kleinrentner; andere Gruppen von Hilfsbedürftigen kommen nicht in Betracht.

Eine Mitwirkung der Beteiligten ist reichsrechtlich in § 3 Abs. II, § 32 Abs. III RFV. und § 10 der VO. vom 8. 2. 19 i. d. F. des § 34 zur Pflicht gemacht. Schon bisher war die Beteiligung zum Teil vorgeschrieben, z. B. für die Beiräte durch die Verordnung vom 8. 2. 19, ferner für die Sozialrentner nach § 3 Abs. I Satz 2 des Notstandsmaßnahmegesetzes vom 17. 12. 21 in der Fassung der Bekanntmachung vom 29. 7. 22 (RGBl. I S. 775), vgl. auch für die Übergangszeit M. Bek. vom 1. 11. 24 Staatsanz. Nr. 256.

Begriff: Sozialrentner s. § 16 Reichsgrundsätze (abgedr. oben S. 28); auch Unfallrentner gehören hierher; bisher anders § 1 Abs. I Buchst. b RFV. (abgedr. oben S. 5).

In eigenen Fürsorgeangelegenheiten haben Hilfsbedürftige kein Stimmrecht; handelt es sich dagegen um allgemeine Fürsorge, z. B. Richtsätze für die Unterstützung usw., so sind sie stimmberechtigt, auch wenn sie mittelbar dadurch selbst betroffen werden. Vgl. Art 103 Abs. II Gem.-O., auch Fleischmann-Jäger § 3 Anm. 6 A. f.

13. Zu Abs. II Buchst. g:

Die Bestimmung entspricht dem Wunsch der Städte und ermöglicht die Nutzbarmachung der praktischen Erfahrungen der Vorsteher der Wohlfahrtsbezirke, der Verwalter von Wohlfahrtsanstalten usw.

Nach dem Wortlaut des Abs. II (der Wohlfahrtsausschuß besteht aus:) muß ein Vertreter nach Buchst. g im Ausschuß sein. Auch wo

Wohlfahrtsbezirke nicht bestehen, sind sonstige, in der öffentlichen Wohlfahrtspflege tätige Personen, z. B. Pfleger, Leiter öffentlicher Anstalten, Gemeindewaisenräte usw. vorhanden.

Einzelpersonen der freien Wohlfahrtspflege können nicht nach Buchst. g berufen werden; sie können nur im Rahmen des Buchst. e als Verbandsvertreter berücksichtigt werden.

Bis zu ein Drittel also sind z. B. bei 8 Satdtratsmitgliedern höchstens drei Vertreter nach Buchst. g zulässig.

14. Frauen sind nicht besonders aufgeführt (anders Art. 22 Satz 4 Armengesetz). Selbstverständlich können und sollen Frauen zu den Ausschüssen entsprechend beigezogen werden. Ihre Beiziehung ist möglich nach Abs. II Buchst. b, e, f und g. Die Bezirksfürsorgerin kann, auch wenn sie nicht Mitglied ist, mit beratender Stimme beigezogen werden. S. auch Art. 4 Anm. 3 am Ende.

15. Über die Voraussetzungen der Bestellung zum Mitglied oder Stellvertreter, insbesondere wegen des Aufenthalts im Bezirk s. Art. 11 Anm. 1 und 2.

Absatz III.

16. Die Amtsdauer aller Mitglieder des Wohlfahrtsausschusses ist wegen der nahen Beziehungen zum Stadtrat auf die Amtsdauer des Stadtrats beschränkt. Sie beträgt daher gemäß Art. X des Selbstverwaltungsgesetzes fünf Jahre. Die Amtsdauer der Stadtratsmitglieder läuft derzeit vom 1. 1. 25 bis 31. 12. 29.

Über Beendigungsgründe der Amtsdauer s. Art. 11 mit Anmerkungen.

Absatz IV.

17. Kirchliche Oberbehörde: Bischöfl. Ordinariat, Landeskirchenrat oder Kreisdekanat.

Absatz V und VI.

18. In Abs. V Satz 3 ist die Bindung des Stadtrats an die Vorschlagslisten zum Ausdruck gebracht. Demselben Gedanken entspricht schon das in Satz 1 gebrauchte Wort „berufen" (statt „gewählt"). Diese Bindung besteht insbesondere hinsichtlich der Einhaltung der erkennbaren Reihenfolge der Vorgeschlagenen.

Eine Bindung besteht schon kraft Gesetzes nach Abs. II Buchst. e und f im Zusammenhang mit Buchst. b. Dagegen ist es Sache des pflichtgemäßen Ermessens des Stadtrats, die Anzahl der Stadtratsmitglieder nach b zu bestimmen mit den Rückwirkungen, die sich auf die Zahl der Mitglieder nach e und f ergeben. Danach bemißt sich auch, welche von den vorhandenen Vereinigungen — in der Reihenfolge ihres Umfangs und ihrer Bedeutung — überhaupt zum Zuge kommen können. Für Vereinigungen, die hienach bei der Mitgliederberufung nicht berücksichtigt werden können, kann die Beiziehung als stellvertretende Mitglieder einen gewissen Ausgleich bieten.

Die eingehendere Regelung, wie sie für die Beiratsmitglieder der Kb.- und Kh.-Fürsorge die Ziff. 3 des Erl. des Reichsarb.-Min. vom 4. 8. 22 (Mitt. LHFSt. 4. Jahrg. Nr. 4) bestimmt hatte, ist hier nicht vorgesehen. Vorschlagsberechtigt unter den Kb.- und Kh.-

Vereinigungen werden auch künftig in erster Linie die bisher in den Beiräten vertretenen Vereinigungen sein, da sie meist die Voraussetzungen (Umfang und Bedeutung des Wirkens der Vereinigung) erfüllen werden.

Durch die Sperrfrist (Abs. II Satz 2) soll verhindert werden, daß etwaige Neugründungen von Vereinigungen, insbes. zum Zweck des Eintritts in die Wohlfahrtsausschüsse und Spruchausschüsse, erfolgen.

Bei der Frage der Bewilligung von Befreiungen von der 3 jährigen Sperrfrist) für die Zulassung eines Verbandes oder einer Vereinigung kann nach Lage der Verhältnisse unter Umständen auch Gründungszeit, Umfang und Bedeutung des Landes-Organisation gewürdigt werden, der eine örtliche Vereinigung angehört.

Die Regelung des Abs. V ist in Art. 7 des JAG. übernommen, jedoch ohne die Befreiungsmöglichkeit.

B.F.B. unmittelb. Städte.

Wohlfahrtsbezirke.

Art. 2.

I Nach Bedarf können in kreisunmittelbaren Städten für die Durchführung der Einzelfürsorge Wohlfahrtsbezirke gebildet werden. Die Staatsaufsichtsbehörde kann die Bildung solcher anordnen.

II Mehrere Wohlfahrtsbezirke können zu Mittelbezirken zusammengeschlossen werden.

III Die Bildung von Bezirken nach Abs. I und II, ihre Verwaltung und die Geschäftsverteilung regelt der Stadtrat.

IV Der Wohlfahrtsausschuß (Art. 1 Abs. I) kann in widerruflicher Weise zur Durchführung der Fürsorge ehrenamtliche Pfleger aufstellen. Das nähere regelt der Stadtrat.

1. Die Bestimmung ist dem Art. 27 Arm.-G. nachgebildet. (Armenbezirke, Bezirkspflegeausschüsse).

Praktische Vorbilder: Organisation in den Städten München und Nürnberg. Vgl. auch Nachrichtendienst des deutschen Vereins für öffentliche und private Fürsorge 1924 S. 63. Für München vgl. Stadtratsbeschluß vom 27. Jan. 1925.

2. Einzelfürsorge: d. h. alle für einen einzelnen Hilfsbedürftigen notwendigen Maßnahmen. Die aus diesen Maßnahmen folgenden Rechtswirkungen, insbesondere hinsichtlich der Ansprüche auf Kostenersatz, Übernahme und Übergabe sind nicht mehr Einzelfürsorge selbst. Sie werden also nicht mehr in den Aufgabenbereich der Wohlfahrtsbezirke fallen. Über die Frage, inwieweit die Wohlfahrtshauptausschüsse oder die Spruchausschüsse hiefür zuständig sind, s. Art. 3 Anm. 1 und Art. 12 Anm. . . .

Auch die Ausstellung von Armenrechtszeugnissen kann nach Abs. III den Wohlfahrtsbezirken übertragen werden. (s. auch Art. 7 Anm. 7).

3. In größeren Städten kann die Einzelfürsorge nicht von einem Wohlfahrtsausschuß allein erledigt werden. Die Bildung von äuße-

ren Wohlfahrtsbezirken, gegebenenfalls die Zusammenfassung mehrerer äußerer Wohlfahrtsbezirke in Mittelbezirke, kann hier notwendig sein.

Die Einrichtung und Rechtsstellung der Wohlfahrtsbezirke, ihre Aufgabenverteilung, ihre Zuständigkeit und ihre Verwaltung regelt ausschließlich der Stadtrat. Auch diese organisatorischen Fragen werden, wenn auch Regelung durch Satzung — entgegen dem Vorentwurf — nicht vorgeschrieben ist, von der Stadt zweckmäßig durch Satzung geregelt werden.

4. Bei den Wohlfahrtsbezirken und Mittelbezirken können Ausschüsse und Unterausschüsse gebildet werden, ihre Entscheidung hat jedoch immer nur die Rechtsbedeutung einer Vorentscheidung. Die Entscheidung ist an den Spruchausschuß (Art. 3) in Einzelfürsorgefällen einspruchsfähig. Erst mit der Entscheidung des Spruchausschusses liegt eine endgültige Entscheidung des gesetzlichen Vertreters des BFV. vor.

Für die Zusammensetzung der Ausschüsse in den Wohlfahrtsbezirken werden die Bestimmungen über die Zusammensetzung des Spruchausschusses (Art. 1 und 3) sinngemäß anzuwenden sein. Für München vgl. Wegweiser, Stadtratsbeschluß v. 27 Jan. 1925, für Nürnberg, Wegweiser des Stadt-Wohlfahrtsamtes.

5. Nach der Bestimmung des Art. 2 ist es nicht zulässig, bei allen Wohlfahrtsbezirken oder Mittelbezirken eigene Spruchausschüsse im Sinne des Art. 3 für die Einzelfürsorge zu bilden. Denn Art. 3 Abs. I erwähnt — mit Absicht — nur den Art. 1 Abs. I (nicht Art. 2), es würde jede Einheitlichkeit in der Fürsorge innerhalb des Stadtbezirks verloren gehen, wenn nicht ein einziger Spruchausschuß für alle Wohlfahrtsbezirke die letzte Entscheidung zu fällen hätte.

Über die Stellung des Spruchausschusses bei Bestehen von Wohlfahrtsbezirken s. Art. 3 Anm. 2.

6. Wegen der Beiziehung von Vertretern der Wohlfahrtsbezirke in den Wohlfahrtshauptausschuß s. Art. 1 Abs. 2 Buchst. g.

7. Durch die Fassung des Abs. IV ist die allgemeine Zulässigkeit der Bestellung von Pflegern als Hilfsorgane der öffentlichen Fürsorge zum Ausdruck gebracht.

Ehrenamtliche Pfleger können aus allen Kreisen der Bevölkerung, namentlich auch aus denen der Fürsorgebedürftigen selbst, entnommen werden. Voraussetzung der Berufungsfähigkeit: Art. 11.

B.F.V. unmittelb. Städte.

Spruchausschuß.

Art. 3.

I Bei den Wohlfahrtsausschüssen nach Art. 1 Abs. I ist zur Verbescheidung von Anträgen auf Leistungen des Fürsorgeverbandes ein Spruchausschuß zu bilden. Der Spruchausschuß besteht aus einem Vorsitzenden und nach Bestimmung des Stadtrates aus 3 oder 6 Beisitzern, die den Gruppen der Stadtratsmitglieder, der Vertreter der Verbände der freien Wohlfahrtspflege und der Vertreter der Hilfsbedürftigen (Art. 1 Abs. II f) in gleicher Zahl zu entnehmen sind. In Angelegenheiten der Kriegsbeschädigten- und Kriegshinterbliebenenfürsorge müssen die Vertreter der Hilfsbedürftigen Vertreter der Kriegsbeschädigten und Kriegshinterbliebenen sein. Die Mitglieder des Spruchausschusses und die erforderliche Zahl von Stellvertretern beruft der Wohlfahrtsausschuß für die Dauer seiner Wahlzeit aus seiner Mitte.

II Der Wohlfahrtsausschuß kann bestimmen, daß der Vorsitzende des Spruchausschusses oder ein Beamter der Stadt über Anträge allein entscheidet. Gegen dessen Entscheidung steht den Beteiligten binnen 14 Tagen, von der Zustellung des Bescheides an gerechnet, der Einspruch zum Spruchausschuß zu. Auf das Einspruchsrecht ist im Bescheid hinzuweisen. Der Vorsitzende oder Beamte kann vorweg die Entscheidung des Spruchausschusses herbeiführen.

III Für die Behandlung von sonstigen Einzelgebieten der öffentlichen Fürsorge können weitere Ausschüsse berufen werden. Das Nähere bestimmt der Wohlfahrtsausschuß.

Absatz I.

1. Rechtsstellung und Aufgaben des Spruchausschusses im allgemeinen:

Der Spruchausschuß vertritt — in Abweichung von Art. 12 an Stelle des Wohlfahrtsausschusses (Bezirksfürsorgeausschusses) — den BFV. in allen Angelegenheiten, in denen es sich um „Verbescheidung von Anträgen auf Leistungen des Fürsorgeverbandes" handelt. Hierher gehören:

a) Verbescheidung von Anträgen der Hilfsbedürftigen auf Fürsorgeleistungen, (vgl. bisher Arm. G. Art. 32 Abs. I.) Anerkennung oder Ablehnung der Pflicht zur Leistung öffentlicher Fürsorge und Beschlußfassung über Voraussetzung, Art und Maß, (vgl. Art. 52 I Arm. G.)

b) Verbescheidung von Anträgen von Fürsorgeverbänden auf Kostenersatz, Übernahme, Übergabe (vgl. bisher Arm. G. Art. 31.) (Der verbescheidende Fürsorgeverband ist hier passiv beteiligt), auch von Anträgen von Privatpersonen; ebenso Inn.ME. v. 31. 8. 25 Nr. 409 a 3, auch Baumann in Bl. f. öff. Fürs. 1925 S. 12 und Fleischmann-Jäger § 3 Anm. 6 A. S. 13.

c) Der Verbescheidung von Anträgen auswärtiger Fürsorgeverbände auf Kostenersatz wird der Fall gleich zu behandeln sein, in denen der eigene Fürsorgeverband — aktiv beteiligt — Kostenersatz, Übernahme oder Übergabe von auswärtigen Fürsorgeverbänden beansprucht. Wenn auch der Wortlaut des Art. 3 und 12 dies nicht ausspricht, wird bei der Gleichheit des Grundes eine andere Auslegung nicht möglich sein.

d) Ebenso ist der Spruchausschuß zur Beschwerdeführung im Verwaltungsstreitverfahren über Fürsorgeleistungen, nämlich Kostenersatz, Übernahme und Übergabe legitimiert, ihm sind auch die Bescheide zuzustellen. Die Zustellung wird also lauten: An den Bezirksfürsorgeverband, z. H. des Vorsitzenden des Spruchausschusses.

e) Staatsaufsicht. Auch im Staatsaufsichtsverfahren vertritt der Spruchausschuß, nicht der Wohlfahrts(haupt)ausschuß, den BFV.

Zu d und e. Der Verwaltungsgerichtshof hat in E. v. 30. 6. 25 Nr. 41 III 25 und vom 21. 9. 25 Nr. 53 III/25 den Wohlfahrts-(haupt)ausschuß und in E. v. 13. 7. 25 Nr. 24 III 25 (E.Bd. 46 S. 21) den Bezirksfürsorgeausschuß als zur Beschwerde legitimiert behandelt, ohne zur Frage des Verhältnisses zwischen Wohlfahrts(haupt)ausschuß (Bezirksfürsorgeausschuß) und Spruchausschuß Stellung zu nehmen.

Für die Ausstellung von Armenrechtszeugnissen ist nicht der Spruchausschuß, sondern der Wohlfahrts(haupt)ausschuß oder der Ausschuß des Wohlfahrtsbezirks zuständig; s. Art. 1 Anm. 4a. E. Art. 2 Anm. 2a E. u. Art. 7 Anm. 2

Der Spruchausschuß erscheint nach den Ausführungen a—e als gesetzlicher Vertreter des BFV. auf dem Gebiete der Einzelfürsorge. Im übrigen spricht die Vermutung für die Zuständigkeit des Wohlfahrtsausschusses.

Armenrechtliche Wegweisung (§ 5 Freiz. G. i. d. F. d. § 30 RFV.): Ob in diesem Verfahren bei der Antragstellung und bei der Beschwerdeführung die unmittelbaren Städte als BFV. vom Spruchausschuß oder vom Wohlfahrts(haupt)ausschuß vertreten werden, ist fraglich. (Der Stadtrat scheidet als Vertretungsorgan aus.) Antragsberechtigt war nach § 30 II der Vollz.Anw. zum Arm. G. der Armenrat, vgl. Ziegler, Freiz. G. § 5 Anm. 7a u. § 4 Anm. 2a. Auch bei weitgehender Auslegung des Art. 3 wird hier nach dem Wortlaut („Verbescheidung von Anträgen auf Leistungen des Fürsorgeverbandes") eine Vertretungsbefugnis des Spruchausschusses nicht angenommen werden können. Die Vertretung steht demnach dem Wohlfahrts(haupt)ausschuß zu. Art. 12. Die Frage muß im AG. z. RFV. im Sinne eines einheitlichen gesetzlichen Vertretungsorgans geregelt werden.

Eine Befugnis des Wohlfahrtsausschusses, bindende Anordnungen an den Spruchausschuß zu erteilen, besteht nur für allgemeine, eine Vielheit von Fürsorgefällen umfassende Weisungen, nicht für konkrete Einzelfürsorgefälle. Der Hauptausschuß ist nicht befugt, Einzelentscheidungen des Spruchausschusses an sich zu ziehen oder aufzuheben. Auch besteht in Einzelfürsorgefällen für den Wohlfahrtsausschuß und ebenso für den Stadtrat keine Möglichkeit, die Entscheidung des Spruchausschusses abzuändern.

Der Hilfsbedürftige hat daher kein Beschwerderecht an den Wohlfahrts(haupt)ausschuß. Vgl. Baumann Bl. f. öff. Fürs. 1925 S. 12.

Der Spruchausschuß kann ebensowenig wie der Wohlfahrts(haupt) ausschuß seine gesetzlich begründete ausschließliche Zuständigkeit auf ein anderes Vertretungsorgan, z. B. Stadtrat übertragen; s. Art. 1 Anm. 2.

Die Verbescheidung durch den Spruchausschuß bindet die Stadt als BFV.; sie ist für die Stadt endgültige bindende Erklärung.

Gegen die Verbescheidung durch den Spruchausschuß ist für den Hilfsbedürftigen die Anrufung der allgemeinen Staatsaufsicht zulässig; sie geht im allgemeinen an die Regierung, K. d. J.; vgl. für das Armenrecht Art. 8 Abs. II BAB. mit Art. 70 Arm. G., für das Gebiet der Kb.- und Kh.-Fürsorge vgl. Art. 10 Anm. Vgl. im übrigen Art. 13 SVG.

Handelt es sich um einen Kostenersatz-, übernahme- oder übergabestreit zwischen Fürsorgeverbänden, so gibt der Spruchausschuß die für die Stadt als BFV. bindende Parteierklärung ab; hiergegen ist Antrag auf behördliche Entscheidung zulässig nach Maßgabe des Art. 8 Abs. II BAB. Danach ist für Armenfürsorgeersatzstreitigkeiten das Verwaltungsstreitverfahren (Art. 72 ff. Arm. G., Art. 10 Ziff. 5 und 6 Verwaltungsgerichtsgesetz) zugelassen: das gleiche gilt bei Streitigkeiten über Fürsorgeleistungen für hilfsbedürftige Minderjährige, die nach Art. 3 Abs. II, 8 Abs. II u. 9 Abs. II verfahrensrechtlich der Armenfürsorge gleichgestellt sind; zur Frage, ob dieses Verwaltungsstreitverfahren auf der Grundlage des § 29 RFV. und des Art. 8 Abs. II BAB. auch für Verbandsstreitigkeiten auf dem Gebiet der übrigen Sonderfürsorge gilt, liegt eine Entscheidung des Verwaltungsgerichtshofs noch nicht vor; siehe hierüber bayer. Gem. BZ. 1924 Sp. 265 und 465.

2. Rechtsstellung des Spruchausschusses bei Bildung von Wohlfahrtsbezirken (Art. 2) und Unterausschüssen (Art. 3 Abs. III):

Der eine Spruchausschuß ist für die Stadt die letzte Instanz, gegen die es nur die Beschwerde an die Regierung, Kammer des Innern, gibt. Die Stadt kann bei ihren Wohlfahrtsbezirken und bei deren Unterbezirken sowie bei den Mittelbezirken besondere Unterausschüsse bilden und damit mehrere vorentscheidende Stellen in den Instanzenzug einfügen. Diesen Unterausschüssen kann jedoch in Fragen der Einzelfürsorge im Sinne des Art. 3, für die sie praktisch wohl nur in Betracht kommen werden, ein Recht zur Entscheidung insbesondere zur Bewilligung oder Ablehnung von Fürsorgeleistungen gegenüber dem Hilfsbedürftigen nur vorbehaltlich der auf Einspruch zu erholenden endgültigen Entscheidung des Spruchausschusses eingeräumt werden; vgl. Fleischmann-Jäger S. 15 oben. Die Delegation des Spruchausschusses auf diese Unterausschüsse kann daher nicht unter Ausschluß der eigenen Zuständigkeit des Spruchausschusses erfolgen; die in Art. 33 Abs. II Ziff. 1 und 3 Arm. Ges. ausgesprochenen Grundsätze gelten auch ohne ausdrückliche Gesetzesbestimmung für die Unterausschüsse der Verw. BO.; auf die Zulässigkeit des Einspruchs an den Spruchausschuß, oder soweit der Stadtrat weitere Zwischeninstanzen einfügt, des Einspruchs zunächst an diese, ist stets im Bescheid hinzuweisen (Art. 3 Abs. II Satz 3). Erst mit der Entscheidung des Spruchausschusses oder mit dem nichtangefochtenen Bescheid des Unterausschusses wird der BFV. berechtigt oder verpflichtet; eine aufsichtliche Beschwerde des Hilfsbedürftigen ist nur gegen Entscheidungen des Spruchausschusses, nicht aber irgendwelcher Unterausschüsse zulässig. Ein Einspruchsrecht des Vorsitzenden eines Unterausschusses gegen die Beschlußausführung — ähnlich wie im Art. 33 Abs. II Ziff. 2 Arm. Ges. und Ziff. 6 und I. Nachtrag zu den Richtlinien für die Durchführung der VO. vom 8. 2. 1919 (s. RAM. Erl. vom 4. 8. 1922, Mitteilungen der LHFSt. 4. Jahrgang Nr. 4 S. 10) — wird der Stadtrat bei der Regelung der Obliegenheiten des Unterausschusses festsetzen können mit der Wirkung, daß beim Vorliegen des Einspruchs der VWB. ohne eine Entscheidung des Spruchausschusses noch nicht berechtigt oder verpflichtet wird.

3. Die Bezeichnung „Spruchausschuß" entspricht nicht dem Sprachgebrauch anderer Gesetze, auch nicht dem Wesen der Sache. Es handelt sich bei der Verbescheidung der Anträge Hilfsbedürftiger nicht um eine in einem gerichtlichen Verfahren zu fällende Entscheidung, auch nicht um einen erzwingbaren Rechtsanspruch des Fürsorgebedürftigen, wie etwa im Verfahren nach der RVO. § 1636, oder nach dem Gesetz über das Verfahren in Versorgungssachen vom 10. 1. 22 § 2 („Spruchbehörden"), (RGBl. S. 59) sondern um eine nach freiem Verwaltungsermessen unter dem Grundsatz der individuellen Fürsorge erfolgende Bewilligung oder Ablehnung von Fürsorgeleistungen. Bei der Beschlußfassung über Ersatzansprüche anderer Fürsorgeverbände handelt es sich gleichfalls nicht um eine behördliche Entscheidung, sondern um eine Parteierklärung des BFV.

a) Statt Spruchausschuß: Entscheidung im Büroweg s. Abs. II.

b) **Weitere** Ausschüsse neben dem Spruchausschuß und unabhängig von seinem Arbeitsgebiet, z. B. für Anstaltsverwaltung s. Abs. III.

4. Zusammensetzung. Es ist in das Ermessen des Stadtrats gestellt, ob von den Gruppen der Stadtratsmitglieder, der Vertreter der freien Wohlfahrtspflege und der Vertreter der Hilfsbedürftigen je 1 oder je 2 Beisitzer berufen werden wollen, bindend aber ist die Vorschrift, von jeder Gruppe stets die gleiche Zahl zu berufen. Bindend ist also auch die Gesamtzahl 4 **oder** 7.

Auch der Vorsitzende des Spruchausschusses wird vom Stadtrat berufen; er braucht nicht gleichzeitig der Vorsitzende des Wohlfahrtsausschusses zu sein. (Andere Regelung im Falle des Art. 5.)

Über die Auswahl des Vorsitzenden vgl. Fleischmann-Jäger § 3 Anm. 6 A. S. 14 oben.

Ein Vorschlagsrecht der Verbände der freien Wohlfahrtspflege und der Hilfsbedürftigen ist im Gegensatz zu Art. 1 Abs. V u. VI in Art. 3 nicht vorgesehen; die Mitglieder werden vom Wohlfahrtsausschuß **aus seiner Mitte**, also aus der Zahl derer berufen, die bereits von den Verbänden vorgeschlagen sind. Ein nochmaliges Vorschlagsrecht ist daher entbehrlich.

„Aus seiner Mitte": d. h. aus der Mitte der **Mitglieder**, nicht der Stellvertreter des Wohlfahrtsausschusses. Die stellvertretenden Mitglieder des Wohlfahrtsausschusses können aber zu stellvertretenden Mitgliedern des Spruchausschusses bestellt werden. Dabei kann der Gruppenvertreter im Spruchausschuß nur der entsprechenden Gruppe im Wohlfahrtsausschuß entnommen werden.

5. Da die Zahl der Mitglieder des Spruchausschusses beschränkt ist, können nicht alle an sich in Betracht kommenden Vereinigungen und Verbände vertreten sein. Die Beiziehung als stellvertretende Mitglieder kann hier Aushilfe schaffen, um auch kleineren Vereinigungen eine Vertretung zu ermöglichen. Hier ist die Aufstellung **mehrerer**

Stellvertreter mit Rücksicht auf den Wortlaut des Satzes 3 („erforderliche Zahl von Stellvertretern") zweifellos zulässig und daher auch die turnusweise Beiziehung gestattet. Anderer Wortlaut in Art. 1 Abs. VI. Die Aufstellung verschiedener Stellvertreter je nach dem Aufgabengebiet (Kb.-, Kh.-, Sozial- und Kleinrentnerfürsorge) ist zweckmäßig.

Das Mitglied wird nur für seine Person berufen, es wird nicht etwa der Verband vertreten; er kann sich nicht durch wechselnde Personen vertreten lassen. Vgl. Art. 1 Anm. 6.

Vertreter der Hilfsbedürftigen: in Kb.- und Kh.-Sachen: nur Kb. oder Kh.; in anderen, auch Armensachen: Kb., Kh., Sozial- oder Kleinrentner; in Sachen der Klein- und Sozialrentner: regelmäßig diese.

Allen Mitgliedern des Spruchausschusses muß das Einsichtsrecht in die Akten über die zur Beschlußfassung stehenden Einzelfürsorgefälle gewährt werden. Wegen der Pflicht zur Amtsverschwiegenheit s. Art. 11 Abs. III.

Absatz II.

6. Abs. II gibt eine gesetzliche Delegationsmöglichkeit, jedoch mit der Einschränkung, daß im Beschwerdeverfahren die Endentscheidung dem Spruchausschuß vorbehalten bleibt, die Entscheidung des Vorsitzenden also außer Kraft tritt. Gründe der Bestimmung: Rücksichten der Geschäftsvereinfachung und beschleunigtes Verfahren. Die Bestimmung trifft der Wohlfahrtsausschuß, nicht der Spruchausschuß.

Die Bedeutung der Einspruchsfrist, insbesondere im Verhältnis des Hilfsbedürftigen zur Staatsaufsicht (Anweisung der Staatsaufsicht wegen besonderer Notlage auch vor Ablauf der Einspruchsfrist und vor Entscheidung des Spruchausschusses), dann aber in Kostenersatz- und Übernahmestreitigkeiten ist zweifelhaft. Muß ein auf Kostenersatz klagender Verband, bevor er den Antrag auf verwaltungsrechtliche Entscheidung stellt, erst gegen die ablehnende Entscheidung des Vorsitzenden Einspruch einlegen? Wie ist es, wenn er die 14-tägige Einspruchsfrist versäumt? Die Erklärung des B.F.V., seines Vorsitzenden sowohl wie des Spruchausschusses sind reine Parteierklärungen, soweit das Streitverfahren zwischen Fürsorgeverbänden in Frage steht; der Einspruchsfrist des Art. 3 Abs. II kann daher eine materiellrechtliche oder prozessuale Bedeutung für das Verwaltungsstreitverfahren nicht zukommen; sie hat nur die Bedeutung einer Ordnungsvorschrift.

Vorschläge über die Verteilung der Geschäftsaufgaben zwischen dem Vorsitzenden, dem Beamten der Stadt und dem Spruchausschuß s. Fleischmann-Jäger § 3 Anm. 6 A S. 14 unten.

Der „Beamte der Stadt" braucht nicht Mitglied des Spruchausschusses und nicht Mitglied des Wohlfahrtsausschusses zu sein.

Absatz III.

7. Weitere Ausschüsse: neben dem Spruchausschuß. Die weiteren Ausschüsse sind, wie die Worte „sonstigen Einzelgebieten" ergeben, nicht Unterausschüsse des Spruchausschusses und daher nicht zur Verbescheidung von Anträgen auf Leistungen des Fürsorgeverbandes bestimmt. Sie können also den Fürsorgeverband in einzelnen Fürsorgefällen niemals vertreten.

Beispiele weiterer Ausschüsse: Ausschüsse für Anstaltsangelegenheiten, Ausschüsse für Gebrechliche (Blinde, Krüppelhafte), für Kinderfürsorge, für Asoziale, für Auswärtige, für Naturalien (vgl. Wegweiser Nürnberg).

B.F.V. Bezirke.

Bezirksfürsorgeausschuß.

Art. 4.

I Die Geschäfte des Bezirkes als Bezirksfürsorgeverband verwaltet das Bezirksamt mit dem Bezirksfürsorgeausschuß.

II Der Bezirksfürsorgeausschuß besteht aus

a) dem Vorstande des Bezirksamts oder einem seiner Stellvertreter als Vorsitzenden,

b) dem Bezirksarzt,

c) Mitgliedern des Bezirkstages,

d) je einem Geistlichen der katholischen Kirche, der evangelisch-lutherischen Landeskirche rechts des Rheins, der reformierten Kirche, in der Pfalz der protestantischen pfälzischen Landeskirche, insoweit im Bezirke Kirchengemeinden des Bekenntnisses bestehen,

e) Vertretern der im Bezirk tätigen Verbände der freien Wohlfahrtspflege wenigstens in der Hälfte der Zahl der Mitglieder nach c),

f) Vertretern aus den Kreisen der Kriegsbeschädigten und Kriegshinterbliebenen, der Sozialrentner und Kleinrentner wenigstens in der Hälfte der Zahl der Mitglieder nach c), von denen wenigstens die Hälfte den Kriegsbeschädigten und Kriegshinterbliebenen zu entnehmen sind.

III Der Bezirkstag bestimmt die Zahl der aus seiner Mitte abzuordnenden Mitglieder und beruft sie und ebensoviele Stellvertreter für die Dauer seiner Wahlzeit.

IV Die Geistlichen und ihre Stellvertreter ordnet für die Dauer der Wahlzeit die kirchliche Oberbehörde ab. Die Zahl der Vertreter der Verbände der freien Wohlfahrtspflege und der Vertreter der Hilfsbedürftigen (Abs. II f) bestimmt der Bezirkstag; er beruft sie und ebensoviele Stellvertreter für die Dauer seiner Wahlzeit; Art. 1 Abs. V Satz 2 mit 7 und VI gilt entsprechend.

1. Der Bezirksfürsorgeverband des Bezirks und der Bezirk sind eine Rechtspersönlichkeit. Art. 3 Abs. I BAV. E. VGH. v. 13. 7. 24 Nr. 24 III 25.

2. Über die Gründe zur Schaffung eines Sonderorgans des BFV., die Aufstellung bindender Vorschriften über seine Zusammen-

setzung, endlich die Rechtsstellung im Verhältnis zum allgemein gesetzlichen Vertreter (Bezirkstag, Bezirksausschuß) vgl. oben Art. 1 Anm. 1, 2, 6 ferner Art. 3 Anm. 1, Art. 12 Anm. 2.

Hienach ist eine gesetzliche Vertretungsbefugnis des Bezirks als BFV. durch den Bezirkstag oder Bezirksausschuß niemals gegeben (E. VGH. v. 13. 7. 25 Nr. 24 III 25), ausgenommen Haushaltfragen (Art. 12, Abs. I Satz 2).

Die Vertretungsbefugnis obliegt

a) dem Spruchausschuß (Art. 5) für alle in Art. 3 Anm. 1 aufgeführten Angelegenheiten der Einzelfürsorge, auch im verwaltungsrechtlichen Kostenersatzverfahren und im Staatsaufsichtsverfahren,

b) dem Bezirksfürsorgeausschuß für alle übrigen Angelegenheiten des BFV.

Allerdings geht der Verwaltungsgerichtshof in der vorgenannten Entscheidung vom 13. 7. 25 Nr. 24 III 25 davon aus, daß der Bezirksfürsorgeausschuß, nicht der Spruchausschuß, im Streitverfahren den BFV. vertritt, ohne freilich diese Ansicht zu begründen.

Eine Wegweisung im Sinne des § 5 Freiz. G. i. d. F. d. § 30 RFV. kommt für die Bezirke als BFV. nicht in Betracht, da sie nichts mit Armenfürsorge zu tun haben.

Neben dem Bezirksfürsorgeausschuß ist das Bezirksamt als Verwalter des BFV. genannt; diese Verwaltung bezieht sich zunächst auf die Führung der laufenden Geschäfte, vornehmlich Vorbereitung und Vollzug der Beschlüsse des Bezirksfürsorgeausschusses und Spruchausschusses, nicht aber auf die gesetzliche Vertretung des BFV. Vgl. hierzu auch E. VGH. v. 13. 7. 1925 Nr. 24 III 1925. Darüber hinaus steht dem Vorstand des Bezirksamtes das Entscheidungsrecht an Stelle des Spruchausschusses und damit die gesetzliche Vertretung des Bezirks nach Maßgabe des Art. 5 Abs. II zu (beschränkte Delegation, vgl. Art. 3 Anm. 6).

Abgesehen hiervon kann der Bezirksfürsorgeausschuß die ihm obliegenden Aufgaben, z. B. der Aufstellung von Richtsätzen, nicht dem Bezirksamt übertragen. Vgl. Heß Bayer. Gem. V. Z. 1924 Sp. 621 und die genannte E. VGH. v. 13. 7. 1925. Danach ist insbesondere im staatsaufsichtlichen Verfahren stets vor der Anordnung der Staatsaufsichtsbehörde ein Beschluß des zuständigen Bezirksfürsorgeausschusses oder Spruchausschusses herbeizuführen.

Im übrigen finden die Ausführungen über den Wohlfahrts(haupt)-ausschuß (Art. 1 Anm. 2 und Art. 3 Anm. 1) entsprechend auf den Bezirksfürsorgeausschuß Anwendung. Auch über das Verhältnis zwischen Bezirksfürsorgeausschuß und Spruchausschuß gelten die Ausführungen zu Art. 3 Anm. 1 entsprechend.

Wegen der Aufgaben gilt entsprechend Art. 1 Anm. 4. Dem Bezirksfürsorgeausschuß obliegt insbesondere die Aufstellung der Richtsätze und Einkommensätze nach § 33a Abs. I u. II R.-Gr.; vergl. Min.-Bek. vom 24. 10. 25.

3. Die Zusammensetzung des Bezirksfürsorgeausschusses ist jener des Wohlfahrtsausschusses (Art. 1) nachgebildet.

Vorsitzender ist der Vorstand des Bezirksamts oder einer seiner Stellvertreter. Anregungen aus Kreisen der Bezirksvertreter, den Vorsitzenden des Bezirksausschusses (Art. 18 des Selbstverwaltungsgesetzes) mit dem Vorsitz zu betrauen, wurde mit Rücksicht auf die Führung der laufenden Fürsorgegeschäfte durch das Bezirksamt nicht entsprochen. S. hiezu auch Einleitung S. 51.

Über den stellvertretenden Vorsitzenden bestimmt die Verordnung nichts Ausdrückliches, obwohl sie im Art. 5 für den Spruchausschuß den Stellvertreter ausdrücklich benennt. Es muß als der Wille des Gesetzgebers angenommen werden, daß ein Stellvertreter des Bezirksamtsvorstandes zum stellvertretenden Vorsitzenden berufen wird, nicht etwa dritte Personen. Es handelt sich lediglich um eine Ungenauigkeit der Fassung. Als stellv. Vorsitzende kommen im Hinblick auf Ziff. 4 Abs. II der Min.-Bek. v. 31. 11. 1912 i. d. F. der Min.-Bek. vom 6. 4. 1922 (GVBl. S. 224), betr. die Geschäftsführung bei den Versicherungsämtern auch mittlere Beamte in Betracht.

Für die Bezirksamtsaußensitze Landstuhl und Waldmohr wurde durch ME. der Bezirksamtmann am Außensitz zum ständigen stellvertretenden Vorsitzenden ernannt.

Bezirksarzt: sein Stellvertreter im Bezirksfürsorgeausschuß ist der bezirksärztliche Stellvertreter.

Die Beiziehung der Sachbearbeiter oder von Auskunftspersonen zu den Sitzungen des Bezirksfürsorgeausschusses mit beratender Stimme ist zulässig. Wichtig ist insbesondere, auf diese Weise die Bezirksfürsorgerin zu den Sitzungen mit beratender Stimme heranzuziehen. Über die Mitarbeit der Bezirksfürsorgerinnen, insbes. in der Kb.- und Kh.-Fürsorge s. Entschl. der Staatsmin. des Innern und für Soz. Fürs. vom 20. 11. 19 (Mitt. der LHFSt. 1. Jahrg. Nr. 2) und Entschl. d. LHFSt. vom 31. 12. 24 Nr. Ic 11.

Die Notwendigkeit der Mitarbeit der Fürsorgerin (nicht nur mit beratender, sondern mit beschließender Stimme) betont mit überzeugenden Gründen Helene Weber gelegentlich ihres Berichts über „die Berufslage der Fürsorgerinnen" beim 39. Deutschen Fürsorgetag in Breslau 1925 (Verhandlungsbericht Heft 7 der Schriften des Deutschen Vereins); ebenso Martha Heynacher, „die Berufslage der Fürsorgerinnen" S. 31, 32 (Schriften des Deutschen Vereins Heft 6.); s. auch Nachrichtendienst 1926 S. 1.

Wegen Nicht-Berufung auswärts wohnender Mitglieder in den Bezirksfürsorgeausschuß gilt das zu Art. 11 Anm. 1 u. 2 Ausgeführte.

4. Ein Antrag des bayerischen Städtebundes, für mittelbare Städte von größerer Bedeutung auf dem Gebiete des Fürsorgewesens die rechtliche Möglichkeit des Ausscheidens aus dem Bezirksfürsorgeverbande und der Erklärung zu einem selbständigen Fürsorgeverbande zu schaffen, konnte in der Verordnung über die Verwaltung der Fürsorgeverbände noch nicht erledigt werden. Er wird künftig bei der Neuregelung der Bestimmungen in Art. 3 BAV. zu behandeln sein. Über Wohlfahrtsbezirke s. Art. 5 Anm. 2.

5. Die Sachbedürfnisse des BFV. sind vom Bezirk zu tragen. Inn. und Soz. MG. v. 18. 6. 1925 Nr. 1069 a 2. Für das Jugendamt ist diese Frage in Art. 11 JAG. ausdrücklich geregelt.

6. In Abs. II Buchst. d sind die israelitischen Kultusgemeinden im Hinblick auf die geringe Zahl von Israeliten in den Bezirken nicht ausdrücklich aufgeführt.

7. Bezirksarmenpflege (Distriktsarmenpflege). Die Art. 65—68 Arm.-G. sind im Hinblick auf Art. 9 Abs. II BAB. aufrechterhalten. Hiernach bleibt neben dem Bezirksfürsorgeausschuß, neben dem Bezirksausschuß und dem Bezirkstag der verstärkte Bezirksausschuß zur Verwaltung der Bezirksgemeinde, Kranken-, Armen- Erziehungs- und Wohltätigkeitsanstalten, der Bezirks-Spar- und Hilfskassen und der Wandererfürsorgeeinrichtungen aufrechterhalten. Baumann Bl. f. öff. Fürs. 1925 S. 13.

Die Anstalten der Bezirke nach Art. 65 Arm.-G., z. B. Krankenhäuser usw., sind Einrichtungen der Bezirke und nicht der neuen BFV., ihre Unterhaltung gehört deshalb nicht zum Fürsorgeaufwand nach § 1 RFV., kommt vielmehr dem Bezirk als solchen, in der Pfalz also dem Bezirk einschließlich der bezirkszugehörigen kreisunmittelbaren Städte zu. Inn. ME. v. 2. 7. 1925 Nr. 4110 d 100/25. Vgl. Art. 14 Anm. 2 a.

B.F.V. Bezirke.

Spruchausschuß.

Art. 5.

I Beim Bezirksfürsorgeausschuß ist zur Verbescheidung von Anträgen auf Leistungen des Fürsorgeverbandes ein Spruchausschuß zu bilden. Der Spruchausschuß besteht aus dem Vorsitzenden des Bezirksfürsorgeausschusses oder dessen Stellvertreter, ferner nach Bestimmung des Bezirkstages aus 3 oder 6 Beisitzern, die den Gruppen der Bezirkstagsmitglieder, der Vertreter der Verbände der freien Wohlfahrtspflege und der Vertreter der Hilfsbedürftigen (Art. 4 Abs. II f) in gleicher Zahl zu entnehmen sind. In Angelegenheiten der Kriegsbeschädigten- und Kriegshinterbliebenenfürsorge müssen die Vertreter der Hilfsbedürftigen Vertreter der Kriegsbeschädigten und Kriegshinterbliebenen sein. Die Beisitzer des Spruchausschusses und die erforderliche Zahl von Stellvertretern beruft der Bezirksfürsorgeausschuß für die Dauer seiner Wahlzeit aus seiner Mitte.

II Der Bezirksfürsorgeausschuß kann die Entscheidung über Anträge dem Vorsitzenden allein übertragen. Gegen dessen Entscheidung steht den Beteiligten binnen 14 Tagen, von der Zustellung an gerechnet, der Einspruch zum Spruchausschuß zu. Auf das Einspruchsrecht ist im Bescheid hinzuweisen. Der Vorsitzende kann vorweg die Entscheidung des Spruchausschusses herbeiführen.

III Für die Behandlung von sonstigen Einzelgebieten der öffentlichen Fürsorge können weitere Ausschüsse berufen werden. Das Nähere bestimmt der Bezirksfürsorgeausschuß.

Absatz I.

1. Die Bestimmungen entsprechen dem Art. 3. Für die Rechtsstellung des Spruchausschusses gelten auch hier die für den Spruch-

ausschuß unmittelbarer Städte gegebenen Ausführungen entsprechend (Art. 3 Anm. 1, Art. 4 Anm. 1), doch ist hier im Gegensatz zu Art. 3 Abs. I Satz 3 kraft Gesetzes der Vorsitzende des Bezirksfürsorgeausschusses, d. i. der Bezirksamtsvorstand oder einer seiner Stellvertreter, Vorsitzender des Spruchausschusses.

Die Gesamtzahl der Mitglieder des Spruchausschusses kann nur entweder 4 oder 7 betragen.

Wegen Beiziehung mit beratender Stimme, z. B. der Bezirksfürsorgerin s. oben Art. 4 Anm. 3 am Ende.

2. Die Bildung eigener Wohlfahrtsbezirke innerhalb des Bezirkes ist nicht vorgesehen. Mittelbare Städte können daher keine eigenen Wohlfahrtsbezirke weder mit eigenen Spruchausschüssen noch mit eigenen Bezirksfürsorgeausschüssen bilden, s. auch Art. 4 Anm. 3.

Absatz II u. III.

3. Über die Bedeutung des Abs. II (Delegation), insbesondere auch der Einspruchsfrist s. Art. 3 Anm. 6.

Über weitere Ausschüsse s. Art. 3 Anm. 7.

Kb.- u. Kh.-Fürsorgestellen.

Art. 6.

I Die Aufgaben der amtlichen Fürsorgestellen (§ 9 der RV. über die soziale Kriegsbeschädigten- und Kriegshinterbliebenen-Fürsorge vom 8. 2. 1919 in der Fassung des § 34 RFV.) werden, soweit es sich um Aufgaben nach der RFV. handelt, den Verwaltungsorganen der Bezirksfürsorgeverbände (Art. 1 bis 5) übertragen. Ihre sonstigen Aufgaben gehen auf die Bezirksverwaltungsbehörden über.

II Die Spruchausschüsse (Art. 3 und 5) sind Beiräte im Sinne der RV. vom 8. 2. 1919.

1. Durch diese Bestimmung werden die amtlichen Fürsorgestellen für Kb.- und Kh.-Fürsorge, bisher den Bezirksverwaltungsbehörden angegliedert, nunmehr diesen Behörden völlig eingegliedert und damit in den Aufgabenbereich der inneren Verwaltung übernommen. Die reichsrechtliche Grundlage hierfür bietet § 10 der VO. v. 8. 2. 1919 i. d. F. des § 34 RFV. und der § 27 des Schwerbeschädigtengesetzes i. d. F. des § 33 RFV.

Die Kreishauptfürsorgestellen und die Landeshauptfürsorgestelle sind aufrechterhalten geblieben (siehe Art. 10).

2. Zu unterscheiden sind

a) die Aufgaben, die die amtlichen Fürsorgestellen auf dem Gebiet der Kb.- und Kh.-Fürsorge gemäß §§ 18—32 der Reichsgrundsätze (abgedr. oben S. 28) zu erfüllen haben; diese Aufgaben der Fürsorgestellen sind reichsrechtlich bereits durch die RFV. auf die durch sie geschaffenen Fürsorgeverbände übertragen worden. Es konnte sich nur darum handeln, für die Ausführung d. h. die geschäftsmäßige Durchführung dieser Aufgaben, die notwendigen Organe zu schaffen. Hier war es zur Vermeidung einer Zersplitterung notwendig, die allgemeinen Verwaltungsorgane der BFV., also die

Wohlfahrtsausschüsse (Bezirksfürsorgeausschüsse) und deren Spruchausschüsse mit der Durchführung auch der Aufgaben der Kb.- und Kh.-Fürsorge zu betrauen; die Spruchausschüsse wurden jedoch für diese Aufgaben im Vollzug des § 10 Satz 1 der VO. v. 8. 2. 1919 i. d. F. des § 34 RFV. besonders zusammengesetzt (Art. 3 Abs. I Satz 3 und Art. 5 Abs. I Satz 3).

Ähnlich wie im Art. 6 für die Fürsorgestellen geschehen, hat auch Preußen im § 10 der Ausf. VO. v. 17. 4. 24, 20. 6. 24 zur RFV. die Aufgaben der Fürsorgestellen und Hauptfürsorgestelle auf die Verwaltungsorgane der Bezirksfürsorgeverbände und Landesfürsorgeverbände übertragen.

b) Die „sonstigen Aufgaben" der Fürsorgestellen, d. h. die außerhalb der RFV. den Fürsorgestellen obliegenden Aufgaben, insbesondere die Mitwirkung im Versorgungswesen, (Zusatzrenten — Kapitalabfindung — Beamtenscheinangelegenheiten — Altfonds — Mitwirkung im Umanerkennungsverfahren nach RVG. und Altrentnergesetz usw.) und im Vollzug des Schwerbeschädigtengesetzes (§ 27 Schwerbeschädigtengesetz i. d. F. des § 33 RFV.), gehen nach Abs. I Satz 2 auf die Bezirksverwaltungsbehörden über. Es handelt sich hier vorwiegend um Aufgaben, die nicht den BFV. als Trägern der Fürsorge obliegen, sondern um eine staatliche Verwaltungstätigkeit, um behördliche Aufgaben der Fürsorgestellen, weshalb diese Aufgaben nicht etwa den Verwaltungsorganen der Fürsorgeverbände, vielmehr den allgemeinen Außenstellen der inneren Verwaltung, also den Bezirksverwaltungsbehörden zu übertragen waren; dies sind die Bezirksämter und die unmittelbaren Stadträte (Art. 96, 94, 156 Abs. V Gem. O.) Vgl. Art. 10 Anm. 2 b.

3. Mit der Eingliederung der Fürsorgestellen werden die für sie einschlägigen Bestimmungen der §§ 3, 7, 8, 9 und 12 der Bayer. VO. vom 16. 3. 21 über die soziale Kb.- und Kh.-Fürsorge (GVBl. S. 99) überholt. Insbesondere sind damit auch die gemeinschaftlichen Fürsorgestellen (§ 8 der VO. vom 16. 3. 1921) in das neue Recht überzuleiten; s. § 9 VO. v. 8. 2. 1919 (RGBl. S. 187) und Art. 4 BAV. über die Aufrechterhaltung der gemeinsamen Fürsorgestellen s. Bayer. Gem. VZ. 1925 Sp. 305. Vorbilder für den Verwaltungsaufbau gemeinschaftlicher Fürsorgestellen und außer den gemeinschaftlichen Kb.- und Kh.-Fürsorgestellen der vorbenannten VO. die gemeinschaftlichen Versicherungsämter nach § 36 RVO., die gemeinsamen Arbeitsnachweise nach § 4 Satz 2 Arbeitsnachweisgesetz, die gemeinsamen Jugendämter nach Art. 2 JAG. Zustimmend für den übertragenen Wirkungskreis der amtlichen Fürsorgestellen nach Art. 6 Abs. I Satz 2, dagegen abweichend für den übrigen Wirkungskreis (eigentliche Fürsorgeaufgaben) Soz. ME. v. 31. 7. 1925 Nr. 2750 a 112 in Abänderung des Standpunktes der Soz. ME. vom 29. Jan. 1925 Nr. 2750/35. Die Frage der rechtlichen Zulässigkeit ist in der genannten ME. v. 31. 7. 1925 noch offen gelassen.

4. Siehe im übrigen über das Rechtsverhältnis zu den Kreishauptfürsorgestellen Art. 10.

5. Die Spruchausschüsse (Abs. II) sind an die Stelle der Beiräte nach der VO. vom 8. 2. 1919 (§ 9 verbunden mit § 6) getreten.

Die Zweifelsfragen, die sich aus der Zuständigkeitsabgrenzung zwischen Wohlfahrtsausschüssen (Bezirksfürsorgeausschüssen) und Spruchausschüssen ergeben, bestehen auch hier. Je nachdem man die reichsrechtliche Aufgabenzuteilung an die Beiräte oder die landesrechtliche Zuständigkeitsabgrenzung der Spruchausschüsse bei der Auslegung in den Vordergrund stellt, werden die Fragen verschieden gelöst werden; auch hier werden in der Übergangszeit bis zur gesetzlichen Regelung Erfahrungen gesammelt werden müssen, um bei der endgültigen Regelung eine dem praktischen Bedürfnis entsprechende Lösung klar vorzuschreiben.

Ortsfürsorgeverbände.

Art. 7.

I Die Geschäfte des Ortsfürsorgeverbandes verwaltet der Ortsfürsorgeausschuß.

II Er besteht aus

a) den Bürgermeistern der Gemeinde,
b) weiteren Mitgliedern des Stadt- oder Gemeinderates,
c) den Pfarrern der Pfarreien, zu deren Sprengeln der Ortsfürsorgeverband gehört,
d) dem Rabbiner, wenn ein solcher im Ortsfürsorgeverband seinen Sitz hat, anderenfalls aus einem abgeordneten Mitglied der israelitischen Kultusverwaltung (in der Pfalz des Synagogenausschusses), wenn eine solche in der Gemeinde besteht,
e) dem Bezirksarzt, wenn er im Ortsfürsorgeverband seinen Sitz hat,
f) weiteren gewählten Mitgliedern.

III Der Stadtrat (Gemeinderat) bestimmt die Zahl der Mitglieder nach Abs. II b und ordnet sie und ebensoviele Stellvertreter für die Dauer seiner Wahlzeit ab. Er bestimmt die Zahl der Mitglieder nach Abs. II f und wählt sie und ebensoviele Stellvertreter für die Dauer seiner Wahlzeit. Hierbei ist darauf zu achten, daß auch Personen aus den Kreisen der freien Wohlfahrtspflege beigezogen werden.

IV Die Stellvertreter im Pfarramt, ferner die mit vollen pfarrlichen Rechten ausgestatteten Seelsorgegeistlichen stehen den Pfarrern gleich. In Gemeinden, die ganz oder teilweise zu einem Seelsorgebezirk gehören, für den ein eigener Geistlicher bestellt ist, kann die Staatsaufsichtsbehörde diesen auf Antrag des Pfarrers an dessen Stelle in widerruflicher Weise als selbständiges Mitglied des Ortsfürsorgeausschusses bestimmen. Er steht dann im Ortsfürsorgeausschuß dem Pfarrer gleich. Seine Geschäftsführung unterliegt jedoch der Aufsicht des Pfarrers. Sind in einer protestantischen Pfarrei mehrere Pfarrer angestellt, so ist der 1. (in der Pfalz der mit höherer Amtswürde, bei gleicher Amtswürde mit höherem Dienstalter) zum Mitglied des Ortsfürsorgeausschusses berufen. Eine andere Regelung durch die beteiligten Pfarrer ist zulässig.

V Den Vorsitz führt in den Gemeinden mit vormals städtischer Verfassung und in den Gemeinden mit pfälzischer Gemeindeverfassung der Bürgermeister, von mehreren der erste; in andern Gemeinden der Pfarrer, von mehreren Pfarrern der Pfarrer des überwiegenden Bekenntnisses, dessen Pfarrei die meisten Angehörigen dieses Bekenntnisses im Ortsfürsorgeverband umfaßt; eine andere Vereinbarung unter den Pfarrern bleibt vorbehalten. Den Stellvertreter des Vorsitzenden bestimmt der Ortsfürsorgeausschuß aus seiner Mitte.

1. Ortsfürsorgeverbände sind nach Art 3 Abs. II BAV. (abgedr. oben S. 45) die mittelbaren Gemeinden und zwar für das Gebiet der Armenfürsorge und der Fürsorge für hilfsbedürftige Minderjährige; sie haben im Sinne der RFV. die Rechtsstellung von BFV. Die Ortsfürsorgeverbände, deren Rechtspersönlichkeit identisch mit jener der Gemeinden ist, sind an die Stelle der Ortsarmenverbände getreten. (Vgl. E. VGH. vom 13. 7. 1924 Nr. 24. III. 25.) Wegen der Überleitung der Ortsarmenverbände in die Ortsfürsorgeverbände vgl. Heß Gem. VZ. 1924 Sp. 548 ff., insbesondere 550.

Die Aufstellung von Richtsätzen nach § 33a für das Gebiet der Armenfürsorge und der Minderjährigenfürsorge Abs. I RGr. von der obersten Landesbehörde den Bezirksämtern zu übertragen.

2. Die Frage, ob künftig Ortsfürsorgeverbände und Bezirksfürsorgeverbände mit ihrer bisherigen Zuständigkeitsabgrenzung nebeneinander erhalten bleiben sollen, oder, ob und in wieweit eine Vereinigung der Verbände oder doch eine gewisse Zusammenfassung der Aufgaben, z. B. zur Vermeidung von verwaltungsrechtlichen Ersatzstreitigkeiten zwischen OFV. und BFV. oder zur Verminderung der Zahl der prozeßberechtigten Fürsorgeverbände möglich und zweckmäßig ist, wird das Ausführungsgesetz zu entscheiden haben. Wie auch diese Entscheidung fallen mag, notwendig ist und bleibt auf alle Fälle die Mitarbeit der seither in der Armenfürsorge und in den Gemeinden tätigen Kräfte, s. auch Art. 3 Anm. 8 wegen Unzulässigkeit der OFV.

3. In den Ortsfürsorgeverbänden tritt nach der Verw. VO. v. 12. 1. 25 an die Stelle des Armenrats der Ortsfürsorgeausschuß. In sämtlichen mittelbaren Gemeinden ist daher sofort ein Ortsfürsorgeausschuß zu bilden.

Der neugebildete Ortsfürsorgeausschuß wird zunächst sofort die Geschäfte zu erledigen haben, die seit dem 1. 1. 25 angefallen sind. Für die Zeit vom 1. 1. 25 bis 13. 1. 25 fehlte es an einem gesetzlichen Vertreter des OFV., vgl. hierüber Art. 15 Anm. 2.

4. Die Zusammensetzung des Ortsfürsorgeausschusses ist im wesentlichen derjenigen des Armenrates (Art. 22 Arm. Ges.) mit den sich aus dem Selbstverwaltungsgesetz ergebenden Änderungen nachgebildet. (Vgl. SVG. vom 22. 5. 1919 Art. 6 Abs. III Z. 2 mit der Abänderung durch das Gemeindewahlgesetz vom 6. 11. 1924 Art. 4 Abs. II und 9 (GVBl. 1919 S. 239, 1924 S. 211), im übrigen Pöll UWG.). Insbesondere ist auch der Vorsitz im Sinne des Art. 22 Arm. Ges. geregelt; hinsichtlich der Anregungen des Verbandes der Landgemeinden, dem Bürgermeister den Vorsitz zu übertragen, konnte bei der grundsätzlichen Bedeutung der Frage dem endgültigen Ausführungsgesetz nicht vorgegriffen werden.

Zu Abs. II Buchst. a:

„den Bürgermeistern": also den mehreren Bürgermeistern, falls vom Gemeinderat nach Art. 4 Abs. II Gem.-VG. mehrere (höchstens 3) bestellt sind. Diese Regelung weicht von der für unmittelbare Städte geltenden Bestimmung des Art. 1 Abs. I Buchst. a ab.

Wegen des Vorsitzes im Ortsfürsorgeausschuß s. Abs. V.

Zu Abs. II Buchst. c ist die Bestimmung des Art. 22 Abs. III Arm. Ges. nicht übernommen, weil für die OFV. ohne praktische Bedeutung.

Zu Abs. II Buchst. f:

„Weiteren gewählten Mitgliedern": also mindestens zwei.

Art. 7 Abs. IV Verw. VO. entspricht der Bestimmung des Art. 23 und 24 Arm. Ges., jedoch mit den Änderungen, die sich aus dem Wegfall der Bestimmungen über stimmberechtigte und beratende Teilnahme der Pfarrer (Art. 22 III Arm. Ges.) ergeben.

Die Bestimmung in Art. 22 Abs. IV (Frauen als Mitglieder) ist nicht mehr besonders aufgenommen; doch ist es durchaus zweckmäßig, unter den nach Abs. II Buchst. f aufgeführten „weiteren gewählten Mitgliedern" auch Frauen zu wählen.

5. Der Ortsfürsorgeausschuß ist Verwaltungsorgan (gesetzl. Vertreter) des Ortsfürsorgeverbands; dem Gemeinderat steht keinerlei gesetzliche Vertretung des OFV. zu. Ein besonderer Spruchausschuß besteht für den Ortsfürsorgeverband nicht; der Ortsfürsorgeausschuß vereinigt in sich die Rechtsstellung sowohl des Wohlfahrtsausschusses (Art. 1) als auch des Spruchausschusses (Art. 3) s. Art. 1 Anm. 2 und Art. 3 Anm. 1, insbesondere Art. 13.

6. Zu Abs. V Schlußsatz Stellvertreter des Vorsitzenden: In Gemeinden mit vormals städtischer Verfassung und in Gemeinden mit pfälzischer Gemeindeverfassung wird dies meist der 2. Bürgermeister sein.

7. Armenrechtszeugnis. Die Zeugnisse nach der MB. vom 13. 2. 1920 wurden bisher vom Armenrat oder von Bezirkspflegeausschuß (Art. 27 Arm.G.) ausgestellt. Pöll 2. Aufl. S. 278 zu Art. 31 Arm.-G. Sie sind nunmehr von den Ortsfürsorgeausschüssen (Art. 7) oder den Wohlfahrtsausschüssen (Art. 1) auszustellen. Inn. ME. vom 31. 8. 1925 Nr. 4091 a 3.

Vorbemerkung zu Art. 8—10.

Art. 8, 9, 10 müssen wegen ihres Zusammenhanges gemeinsam betrachtet werden. Die Gründe, die zunächst äußerer Anlaß für den Erlaß der Verw. VO. waren, (Vermeidung der Armenratswahlen) kommen hier nicht in Betracht; zweckmäßig aber war es, mit der Regelung der Verwaltungsorgane der Bezirksfürsorgeverbände auch jene der Landesfürsorgeverbände zu ordnen.

Nach Art. 2 und 6 VAV. (abgedr. oben S. 45) obliegen dem Landesfürsorgeverband Kreis die dort bezeichneten Aufgaben der Anstaltsfürsorge, der Fürsorge für Landfürsorgebedürftige, Auslandsdeutsche, Ausländer. Nach Art. 2 und 7 VAV., (abgedruckt oben S. 45 ff.) ist für gewisse allgemeine Aufgaben und insbesondere Aufgaben auf dem Gebiet der Kb.- und Kh.-Fürsorge auch der Staat als Landesfürsorgeverband erklärt. Ein organischer Zusammenhang zwischen Landesfürsorgeverband Staat und den Landesfürsorgeverbänden der Kreise wurde in der VAV. nicht hergestellt; das Ausführungsgesetz wird zu entscheiden haben, ob etwa ein Landesfürsorgeverband für das ganze Staatsgebiet mit 8 Zweigverbänden je für jeden Kreis zu bilden ist. In den bisherigen Bestimmungen ist auch eigener und übertragener Wirkungskreis der Landesfürsorgeverbände der Kreise nicht geschieden. Auch hier bleibt die Regelung dem Gesetz vorbehalten.

L F.V.-Kreis.

Art. 8.

I Die Geschäfte des Kreises als Landesfürsorgeverband verwaltet der Kreisfürsorgeausschuß.

II Er besteht aus

a) dem Vorsitzenden,
b) dem Leiter der Kreishauptfürsorgestelle der Kriegsbeschädigten und Kriegshinterbliebenen, falls er nicht Vorsitzender ist,
c) Mitgliedern des Kreistags,
d) Vertretern der im Regierungsbezirk tätigen Verbände der freien Wohlfahrtspflege wenigstens in der Hälfte der Zahl der Mitglieder nach c),
e) Vertretern aus den Kreisen der Kriegsbeschädigten und Kriegshinterbliebenen, der Sozialrentner und Kleinrentner wenigstens in der Hälfte der Zahl der Mitglieder nach c), von denen wenigstens die Hälfte den Kriegsbeschädigten und Kriegshinterbliebenen zu entnehmen sind,
f) je einem Vertreter eines Wohlfahrtsausschusses und eines Bezirksfürsorgeausschusses (Art. 1 u. 5) der zum Kreise gehörigen Bezirksfürsorgeverbände.

III Der Vorsitzende und dessen Stellvertreter werden vom Ministerium des Innern und vom Ministerium für Soziale Fürsorge aus den höheren Beamten der inneren Verwaltung bestimmt.

IV Der Kreisausschuß bestimmt die Zahl der Kreistagsmitglieder und beruft sie und die Vertreter nach Abs. II f sowie ebensoviele Stellvertreter für die Dauer seiner Wahlzeit. Er bestimmt auch die Zahl der Vertreter der Verbände der freien Wohlfahrtspflege sowie der Vertreter der Hilfsbedürftigen (Abs. II e) und beruft sie und ebensoviele Stellvertreter für die Dauer seiner Wahlzeit. Die Vertreter der Kriegsbeschädigten und Kriegshinterbliebenen bringt der Beirat der Kreishauptfürsorgestellen für Kriegsbeschädigte und Kriegshinterbliebene in Vorschlag. Im übrigen gilt Art. 1 Abs. V Satz 2 mit 7 und Abs. VI entsprechend.

V Der Kreisfürsorgeausschuß kann für die Behandlung von Einzelgebieten der öffentlichen Fürsorge Ausschüsse bilden. Er kann die Verbescheidung von Anträgen auf Leistungen des Fürsorgeverbandes einem Ausschuß oder dem Vorsitzenden allein übertragen.

Zu Absatz I.

1. Kreis und Landesfürsorgeverband-Kreis sind ein und dieselbe Rechtspersönlichkeit (vgl. entsprechend Art. 1 Anm. 1).

2. Für die Schaffung eines eigenen Verwaltungsorgans (gesetzlichen Vertreters) des Kreises als LFV. neben dem allgemeinen Verwaltungsorgan (gesetzlichen Vertreter) des Kreises, dem Kreistag, (s. Art. 9 Gemeindewahlges.), sind die gleichen Erwägungen maßgebend, die zur Schaffung des Wohlfahrtsausschusses (neben dem Stadtrat) bei den unmittelbaren Städten geführt haben (s. Art. 1 Anm. 1).

3. Der Kreisfürsorgeausschuß tritt für das Gebiet der Armenfürsorge des LFV. Kreis, an die Stelle des Landarmenrats; er hat jedoch darüber hinaus die gesetzliche Vertretungsbefugnis des Kreises als LFV. auch für alle übrigen Aufgaben des Kreises auf dem Gebiet der öffentlichen Fürsorge (Art. 6 BAV.) und für alle Personenkreise, die nach § 1 Abs. I und II RFV. unter die öffentliche Fürsorge fallen.

Auch die etwa erforderliche Aufstellung von Richtsätzen nach § 33 a a RGr. kommt ihm für Landesfürsorgebedürftige zu, falls die Übertragung durch die Oberste Landesbehörde erfolgt.

4. Die Rechtstellung des Kreisfürsorgeausschusses entspricht wie diejenige des Ortsfürsorgeausschusses (Art. 7) der zusammengefaßten Rechtstellung von Wohlfahrtsausschuß (Bezirksfürsorgeausschuß) und Spruchausschuß zusammen, ein eigener Spruchausschuß besteht beim Kreisfürsorgeausschuß nicht.

Die Errichtung eines Spruchausschusses war deshalb nicht so sehr veranlaßt, weil gemäß Art. 6 BAV. keine unmittelbare Fürsorgepflicht des Kreises als LFV. gegenüber dem Hilfsbedürftigen besteht und daher auch nicht über Anträge der Hilfsbedürftigen, sondern nur (außer Art. 6 I c, d BAV.) der Fürsorgeverbände zu entscheiden ist.

Der Kreisfürsorgeausschuß ist der einzige und ausschließlich zuständige gesetzliche Vertreter des Kreises als LFV. (Art. 12.) Er hat die Tätigkeit des Landarmenrats mit zu übernehmen, ist aber darüber hinaus für die Angelegenheiten des Art. 6 BAV., auch soweit es sich um die Personenkreise der Kb. und Kh., Sozialrentner, Kleinrentner usw. handelt, als das zuständige Vertretungsorgan des LFV. zu erachten. Daran wird auch die Bestimmung des Art. 10 über die Aufrechterhaltung der Kreishauptfürsorgestellen nichts ändern, da sich diese Vorschrift nicht auf die Vertretung des Kreises als LFV. bezieht (s. Art. 10 Anm. 1 a).

Zu Absatz II—IV.

5. Die Zusammensetzung des Kreisfürsorgeausschusses ist unter Berücksichtigung der früheren Zusammensetzung des Landarmenrats und unter Beachtung der mit Rücksicht auf die erweiterte Tätigkeit des Kreisfürsorgeausschusses notwendigen Ergänzungen (vgl. besonders Abs. II Buchst. b, d, e) geregelt. Der Vorsitzende ist, wie beim Bezirksfürsorgeausschuß (Art. 4) nicht identisch mit dem Vorsitzenden des gesetzlichen Vertreters der Kreises als Selbstverwaltungskörper (Kreistag u. -ausschuß). Dies hat seine Berechtigung, schon aus finanziellen Gründen, in der nur beschränkt ausgebauten Selbstverwaltung der Kreise. Die Bestellung des Vorsitzenden durch die zuständigen Ministerien entspricht der Bestimmung des Art. 50 Abs. II Arm. G.

Den Medizinalreferenten der Regierung als Mitglied vorzusehen, wurde erwogen, jedoch mit Rücksicht auf seine Tätigkeit als amtlicher Gutachter auch im Streitverfahren und die sich daraus insbesondere unter Umständen für das Verwaltungsrechtsverfahren ergebenden rechtlichen Bedenken unterlassen.

Die Kreisfürsorgerin ist gleichfalls nicht Mitglied des Kreisfürsorgeausschusses; sie wird jedoch nicht nur in die nach Abs. V gebildeten Unterausschüsse beizuziehen, sondern beratend und begutachtend auch zu den Sitzungen des Kreisfürsorgeausschusses zu berufen sein.

Zu Abs. II Buchst. f: Diese neue Bestimmung ist wertvoll, um dem LFV. die Mitarbeit und die Erfahrungen der Bezirksfürsorgeverbände nutzbar zu machen.

Gegen die Hereinnahme von Vertretern der Wohlfahrtsausschüsse und Bezirksfürsorgeausschüsse in den Kreisfürsorgeausschuß wurden zwar rechtliche Bedenken laut wegen der möglichen Interessenkollision bei Streit zwischen dem LFV. und dem Bezirks-FV., dessen Vertreter im Kreisfürsorgeausschuß Mitglied ist; man wird jedoch mangels gegenteiliger gesetzlicher Bestimmung annehmen können, daß selbst in Angelegenheiten des eigenen Bezirks-FV. der aus dem dortigen Ausschuß berufene Vertreter stimmberechtigt ist, da er ja nur ein Mitglied des kollegialen Vertretungsorgans ist und da nicht etwa der Grundgedanke des Art. 103 Gem. O. zutrifft. Andernfalls hätte in Fällen solcher Interessenkollision das Mitglied sich in der einzelnen Frage der Mitwirkung im Kreisfürsorgeausschuß zu enthalten.

Zu Absatz IV.

Es fragt sich, ob im Satz 4 die Worte „im übrigen" sich nur auf den vorangehenden Satz 3 oder auf den ganzen Absatz beziehen. Im letzteren Falle gelten diese Worte für alle Gruppen von Hilfsbedürftigen, also auch für die Kb.- und Kh.-Vertreter; der Beirat der Kreishauptfürsorgestelle hat daher die Vorschläge der Kb. und Kh. einzuholen. E. d. L. H. F. St. vom 10. 2. 1925.

Zu Absatz V.

6. a) Die Bestimmung spricht in Satz I von der Bildung von Ausschüssen für die Behandlung von Einzelgebieten der öffentlichen Fürsorge. Die Bildung der Ausschüsse ist also nicht auf Einzelfürsorgefälle beschränkt, sondern kann auch für allgemeine Angelegenheiten des LFV. erfolgen, z. B. für Anstaltsfragen, für die Behandlung der Zuschüsse an leistungsunfähige BFV. usw. Die Bestimmung ist dem Wortlaut des Art. 3 Abs. III und Art. 5 Abs. III nachgebildet.

b) Der Satz 2 entspricht mit den Worten „Verbescheidung von Anträgen auf Fürsorgeleistungen" den für die Spruchausschüsse (Art. 3 und 5) gegebenen Vorschriften.

c) Bei der Frage der Rechtstellung dieser Ausschüsse, insbesondere ihrer gesetzlichen Vertretungsbefugnisse für den BFV.-Kreis, wird zur Auslegung der Bedeutung des Art. 8 Abs. V und des Art. 12 nicht so sehr an die Rechtstellung der Wohlfahrtsausschüsse (Bezirksfürsorgeausschüsse) zu den Spruchausschüssen, als vielmehr an die Rechtsstellung des bisherigen Landarmenrats und seines Vorstandes anzuknüpfen sein.

aa) Nach Art. 54 Arm. Ges. war der Vorstand des Landarmenrats nach außen hin unbeschränkt befugt, den LAV. in allen Rechtsgeschäften zu vertreten, also auch im notariellen und grundbuchamtlichen Verkehr. Eine Beschränkung der Vertretungsbefugnis durch die Satzung (Art. 53 Abs. 3 Arm. Ges.) war zwar möglich, verpflichtete aber den Vorstand nur nach innen hin dem Landarmenrat gegenüber, (zur Meidung der Haftung bei Überschreitung seiner Vertretungsbefugnisse) zur Einhaltung der Beschränkungen, nicht aber nach außen Dritten gegenüber (Pöll, Arm. Ges. Anm. 1 zu Art. 54). Eine Beschränkung der Vertretungsbefugnis in der Vollmachtserteilung an den Vorstand auch mit Wirkung nach außen hin, etwa entsprechend der Bestimmung im § 30 BGB. (besonderer Vertreter mit zugewiesenem Aufgabenkreis), kannte das Armengesetz für den Landarmenratsvorstand nicht. Insbesondere hat der Verwaltungsgerichtshof im Verwaltungsstreitverfahren (Kostenersatz-, Übernahmestreit) stets ohne Vorlage einer Vollmacht die ausschließliche Vertretungsbefugnis des Landarmenratsvorstands allein zur Einlegung von Beschwerden usw. anerkannt (anders s. dagegen beim Ortsarmenverband, den der Vorsitzende des Armenrats nicht allein gesetzlich vertreten konnte).

bb) Das neue Recht enthält über die Vertretungsbefugnis eine ausdrückliche Bestimmung nur in Art. 12, worin für den BFV.-Kreis dem Kreisfürsorgeausschuß Vertreterstellung eingeräumt ist. Eine ausdrückliche Bestimmung darüber, ob und inwieweit mit Wirkung nach außen hin (Dritten gegenüber) auch der beim Kreisfürsorgeausschuß gebildete Unterausschuß (Art. 8 Abs. V), oder der Vorsitzende vertretungsberechtigt ist, enthält die VO. nicht; aus Art. 12 folgt jedenfalls sicher das eine, daß primär vertretungsberechtigt der Kreisfürsorgeausschuß ist und daß für seine Vertretungsbefugnis die Vermutung spricht. Es fragt sich nur, ob der Abs. V nur für das interne Rechtsverhältnis des Kreisfürsorgeausschusses zu dem von ihm gebildeten Ausschuß und zu dem Vorsitzenden oder aber auch für die Rechtstellung dieser Ausschüsse und des Vorsitzenden nach außen hin Dritten gegenüber Bedeutung hat. Hier wird die Klärung der Frage nur durch den Gesetzgeber erfolgen können. Aus dem Fehlen einer dem Art. 54 Grm. G. entsprechenden Bestimmung für den Vorsitzenden und die in der Verwaltungsverordnung neu eingeführten Ausschüsse würde zunächst zu folgern sein, daß deren Befugnis nicht die allgemeine Vertretungsmacht nach außen hin mit umfassen kann, daß also der Kreisfürsorgeausschuß der alleinige Vertreter nach außen wäre (natürlich vorbehaltlich der Bevollmächtigung dieses Ausschusses oder des Vorsitzenden für ein einzelnes Rechtsgeschäft). Dies würde zu einer außerordentlichen Verzögerung der Behandlung der laufenden Geschäfte führen und wäre ein Rückschritt gegenüber dem Artikel 54 Arm. Ges. Es bleibt abzuwarten, ob die Rechtsprechung die Vertretungsbefugnis der nach Abs. V gebildeten Ausschüsse sowie des Vorsitzenden für den rechtsgeschäftlichen Verkehr auch mit Wirkung nach außen hin auf Grund eines generellen Bevollmächtigungsbeschlusses anerkennt. Bei der Abfassung der Bestimmungen sind jedenfalls die Staatsministerien des Innern und für soziale Fürsorge von der Zulässigkeit der Vertretung des LFV. durch die nach Abs. V gebildeten Ausschüsse oder den Vorsitzenden allein ausgegangen; die Rechtsstellung dieser Vertretungsorgane ist darnach im wesentlichen die gleiche, wie die der Spruchausschüsse (Art. 3 Anm. 1, Buchstabe a—e).

Für die Praxis wäre dies erwünscht.

Der Umfang der Vertretungsbefugnis des Ausschusses oder des Vorsitzenden bemißt sich in diesem Fall nach dem Vollmachtsbeschluß des Kreisfürsorgeausschusses, dieser kann auch mit Wirkung gegen Dritte die Vollmacht beschränkt oder unbeschränkt erteilen.

7. Ein Recht des Kreisausschusses, etwa wie nach Art. 53 Abs. II und III Arm. G. eine Satzung über den Geschäftsgang des Kreisfürsorgeausschusses und die Art seiner Beschlußfassung zu erlassen, besteht nicht, vielmehr hat der Kreisfürsorgeausschuß selbst Geschäftsgang und Art der Beschlußfassung zu regeln.

8. Da eine Einschränkung der Vertretungsbefugnis des Kreisfürsorgeausschusses im Innenverhältnis zum Kreistag entgegen der ausdrücklichen Bestimmung in Art. 55 Arm. G nicht gemacht wurde, möchte an sich für den LFV. Kreis gefolgert werden, daß auch die in Art. 55 für das Gebiet des Landarmenverbandes dem ehemaligen Landrat (Art. 15 Landratsges.) späteren Kreistag (Art. 21 SVG.; Art. 1 Kreisnotstandsmaßnahmegesetz v. 28. 3. 24 GVBl. S. 116, aufgehoben durch Art. 9 Gemeindewahlges. v. 6. 11. 24 GVBl. S. 211) vorbehaltenen Befugnisse nunmehr ausschließlich den mehrgenannten Ausschüssen zustehen.

Daraus würde folgen, daß z. B. die Erwerbung und Veräußerung von Grundstücken oder Rechten an einem Grundstück des Kreises, das für Zwecke der öffentlichen Fürsorge in Betracht kommt, auch im Innenverhältnis gegenüber dem Kreistag ohne dessen Zustimmung ausschließlich durch den Kreisfürsorgeausschuß zu erfolgen hätte. Diese Einschränkung der Rechte des Kreistags war wohl nicht gewollt. Vielmehr ist anzunehmen, daß, — wie für den LAR. nach Art. 55 Arm. G. (mit seinen Ergänzungen) vorgeschrieben war — der Kreisfürsorgeausschuß im Innenverhältnis zum Kreistag zu den in diesen Bestimmungen angeführten Rechtshandlungen, insbesondere Anstaltserrichtung, Anleiheaufnahme, Grundstücksgeschäften an die Zustimmung des Kreistags gebunden ist. Voranschlag s. Art. 12 Abs. I S. 2.

9. Die Aufsicht über die Verwaltung der Kreise als Landesfürsorgeverbände führt die Regierung, K. d. J. (Art. 8 Abs. II VAV., Art. 70 Abs. II Arm. G.) vorbehaltlich der für die Kb.- und Kh.-Fürsorge geltenden besonderen Bestimmungen (Art. 10 Anm. 1). Die oberste Aufsicht obliegt den Staatsministerien des Innern und für soziale Fürsorge, je nach ihrem Geschäftsbereich.

L.F.V.-Staat.

Art. 9.

Die Aufgaben des Staates als Landesfürsorgeverband werden vom Ministerium des Innern und vom Ministerium für Soziale Fürsorge nach Maßgabe ihrer Zuständigkeit verwaltet.

1. Vgl. Vorbemerkung zu Art. 8. Die Aufgaben des Staates als Landesfürsorgeverband sind in Art. 7 VAV. (abgedr. oben S. 120) geregelt.

Art. 9 der Verw. VO. knüpft an die derzeitige Zuständigkeitsverteilung der Ministerien an. Von den Fürsorgeaufgaben der RFV. behandeln derzeit:

das Staatsministerium des Innern: Armenfürsorge, Kleinrentnerfürsorge, Fürsorge für hilfsbedürftige Minderjährige,

das Staatsministerium für Soziale Fürsorge: Kb.- und Kh.-Fürsorge, Sozialrentnerfürsorge, Wochenfürsorge, Arbeitsfürsorge für Schwerbeschädigte und Schwererwerbsbeschränkte.

Zu den Wünschen nach Zusammenfassung der obersten Aufsicht über das Fürsorgewesen bei einem Ministerium wird wohl das künftige Ausführungsgesetz Stellung nehmen. Vgl. Beschluß des bayerischen Städtebundes vom 25. 10. 1924, ferner Fleischmann-Jäger S. 18, Rutz Bl. f. öff. Fürsorge 1924 S. 69. Hilble Bayer. Verw.Bl. 1925 S. 129; auch Heller Bayer. Verw.-Bl. 1925 S. 141.

Der bayerische Landtag hat auf Antrag Frühauf (Landtagsdrucksache II Tagung 1924/25 Beil. 602 und 810) unterm 23. 1. 1925 mit Stimmenmehrheit folgendes beschlossen: „Die Staatsregierung ist zu ersuchen, dem Landtag eine Vorlage zu unterbreiten, die die sämtlichen in der RFV. bezeichneten Fürsorgezweige in der Hand einer obersten Landesverwaltungsbehörde zusammenfaßt. Diese oberste Landesverwaltungsbehörde ist das Staatsministerium für Soz. Fürsorge.“

Bei einer Neuregelung wird zu prüfen sein, ob nicht der Ministerialinstanz nur die oberste Aufsicht über das Fürsorgewesen zu übertragen, dagegen die Verwaltung des Landesfürsorgeverbandes — zur Entlastung des Ministeriums von Fürsorgeaufgaben — einer dem Ministerium nachgeordneten Landesstelle zu überweisen wäre, wie seither für das Gebiet der Kb.- und Kh.-Fürsorge der Landeshauptfürsorgestelle; auch zu den Wünschen nach Ausbau des Beirats der Landeshauptfürsorgestelle zu einem Landesfürsorgeausschuß wird bei der künftigen Regelung Stellung zu nehmen sein.

Landeshauptfürsorgestelle. Kreishauptfürsorgestellen.

Art. 10.

Die Landeshauptfürsorgestelle und die Kreishauptfürsorgestellen für Kriegsbeschädigte und Kriegshinterbliebene sowie ihre Beiräte und Schwerbeschädigtenausschüsse bleiben bis zu anderweitiger Regelung bestehen. Bis dahin bemißt sich ihre Zuständigkeit nach den bisherigen Vorschriften.

1. Zur Frage der Aufrechterhaltung der Kriegsfürsorgestellen hat der bayerische Landtag auf Antrag Dr. Held-Funke u. Gen. (Landtagsdrucksache II Tagung 1924/24 Beil. 76 und 810) am 23. Jan. 1925 einstimmig folgendes beschlossen: „Z. 2. Die Bestimmungen über Organisation und Finanzierung der Fürsorge müssen eine gehobene Fürsorge für Kb. und Kh. aufrecht erhalten, insbesondere durch Beibehaltung des Staates als Landesfürsorgeverband und seiner Beteiligung an den Kosten der Fürsorge. Die Landeshauptfürsorgestelle für Kb. und Kh. mit ihren Unterorganen muß bestehen bleiben. Den Beiräten der Fürsorge ist die Mitwirkung auch künftig zu sichern."

Auf Antrag Timm und Fraktion (Landtagsdrucksache III. Tagung, 1925/26 Beil. 1602) hat der Landtag am 3. Februar 1926 u. a. beschlossen: Z. 3. „die Kriegsfürsorge in allen Fällen getrennt von der allgemeinen Fürsorge zu halten".

2. Während die Eingliederung der amtlichen Fürsorgestellen für Kb. und Kh. in die Bezirksverwaltungsbehörden nach Art. 6 vorgeschrieben ist, bleiben die Landeshauptfürsorgestelle und die Kreishauptfürsorgestellen für Kb. und Kh., ihre Beiräte und Schwerbeschädigtenausschüsse weiter bestehen. Bei der Bedeutung der Kb.- und Kh.-Fürsorge und der Wichtigkeit dieser Stellen für die Durchführung der Fürsorge muß die endglütige Entscheidung über die etwaige Vereinigung mit anderen Stellen dem Gesetz vorbehalten bleiben.

Die Rechtslage ist folgende:

a) Die Vertretung des Landesfürsorgeverbands Kreis kommt, soweit es sich um die Aufgaben nach Art. 6 BAG. (Anstaltsfürsorge usw.) handelt, dem Kreisfürsorgeausschuß zu. Der Leiter der Kreishauptfürsorgestelle sowie Vertreter der Kb. und Kh. sind Mitglieder dieses Ausschusses. Falls der Vorsitzende des Kreisfürsorgeausschusses Angelegenheiten, die Kb. und Kh. betreffen, im Büroweg erledigt, ist die Kreishauptfürsorgestelle an der Sachbehandlung mit zu beteiligen. Eine gesetzliche Vertretung des Kreises durch die Kreishauptfürsorgestelle, die — ohne rechtliche Beziehung zum Kreis — eine Staatsbehörde ist, wird schon nach Art. 22 m der Verfassungsurkunde vom 14. 8. 19 kaum in Betracht kommen (s. auch Art. 8 Anm. 2 u. 3).

b) Dagegen verbleiben den Kreishauptfürsorgestellen nach Art. 10 Satz 2 die seitherigen Zuständigkeiten sowohl auf dem Gebiet der Reichsverordnung über die Fürsorgepflicht (vgl. Art. 7 BAV.), als auch auf dem Gebiet des Reichsversorgungsgesetzes und des Schwerbeschädigtengesetzes. Zu den letztgenannten, den Kreishauptfürsorgestellen außerhalb der RFV. obliegenden staatlichen Aufgaben gehören insbesondere auf dem Gebiet des Versorgungswesens: Zusatzrenten (§§ 88 ff. insbesondere 94 RVG. v. 12. 5. 1920 i. d. F. 31. 7. 1925; RGBl. I S. 165), Kapitalabfindung (§§ 72 ff. RVG.), Beamtenschein, ferner die obrigkeitlichen Aufgaben zum Vollzug des Schwerbeschädigtengesetzes. Vgl. Art. 6 Anm. 2 b.

§ 21 RVG. bestimmt, auch in der Fassung vom 31. 7. 25, daß die Hauptfürsorgestelle über den Anspruch eines Kriegsbeschädigten auf berufliche Ausbildung entscheidet. Eine ausdrückliche Regelung der Zuständigkeit auf Grund des § 10 der VO. v. 8. 2. 19 i. d. F. des § 34 RFV. ist hierzu in Bayern nicht ergangen. Vgl. auch Art. 8 Abs. II BAV.

Da die Verw. VO. ausschließlich die gesetzlichen Vertretungsorgane regelt, nicht aber Verfahren, Beschwerde und Aufsicht, so sind für Landes- u. KreisHFSt. infolge Aufrechterhaltung des Art. 8 Abs. II BAV. nach wie vor die Bestimmungen der VO. vom 13. 6. 1919 (GVBl. S. 292) und vom 7. 4. 1920 (GVBl. S. 112) im Zusammenhalt mit der VO. vom 16. 3. 1921 (GVBl. S. 99), insbesondere § 6 aufrechterhalten geblieben; danach bestehen die außerhalb der eigentlichen Staatsaufsicht liegenden fachaufsichtlichen Befugnisse der Kreishauptfürsorgestellen gegenüber den Bezirksfürsorgeverbänden weiterhin fort. Da die Bestimmungen über das Verfahren nicht geändert, die seitherigen Zuständigkeiten ausdrücklich aufrechterhalten sind, ist davon auszugehen, daß auch das instanzielle Entscheidungsrecht der Kreishauptfürsorgestellen und ihres Beirats (§ 9 Abs. III der VO. v. 8. 2. 1919, RGBl. S. 187), das aufsichtliche Entscheidungsrecht bei Beschwerden der Hilfsbedürftigen gegen Entscheidungen, Bewilligung oder Ablehnung von Leistungen der Bezirksfürsorgeverbände auf dem Gebiet der Kb.- und Kh.-Fürsorge aufrechterhalten ist; hiernach ist infolge der Aufrechterhaltung des Art. 8 Abs. 2 BAV. am bisherigen Rechtszustand in dieser Richtung nichts geändert.

Über die Jugendausschüsse vgl. bisherige Richtlinien über die Verwaltung und Verwendung der Sondermittel zu Gunsten der Kriegerwaisen und der Kinder Kriegsbeschädigter v. 6. 4. 21 und die Richtlinien für die Erziehung und Ausbildung von Kriegerwaisen und von Kindern Kriegsbeschädigter v. 4. 4. 21, Bayer. Staatsanz. 1921 Nr. 96, dazu Richtlinien der Landeshauptfürsorgestelle über Berufsfürsorge und Berufsbeihilfe für Kriegerwaisen und Kriegsbeschädigtenkinder v. 6. 4. 1922 Bayer. Staatsanz. 1922 Nr. 87. Vgl. E. L. H. F. St. v. 12. 3. 25 Nr. VI c 18.

c) Für die Schwerbeschädigten-Arbeitsfürsorge (§ 1 Abs. 1 Buchst. d der RFV.) ist die Rechtslage noch nicht völlig geklärt, da in der Verw. VO. nur die Vertreterfrage, nicht aber die auf diesem Gebiet noch klarzustellende Frage der Aufgabenverteilung zwischen Staat und Kreis geregelt ist.

aa) Die sogen. persönlichen Fürsorgedienste (insbesondere berufliche Beratung, Vermittlung der beruflichen Ausbildung, Vermittlung von Arbeitsstellen und nachgehende Fürsorge) werden dem Staat als LFV. obliegen (Art. 7 Buchst. c BAV.); der LFV. Kreis ist als Träger der Schwerbesch. Fürsorge nirgends gesetzlich benannt. Die Verwaltungsaufgaben der Hauptfürsorgestellen nach dem Schwerbeschädigtengesetz bleiben durch die RFV. und die Verw. VO. völlig unberührt.

bb) Für die geldliche Fürsorge (finanzielle Unterstützung, Beihilfengewährung für Zwecke der Arbeitsfürsorge) kommt im Hinblick auf Art. 5 BAV. der BFV. als verpflichteter Fürsorgeverband in Betracht.

Siehe im einzelnen über diese Fragen der Schwerbeschädigtenfürsorge Heß in Bayer. Gem. VZ. 1924 Spalte 867 f.

d) Unberührt bleiben die Schwerbeschädigtenausschüsse im Sinne des Reichsges. über die Beschäftigung Schwerbeschädigter i. d. F. v. 12. 1. 23 § 22 und der Personalabbau VO. vom 27. 10. 23 Art. 21 Ziff. VII und VIII (RGBl. 1923 I S. 57 und 999).

Über die Zweifelsfragen, die sich insbesondere in der Zeit vom 1. 4. 24 bis 31. 12. 24 aus der Bestimmung des Art. 8 Abs. I BAV für die Frage der gesetzlichen Vertretungsorgane der Fürsorgeverbände ergaben, siehe Bayer. Gem. VZ. 1924 Sp. 548 ff., 569 ff., 617 ff., 639 ff., 867 ff.

3. Mit der Aufrechterhaltung der Beiräte sind auch deren Sonderausschüsse, insbesondere der Fachausschuß für Kriegsblindenfürsorge (vergl. über Blindenfürsorge Merkblatt in den Mitt. der LHFSt. 3. Jahrg. Nr. 9) aufrechterhalten worden.

Wählbarkeit zu den Ausschüssen.

Art. 11.

I In die Verwaltung der Fürsorgeverbände und zu Pflegern können nur Personen berufen werden, die zu Gemeindeämtern wählbar sind; sie scheiden aus, wenn sie die Wählbarkeit verlieren. Im Streitfall entscheidet die dem Fürsorgeverband vorgesetzte Staatsaufsichtsbehörde endgültig.

II Mitglieder der Verwaltungsorgane, die auf Grund eines staatlichen oder kirchlichen Amtes berufen sind, können die Mitgliedschaft nicht ablehnen. Im übrigen gelten für die Ablehnung, Niederlegung oder Entlassung die Vorschriften der Gemeindeordnungen. Die Dienstleistung in der Verwaltung der Fürsorgeverbände oder als Pfleger gilt als Amt nach Art. 174 Abs. I Ziff. 3 der rrh. GemO. Die Staatsaufsichtsbehörden entscheiden endgültig.

III Die Mitglieder der Verwaltungsorgane, die nicht auf Grund eines staatlichen oder kirchlichen Amtes berufen sind, und Pfleger werden zur gewissenhaften Erfüllung ihrer Obliegenheiten und insbesondere zur Wahrung der Amtsverschwiegenheit in Pflicht genommen. Für sie gelten die Art. 166, 167, 169 der rrh. GemO. und Art 96 bis 99 der pfälz. GemO. entsprechend. Entscheidungen treffen die Staatsaufsichtsbehörden.

IV Die Mitglieder der Verwaltungsorgane und Pfleger versehen ihre Stelle ehrenamtlich und unentgeltlich. Bei Dienstleistungen außerhalb ihres Wohnortes erhalten sie Entschädigung für Reisekosten und Aufwand vom Fürsorgeverband nach dessen Regelung.

1. In die Verwaltung der Fürsorgeverbände, d. h. als Mitglieder oder stellvertretende Mitglieder der Ausschüsse sowie zu Pflegern (Art. 2 Abs. IV) können nur Personen berufen werden, die zu Gemeindeämtern wählbar sind.

Wählbar zu Gemeindeämtern sind nach Art. 2 des Gemeindewahlgesetzes vom 6. 11. 1924 (GVBl. S. 211) die nach Art. 1 dieses Gesetzes wahlberechtigten Personen, wenn sie das 25. Lebensjahr zurückgelegt haben. Art. 1 des Wahlgesetzes lautet:

„I. Wahlberechtigt sind alle reichsdeutschen Männer und Frauen, die am Tage der Wahl

1. das 20. Lebensjahr vollendet haben,
2. sich seit 12 Monaten, von der Anmeldung in der Gemeinde an gerechnet, in der Gemeinde aufhalten. Das Staatsministerium des Innern kann allgemeine Ausnahmen von dem Erfordernis zu Ziffer 2 zulassen.

II. Vom Wahlrecht ist ausgeschlossen,

1. wer entmündigt ist oder unter vorläufiger Vormundschaft oder wegen geistiger Gebrechen unter Pflegschaft steht,
2. wer rechtskräftig durch Richterspruch die bürgerlichen Ehrenrechte verloren hat.

III. Die Ausübung des Wahlrechts ruht für die Soldaten während der Dauer der Zugehörigkeit zur Wehrmacht.

IV. Behindert in der Ausübung ihres Wahlrechts sind Personen, die wegen Geisteskrankheit oder Geistesschwäche in einer Heil- oder Pflegeanstalt untergebracht sind, ferner Straf- und Untersuchungsgefangene, sowie Personen, die infolge gerichtlicher oder polizeilicher Anordnung in Verwahrung behalten werden. Personen, die sich aus politischen Gründen in Schutzhaft befinden, werden hiervon nicht berührt."

Diese Bestimmung hat namentlich in kleineren, kreisunmittelbaren Städten, den anschließenden Bezirken und in einzelnen Ortsfürsorgeverbänden für die Vertreter der freien Wohlfahrtspflege, der Hilfsbedürftigen, auch der Stellvertreter der Geistlichen, zu Schwierigkeiten geführt, da nur Personen berufen werden können, die innerhalb des Amtsbezirks sich aufhalten (Begriff s. E.VGH. vom 13. 5. 25, Bayer. Gem.VZ., Sp. 570) und mindestens 1 Jahr lang hier wohnen. Aus diesem Grund hat Art. 6 JAG. für beide Fälle eine anderweite Regelung getroffen. Sie wird in das AG. z. RFV. übernommen werden müssen.

2. Über die Berufungsfähigkeit zum Mitglied eines Wohlfahrtsausschusses, Bezirksfürsorgeausschusses, Spruchausschusses, dann zum Pfleger, ferner über Ablehnung, Niederlegung oder Entlas-

fung entscheiden die Staatsaufsichtsbehörden endgültig (Abs. I S. 2, Abs. II S. 3). Die verwaltungsrichterliche Zuständigkeit nach Art. 8 Ziff. 33 VGG. i. d. F. des Art. 94 Arm. G. besteht nicht mehr; Art. 8 Ziff. 33, VGG. ist durch Art. 11 geändert. Die Worte dieses Artikels: „sowie zum Amte eines Mitglieds des Armenrats, eines Armenpflegers, eines Mitglieds des Bezirkspflegeausschusses" sind durch die Bestimmung des Art. 11 Verw. VO. aufgehoben.

3. (**Zu Abs. II, III**) Die Bestimmung ist dem Art. 29 Arm. G. nachgebildet; vgl. daher die Anmerkungen zu Art. 29 bei Pöll, UWG. 2. Aufl. (J. Schweitzer Verlag); über Ablehnung eines Gemeindeamts s. Art. 174 rrh. Gem. O.; Art. 121 pfälz. Gem. O.; über Niederlegung (Austritt) und Entlassung s. Art. 80, 127 rrh. Gem. O.; Art. 58 und 59 pfälz. Gem. O.

Die Mitglieder der Verwaltungsorgane sind ehrenamtliche Gemeindebeamte. Für das Dienststrafrecht gelten die Art. 166, 167, 169 rrh. Gem. O., Art. 96—99 der pfälz. Gemeindeordnung. Auch die Bestimmungen über den Ausschluß als dienststrafrechtliche Maßnahme (Art. 165 rrh. Gem. O.; Art. 95 pfälz. Gem. O.) werden wohl auf die Mitglieder der Verwaltungsorgane und die Pfleger nicht anwendbar sein, da Art. 165 Gem. O. nicht ausdrücklich benannt ist und daher nach dem Grundsatz: nulla poena sine lege (keine Strafe ohne ausdrückliche Gesetzesbestimmung) auch nicht im Wege der Analogie ergänzt werden kann. Anders waren im Art. 30 ArmG. allgemein ohne Aufzählung der einzelnen Artikel die dienststrafrechtlichen Bestimmungen der GemO. für anwendbar erklärt worden. Die Lücke wird im AG. z. RFV. auszufüllen sein.

In Abs. II und III sind nur staatliche und kirchliche Ämter, nicht aber gemeindliche Ämter genannt. Hier liegt wohl ein Versehen vor, das Wort „gemeindliche" ist ergänzend einzusetzen, denn es ist wohl nicht beabsichtigt, die berufsmäßigen Gemeindebeamten anders zu behandeln, als staatliche oder kirchliche Beamte. (S. jetzt auch für Jugendamtsmitglieder Art. 9 Abs. II JAG., das ausdrücklich auch gemeindliche Ämter nennt.)

4. Die Mitgliedschaft im Wohlfahrtsausschuß usw. endet nicht dadurch, daß der Berufene aus dem Verbande oder der Vereinigung ausscheidet, deren Mitgliedschaft für die Berufung maßgebend war. Er bleibt vielmehr so lange Mitglied, als nicht die Voraussetzungen des Art. 11 (Verlust der Wählbarkeit, Amtsniederlegung usw.) zutreffen.

5. (**Zu Abs. IV**) Der Satz 1 entspricht dem Art. 28 Abs. I Arm. G.; der übrige Teil des Art. 28 Arm. G., insbesondere die Bestimmung über die Einvernahme des Armenrates vor Ernennung von Gemeindebeamten für die Armenpflege ist nicht mehr aufgenommen.

Der Satz 2 weicht von der Bestimmung des Art. 28 Abs. III Arm. G. ab. Vgl. für Jugendwohlfahrt Art. 9 JAG.

Vertretung der B.F.V. u. L.F.V.

Art. 12.

I Der Wohlfahrtsausschuß (Art. 1), der Bezirksfürsorgeausschuß, der Kreisfürsorgeausschuß vertreten in den Angelegenheiten der öffentlichen Fürsorge die Stadt, den Bezirk, den Kreis als Bezirks- und Landesfürsorgeverband. Sie verwalten die öffentlich-rechtliche Fürsorge nach den für die Verwaltung der Gemeinden, der Bezirke und Kreise geltenden allgemeinen Bestimmungen und den besonderen reichs- und landesrechtlichen Vorschriften über die öffentliche Fürsorge im Rahmen des vom Stadtrat, vom Bezirkstag, vom Kreistag bewilligten Haushalts. Vor der Verbescheidung des Haushaltsplanes ist dem Fürsorgeausschuß Gelegenheit zur Stellungnahme zu geben.

II Der durch andere Einnahmen der Fürsorgeverbände nicht gedeckte Bedarf ist nach den für den Gemeinde-, Bezirks- und Kreisbedarf geltenden allgemeinen Grundsätzen aufzubringen.

1. S. hierher zunächst Art. 1 Anm. 2, Art. 2 Anm. 3 und 4, insbesondere Art. 3 Anm. 1, Art. 4 Anm. 1; Art. 5 Anm. 1, Art. 8 Anm. 3 und 5.

2. Die Bestimmung ist die Grundlage für die Rechtsstellung der allgemeinen Verwaltungsorgane der BFV. und des LFV.-Kreis als gesetzlicher Vertreter; sie ist den Artikeln 31 und 52 Arm. G. nachgebildet. Bei dieser Nachbildung ist allerdings nicht berücksichtigt, daß nach der Absicht des Art. 3 und 5 für die BFV. noch ein zweiter gesetzlichen Vertreter für einen bestimmt umgrenzten Wirkungskreis, nämlich den der Einzelfürsorge, bestellt ist. Aus der mangelnden Abgrenzung der Zuständigkeit dieser beiden gesetzlichen Vertreter, deren Verhältnis zueinander etwa mit dem Rechtsverhältnis des Bezirkstages und Bezirksausschusses verglichen werden möchte, können sich in der praktischen Handhabe sowohl auf verwaltungsrechtlichem als auch auf bürgerlich rechtlichem Gebiet Schwierigkeiten ergeben, deren Klärung wohl nur durch eine Ergänzung der Fassung der Art. 3, 5 oder 12 dürfte erfolgen können. Vgl. hierüber im einzelnen Art. 3 Anm. 1.

Danach ist insbesondere im Kostenersatzstreit, im verwaltungsgerichtlichen Verfahren und im staatsaufsichtlichen Streitverfahren der Spruchausschuß (nicht der Wohlfahrtsausschuß: Bezirksfürsorgeausschuß) zur Vertretung des BFV. berufen. A. A. die in Art. 3 Anm. 1 benannten E. VGH. v. 30. 6. 25 Nr. 41 III 25 u. v. 13. 7. 25 Nr. 24 III 25.

Für den Ortsfürsorgeverband (Art. 7) und den Landesfürsorgeverband Kreis (Art. 8) besteht diese rechtliche Schwierigkeit mangels Bestehens eines Spruchausschusses nicht.

Art. 12 wird allgemein, jedenfalls dahin einzuschränken sein, daß der Satz 1 durch einen Zusatz auszulegen ist des Inhalts: „der Wohlfahrtsausschuß und der Bezirksfürsorgeausschuß jedoch nur vorbehaltlich der Vertretungsbefugnis des Spruchausschusses für den ihm zugewiesenen Aufgabenbereich (Art. 3 Abs. I Satz 1 und Art. 5 Abs. I Satz 1)“. So jetzt auch Fleischmann-Jäger S. 19 unten.

Die Trennung zwischen den Verwaltungsbefugnissen nach innen (anderen Organen gegenüber) und der gesetzlichen Vertretung nach außen (Dritten gegenüber) ist in der RVO. scharf durchgeführt; s. §§ 327, 342, 346, 675, 685, 1338 Ziff. 5 1342 RVO. Vgl. auch §§ 26 ff. BGB., § 235 HGB.

3. Die Vertretungsbefugnis der Verwaltungsorgane bezieht sich nicht nur auf die öffentlich-rechtlichen Rechtshandlungen (z. B. Antrag auf Kostenersatz oder Übernahme), sondern auch auf die im Vollzug der öffentlichen Fürsorge abzuschließenden bürgerlich-rechtlichen Rechtsgeschäfte (z. B. Darlehen, Bürgschaftsübernahme, Leihverträge).

4. „Fürsorgeausschuß" im Sinne des Abs. I Satz 3 ist der Wohlfahrtsausschuß (Art. 1), der Bezirksfürsorgeausschuß (Art. 4) und der Kreisfürsorgeausschuß (Art. 8).

5. Haushalt, Rechnungswesen.

Die Beschlußfassung über den Haushalt steht auch für den Fürsorgeverband ausschließlich dem Stadtrat, Bezirkstag, Kreistag, also dem allgemeinen Vertretungsorgan des Selbstverwaltungskörpers zu.

Der Wohlfahrtsausschuß, Bezirksfürsorgeausschuß, Kreisfürsorgeausschuß ist bei der Aufstellung des Haushaltplanes zu hören. Diese Bestimmung (Abs. I Satz 3) ist an Stelle der eingehenden Vorschriften des Arm. G. und seiner Vollzugsvorschriften getreten, bisher Arm. G. Art. 38, 43 Ziff. 6, 52 Ziff. 5, Art. 55 Arm. G. in Verbindung mit Art. 21 des Selbstverwaltungs G., ferner ME. vom 14. 5. 1870 und 4. 9. 1915, Pöll 1. Aufl. S. 659 und 662, s. dazu auch MB. vom 28. 12. 16, MABl. 1917 S. 1. Diese sämtlichen Bestimmungen sind durch Art. 12 Verw. VO. überholt.

Die wichtigste Änderung gegenüber dem bisherigen Recht besteht darin, daß nach Art. 38 Arm. G. dem Armenrat die Feststellung des Voranschlags gesetzlich zugewiesen war, während diese nunmehr, dem praktischen Bedürfnis entsprechend, im Interesse der Einheit der gemeindlichen Finanzverwaltung dem Stadtrat (Bezirksausschuß) zukommt.

Ergibt sich aus der Tätigkeit des Spruchausschusses in der Verbescheidung von Einzelfürsorgefällen, daß voraussichtlich der Haushalt überschritten werden muß, so ist die Haushalterhöhung durch Vermittlung des Wohlfahrtsausschusses beim Stadtrat rechtzeitig zu betreiben, denn gesetzliche Pflichtleistungen, die auch von der Aufsichtsbehörde erzwungen werden können (Art. 13 SVG. E. VGH. v. 13. 7. 25 Nr. 24 III 25) müssen auf alle Fälle erfüllt werden.

Über die Mitwirkung des Wohlfahrtsausschusses bei der Aufstellung des Voranschlags vgl. Fleischmann-Jäger § 3 Anm. 6 A Abs. 1.

Auch über das Kassen- und Rechnungswesen waren seither eingehende Bestimmungen erlassen (so für die Armenfürsorge, Arm. G. Art. 36—39, 43 Ziff. 6, 52 Ziff. 6, 55 dieser im Zusammenhalt mit Art. 21 des Selbstverwaltungs G., ME. vom 14. 5. 1870, (Pöll 1. Aufl. S. 671), für die Kb.- und Kh.-Fürsorge ME. vom 30. 3. 21 Staatsanz. Nr. 73).

Art. 12 hat über Kassen- und Rechnungswesen keine besonderen Bestimmungen getroffen. Es gelten daher die allgemein für Gemeinden,

Bezirke, Kreise erlassenen Vorschriften über Kassen- und Rechnungswesen. Soweit nähere Bestimmungen erforderlich sind, werden sie den Gesichtspunkten der Vereinheitlichung der Fürsorge Rechnung tragen müssen. Voranschlagsmäßige Ausscheidungen werden, wie z. B. für die wirtschaftlichen Unternehmungen der Selbstverwaltungskörper, auch für die Fürsorge in einer Beilage zum Kommunalhaushalt durchzuführen sein.

Nach der Inn. ME. v. 3. 4. 1925 Nr. 4110 d 26 betr. Haushalt- und Rechnungswesen der Ortsfürsorgeverbände gelten, da die VAB. und die Verw. VO. des Arm. G. aufrechterhalten, soweit nicht ausdrücklich anders bestimmt ist, auch die bisherigen Bestimmungen über Kassen- und Rechnungswesen der Armenfürsorge sinngemäß weiter.

6. Kreistag. Die Angelegenheiten der Kreise wurden bis auf weiteres (vorübergehend) statt von den Kreistagen von den Kreisausschüssen behandelt, (Gesetz über Notmaßnahmen für die Kreisgemeinden vom 28. 3. 24, GVBl. S. 116); nun wieder von den Kreistagen. Art. 9 Gemeindewahlges. vom 6. 11. 24.

7. Zu Abs. II: Die auf § 2 Abs. IV RFV. sich gründende Bestimmung befaßt sich nicht mit der Verwaltung der Fürsorgeverbände, sondern mit der Deckung des Fürsorgeaufwandes, für sie ist daher in der Verwaltungsverordnung eigentlich kein Raum. Die Bestimmung entspricht dem Art. 35 Abs. II und dem Art. 63 Arm. G. über die Aufbringung des Gemeindebedarfs (s. Art. 39 ff. Gem. O.), des Bezirksbedarfs (Art. 30 Distriktsratsgesetz, Art. 24 ff. Vollz. Ges. z. Fin. Ausgl. Ges., GVBl. 1924, S. 157) und des Kreisbedarfs [Art. 18 Landratsgesetz] Art. 1, 30 ff. Vollz. Ges. z. Fin. Ausgl. Ges.

8. Dem Art. 12 ist Art. 12 JAG. nachgebildet.

Art. 13.

I Der Ortsfürsorgeausschuß vertritt in den Angelegenheiten der Armenfürsorge die Gemeinde als Ortsfürsorgeverband. Er verwaltet die Armenfürsorge nach den für die Verwaltung der gemeindlichen Angelegenheiten geltenden allgemeinen Bestimmungen und den besonderen reichs- und landesrechtlichen Vorschriften über die öffentliche Fürsorge im Rahmen des vom Gemeinderate bewilligten Haushalts. Vor der Verbescheidung des Haushaltsplanes ist dem Ortsfürsorgeausschuß Gelegenheit zur Stellungnahme zu geben.

II Der durch andere Einnahmen nicht gedeckte Bedarf des Ortsfürsorgeverbandes ist nach den für den Gemeindebedarf geltenden allgemeinen Bestimmungen aufzubringen.

1. S. zunächst Art. 7 Anm. 5.

2. Die Bestimmung entspricht für den Ortsfürsorgeverband und Ortsfürsorgeausschuß genau derjenigen des Art. 12 für die übrigen Fürsorgeverbände und Fürsorgeausschüsse. Es gilt daher das zu Art. 12 ausgeführte entsprechend auch hier, mit dem Abmaße, daß

keiten gewesen, daß ohne Wiedereinsetzung in den vorigen Stand durch bloße Genehmigung die Mängel der Vertretung hätten geheilt werden können.

5. Das spätere Gesetz hebt das frühere auf, soweit seine Bestimmungen entgegenstehen. Welche Bestimmungen hiernach durch die Verw. VO. außer Kraft getreten sind, sagt die VO. nicht ausdrücklich. Wegen des Außerkrafttretens des Art. 8 Abs. I VAG. vgl. dort (oben S. 47), wegen Aufhebung einzelner Bestimmungen des Art. 8 Ziff. 33 VGG. vgl. oben Art. 11 Anm. 2.

Von den Bestimmungen des Arm. G. sind jene über die Verwaltung der Fürsorgeverbände aufgehoben, so die Art. 21 bis 33, 37, 40, 44, 45, 49 bis 54. Dagegen sind jene über das Verfahren (vgl. Art. 8 Abs. II VAG.) aufrechterhalten. Die materiellrechtlichen Bestimmungen des Arm. G. sind im wesentlichen bereits durch die Reichsgrundsätze v. 4. 12. 24 (abgedr. oben S. 22) ersetzt. Vgl. Art. 9 Abs. II VAG., auch § 35 Reichsgrunds. Wegen Aufhebung der Bestimmungen über Voranschläge und Rechnungswesen vgl. Art. 12 Anm. 5.

Wegen Art. 55 Arm. G. vgl. oben Art. 8 Anm. 7.

6. Unberührt geblieben sind die Bestimmungen über die Behörden der Erwerbslosenfürsorge, Arbeitsämter, Landesarbeitsamt, s. hierzu § 33 Reichsgrundsätze (oben S. 32 u. 43); VO. über die Erwerbslosenfürsorge i. d. F. vom 16. 2. 24 (RGBl. I S. 127), abgeändert 11. 8. 24 (RGBl. I 681); Bayer. Vollz. Entschl. v. 20. 3. 24 (Staatsanz. Nr. 67); Arbeitsnachweisgesetz vom 22. 7. 22 (RGBl. I S. 657), abgeändert durch RG. vom 30. 10. 23 (RGBl. I 1065: und vom 13. 2. 24 (RGBl. I S. 121); Bayer. Vollz. Bek. vom 4. 9. 22 (Staatsanz. Nr. 205), vom 18. 11. 22 (Staatsanz. Nr. 270), v. 7. 12. 22 Staatsanz. Nr. 290).

Aufrechterhalten sind ferner die Bestimmungen über die Wandererfürsorge, Art. 65 Abs. I Ziff. 4 des Armengesetzes s. VAG. Art. 6 Anm.

Die VerwVO. berührt auch nicht die Einrichtung der Jugendämter. Vgl. Reichsjugendwohlfahrtsgesetz vom 9. 7. 22 (RGBl. I S. 647), abgeändert durch VO. vom 14. 2. 24 (RGBl. I S. 110) und in § 49 durch § 36 Buchst. a der Reichsgrundsätze vom 4. 12. 24 (oben Seite 33). Bayer. JAG. v. 20. 7. 25 GVBl. S. 211, Vollz.Vorschr. v. 21. 12. 26 (GVBl. S. 279).

Sache der künftigen Ausführungsgesetze zur RFV. und zum RJWG. wird es sein, auch hier zwischen den verwandten Aufgabengebieten der Fürsorge nach der RFV. und der Jugendfürsorge nach dem RJWG., namentlich im Behördenaufbau bei den Außenstellen, soweit tunlich, eine Vereinheitlichung anzustreben.

München, 12. Januar 1925.

Dr. Held. Gürtner. Stützel. J. V. Korn
Dr. Krausneck. Oswald. J. V. Lang. Dr. v. Meinel.

3.
Bayer. Vollz.-Bek. v. 24. 10. 1925 zu § 33a RG.

Abgedr. S. 46.

4.
Wortlaut der Bayer. Ausführungsbestimmungen.

a) Vorläufige Ausführungsverordnung zur Reichsverordnung über die Fürsorgepflicht.

(GVBl. 1924 S. 126.)

Gesamtministerium des Freistaates Bayern.

Zur Ausführung der Reichsverordnung über die Fürsorgepflicht vom 13. Februar 1924 — RFV. — (RGBl. S. 100) wird auf Grund des § 31 dieser Verordnung mit Wirkung vom 1. April 1924 an bis zur gesetzlichen Regelung vorläufig folgendes verordnet:

I. Fürsorgeverbände.

Art. 1.

Die Aufgaben der öffentlich-rechtlichen Fürsorge nach der RFV. werden durch den Landesfürsorgeverband, Bezirksfürsorgeverbände und Ortsfürsorgeverbände erfüllt.

Art. 2.

Landesfürsorgeverband im Sinne der RFV. ist für die ihm zugewiesenen Aufgaben der Kreis, im übrigen der Staat.

Art. 3.

I. Bezirksfürsorgeverbände im Sinne der RFV. sind die Bezirke und die kreisunmittelbaren Städte.

II. An Stelle der Bezirke sind für die Armenfürsorge einschl. der Fürsorge für hilfsbedürftige Minderjährige die nicht kreisunmittelbaren Gemeinden Bezirksfürsorgeverbände (Ortsfürsorgeverbände).

Art. 4.

I. Die Bildung eines Gesamtfürsorgeverbandes durch Zusammenschluß mehrerer Bezirksfürsorgeverbände (Art. 3 Abs. I) oder Ortsfürsorgeverbände (Art. 3 Abs. II) bedarf der Genehmigung der Staatsaufsichtsbehörde. Gleiches gilt für die Teilung eines Bezirksfürsorgeverbandes oder Ortsfürsorgeverbandes.

II. Bei dringendem öffentlichem Bedürfnis, insbes. zur Sicherung der Leistungsfähigkeit, kann die Regierung, Kammer des Innern, Bezirksfürsorgeverbände und Ortsfürsorgeverbände auch ohne deren Zustimmung zu einem Gesamtfürsorgeverband vereinigen oder andere Änderungen hinsichtlich der Bezirke der Fürsorgeverbände treffen.

II. Aufgaben der Fürsorgeverbände.

Art. 5.

I. Aufgaben der Bezirksfürsorgeverbände (Art. 3 Abs. I) sind alle in der RFV. den Bezirksfürsorgeverbänden zugewiesenen Aufgaben der Fürsorge, insbes. die Fürsorge in Einzelfällen, soweit sie nicht in dieser Verordnung anderen Verbänden zugewiesen sind.

II. Die nach Art. 3 Abs. II den Ortsfürsorgeverbänden obliegende Armenfürsorge bemißt sich nach den für die Ortsarmenverbände geltenden Bestimmungen des Armengesetzes vom 21. August 1914.

Art. 6.

I. Aufgaben der Kreise sind:

a) die Fürsorge für hilfsbedürftige Geisteskranke, Geistesschwache, Blöde, Epileptische, Blinde, Taubstumme, Krüppelhafte und unheilbare abschreckend oder ansteckend kranke Sieche, soweit sie der Anstaltspflege bedürfen.

b) die Fürsorge für die Erziehung und Ausbildung hilfsbedürftiger, blöder, blinder, taubstummer und krüppelhafter Kinder, soweit sie bildungsfähig sind, und der Unterbringung in Anstalten bedürfen,

c) die Übernahme und Kostenerstattung in den Fällen, in denen der Landesfürsorgeverband nach der RFV. als endgültig pflichtiger Fürsorgeverband einzutreten hat,

d) die dem Lande nach § 12 Abs. II mit IV und § 13 RFV. obliegende Fürsorge,

e) die Gewährung von Zuschüssen an Bezirks- und Ortsfürsorgeverbände, soweit sie mit Fürsorgelasten unverhältnismäßig belastet sind.

II. Die Kreise können mit Genehmigung der zuständigen Staatsministerien noch andere Aufgaben der Fürsorgeverbände übernehmen.

III. Der endgültig verpflichtete Bezirks- oder Ortsfürsorgeverband hat in den Fällen des Abs. I a und b ein Fünftel und in den Fällen des Abs. II mindestens ein Viertel des Fürsorgeaufwandes dem Kreise zu ersetzen.

IV. Der Staat ersetzt vier Fünftel des Fürsorgeaufwandes nach Abs. I d.

Art. 7.

Aufgabe des Staates ist:

a) die Förderung allgemeiner Einrichtungen der Fürsorge,
b) die Beteiligung an der sozialen Kriegsbeschädigten- und Kriegshinterbliebenenfürsorge, insbes. an der Erziehungs-, Berufs- und Gesundheitsfürsorge für Kriegerwaisen und Kinder Schwerkriegsbeschädigter an der Siechenfürsorge und der Fürsorge für sonstige Schwerstbeschädigte,
c) Die Beteiligung an der Arbeitsfürsorge für Schwerbeschädigte und Schwererwerbsbeschränkte im Sinne des § 1 Abs. I d RFV.,
d) die Gewährung von Zuschüssen an Fürsorgeverbände, soweit sie mit Fürsorgelasten unverhältnismäßig belastet sind.

III. Behörden und Verfahren.

Art. 8.

I. Die Durchführung der Fürsorgeaufgaben obliegt den nach den bisherigen Vorschriften zuständigen Stellen. Dies gilt auch für die Armenfürsorge.

II. Für das Verfahren sind die bisherigen Vorschriften vorbehaltlich des § 29 Satz 2 RFV. maßgebend.

IV. Umfang der Fürsorge.

Art. 9.

I. Voraussetzung, Art und Maß der zu gewährenden Fürsorge richtet sich bis zum Erlaß neuer Vorschriften nach den bisherigen Vorschriften über die Fürsorge für Kriegsbeschädigte und Kriegshinterbliebene, Sozialrentner und Kleinrentner sowie über die Wochenfürsorge.

II Der durch andere Einnahmen der Fürsorgeverbände nicht gedeckte Bedarf ist nach den für den Gemeinde-, Bezirks- und Kreisbedarf geltenden allgemeinen Grundsätzen aufzubringen.

Art. 13.

I Der Ortsfürsorgeausschuß vertritt in den Angelegenheiten der Armenfürsorge die Gemeinde als Ortsfürsorgeverband. Er verwaltet die Armenfürsorge nach den für die Verwaltung der gemeindlichen Angelegenheiten geltenden allgemeinen Bestimmungen und den besonderen reichs- und landesrechtlichen Vorschriften über die öffentliche Fürsorge im Rahmen des vom Gemeinderat bewilligten Haushalts. Vor der Verbescheidung des Haushaltsplanes ist dem Ortsfürsorgeausschuß Gelegenheit zur Stellungnahme zu geben.

II Der durch andere Einnahmen nicht gedeckte Bedarf des Ortsfürsorgeverbandes ist nach den für den Gemeindebedarf geltenden allgemeinen Bestimmungen aufzubringen.

Art. 14.

In den Bezirken der Pfalz, zu denen kreisunmittelbare Städte gehören, sind für die in gegenwärtiger Verordnung dem Bezirkstag übertragenen Aufgaben die Bezirkstagsmitglieder, welche in den kreisunmittelbaren Städten ihren Wohnsitz haben, nicht stimmberechtigt; sie können auch nicht in den Bezirksfürsorgeausschuß oder in Ausschüsse des Bezirkes gem. Art. 5 berufen werden.

Art. 15.

Die Verordnung tritt sofort in Kraft.

München, den 12. Januar 1925.

Dr. Held. Gürtner. Stützel. J. V. Korn.
Dr. Krausneck. Oswald. J. V. Lang. Dr. v. Meinel.

Zu II. 4.

Anhang.

Auszug aus dem Gesetz über die Errichtung eines Verwaltungsgerichtshofs und das Verfahren in Verwaltungsrechtssachen vom 8. 8. 1878.

Art. 10.

Der Verwaltungsgerichtshof ist abgesehen von Art. 8 zur Bescheidung von Beschwerden gegen Beschlüsse oder Verfügungen der Kreisregierungen, Kammern des Innern oder der Finanzämter (nun Landesfinanzämter), in den Fällen der Ziff. 5 und 6 der Bezirksverwaltungsbehörden, soweit diese zur Entscheidung berufen sind, in folgenden Angelegenheiten zuständig:

1.* Verfügungen in Gegenständen der Staatsaufsicht über die Bezirke und Kreise, wenn der Bezirk oder Kreis behauptet, die Verfügung verletze sein gesetzliches Selbstverwaltungsrecht oder belaste ihn mit einer gesetzlich nicht begründeten Leistung.

2.** Verfügungen in Gegenständen der Staatsaufsicht über die Gemeinden und Armenverbände, wenn die Gemeinde oder der Armenverband behauptet, die Verfügung verletzt ihr gesetzliches Selbstverwaltungsrecht oder belaste sie mit einer gesetzlich nicht begründeten Leistung.

5.** Pflicht zur öffentlichen Unterstützung Hilfsbedürftiger, wenn die streitenden Armenverbände dem bayerischen Staate angehören, Ersatzansprüche von Personen, die ohne Rechtspflicht und ohne Auftrag eines Armenverbandes Hilfe geleistet haben, Ersatzpflicht des Staates

6.** Ersatzpflicht der Empfänger öffentlicher Armenunterstützung und ihrer Erben.

---

* In der Fassung des Art. 30 SG.

** In der Fassung des Art. 94, 103 Arm.Ges.

Nachträge und Berichtigungen.

Zu Seite 52 Zeile 15 von unten ist einzusetzen:
„letzte Festsetzung der Abgabe zum Ausgleich der Geldentwertung (für Januar mit März 1926) s. Min. E. v. 20. 1. 26, St.Anz. Nr. 15."

Zu Seite 60 ist vor § 6 a. E. der Anmerkungen zu § 5 einzuschalten:
„Verzeichnis der Deutschen Hauptfürsorgestellen s. RVBl. 1925 S. 4 und 104."

Zu Seite 68 vor Anm. c:
„ERG. Straff. v. 21. 1. 26, zur Auslegung der §§ 1 und 5 Schwerbesch.G. (eine nach Entstehungsgeschichte, Sinn und Zweck des Gesetzes bedenkliche Entscheidung."

Zu Seite 71 Zeile 9 von oben ist nach den Worten „im einzelnen" einzusetzen:
„RVBl. 1922 fortlaufende Nr. 662, 696, 727, 800, 837, 857, ferner Richtlinien über die Beurteilung von Vorstrafen bei der Erteilung des Beamtenscheines fortlaufende Nr. 765. RVBl. 1923 fortlaufende Nr. 155 und 257 (Muster für den Beamtenschein)."

Zu Seite 71 Anm. b. a. E. ist a) vor „RAM. Erl. v. 6. 8. 24" einzufügen:
„RAM. Erl. v. 23. 10. 24 (RVBl. S. 155)"
b) nach RAM. E. v. 6. 8. 24 (RVBl. S. 75) einzufügen:
„RAM. Erl. v. 5. 10. 25 (RVBl. S. 94)".

Zu Seite 87, 4. Zeile von unten ist nach den Worten „31. März 1935" einzuschalten:
„40 Millionen Reichsmark für Zwecke der Invalidenversicherung und vom 1. April 1926 bis zum 31. März 1941."

Zu Seite 95 Fußnote, ist beizufügen:
„Verhandlungen im RAM. schweben."

Zu Seite 103 Zeile 12 von oben ist a. E. einzusetzen:
„s. über diese sog. Fürsorgegattungsstreitigkeiten unten S. 132 Anm. c."

Zu Seite 103 ist nach Zeile 12 von oben ein neuer Absatz einzusetzen:
„Ein Ortsfürsorgeverband ist für Personen, die nicht „arm" sind, weder vorläufig noch endgültig verpflichtet, E. BGH. v. 20. 10. 24 u. v. 22. 12. 24 Nr. 33 III. 24."

Zu Seite 103, Anm. 8 ist am Ende beizufügen:
E.B.A.H. v. 18. 1. 26 erachtet, da zweierlei Arten von Bezirksfürsorgeverbänden (O.F.V. neben B.F.V.) unzulässig, auch die Bezirksfürsorgeverbände der Bezirke für unzulässig, eine bedenkliche Entscheidung.

Zu Seite 103, Zeile 18 von oben ist am Schluß beizufügen:
„Riß, Bl. f. öfftl. Fürs. 1926 S. 23 (für Jugendlichen-Fürsorge)."

Zu Seite 103 Zeile 8 von unten ist anzufügen:
„Der BGH. hat in E. v. 28. 12. 25 Nr. 58 III/25 für Sozialrentnerwaisen die Anwendbarkeit des § 16 RFG. verneint und unterstellt sie der „Fürsorge für hilfsbedürftige Minderjährige", die gemäß Art. 3 Abs. II in Bayern bei mittelbaren Gemeinden diesen als Ortsfürsorgeverbänden, nicht den Bezirken, obliegt."

Zu Seite 114 Anm. 15 ist als 2. Absatz einzuschalten:
„Anstaltspflegebedürftigkeit ist nach der ständigen Rechtsprechung des BGH. dann gegeben, wenn ein Zustand vorliegt, der eine nach Umfang und Erfahrung besonders geartete Pflege und Behandlung erfordert, wie sie außerhalb einer Anstalt regelmäßig nicht möglich und nicht üblich ist; dabei kommt es nicht darauf an, ob bei Personen, die keiner so gearteten Pflege bedürfen, geeignete Pflegefamilien gefunden werden können oder nicht. E. BGH. 37 S. 305; E. BGH. v. 30. 11. 25 Nr. 53 III/25."

Zu Seite 130 Anm. 4 a. E. ist einzusetzen:
„s. jetzt E. Reichsversicherungsamt vom 9. 7. 1925 (abgedruckt Volkswohlfahrt. Amtsbl. des Preuß. Min. für Volkswohlfahrt 1926 S. 131): „Träger der Armenfürsorge" im Sinne der §§ 1531 ff. RVO. ist gleichbedeutend mit Bezirks- und Landesfürsorgeverbänden. Diesen steht, ebenfalls wie den früheren Armenverbänden im Rahmen der Bestimmungen der RVO. für jede Art geübter Fürsorge ein Anspruch auf Ersatz aus den Leistungen der Versicherung zu."

Zu Seite 131 Zeile 19 von unten ist nach den Worten „entschieden worden" einzuschalten:
„siehe aber jetzt E. BGH. vom 1. 3. 26 Nr. 80 III/25, die Entscheidung verneint (mangels gesetzlicher Bestimmung) die Zulässigkeit des Verwaltungsstreitverfahrens und die Anwendbarkeit des Art. 10 Ziff. 5 BGG. in einem Fall der Sonderfürsorge (Sozialrentnerfürsorge)."

Zu Seite 135 Zeile 16 von oben ist nach „waren" einzuschalten:
„— bestimmte Vorschriften für das staatsaufsichtliche Verfahren bestehen nicht mehr; die Entscheidung der Regierung kann im Büroweg ergehen; die Regierung braucht bei

Erlassung des staatsaufsichtlichen Bescheids auf Einhaltung der Beschwerdefrist seitens des Hilfsbedürftigen nicht Rücksicht zu nehmen, E. VGH. v. 9. 11. 25 Nr. 52 III/25; Bayer. Gem.VZ. Bd. 34 S. 502; Rösch GemO. 3. Aufl. S. 234."

Zu Seite 135 Zeile 19 von oben ist nach (E. Bd. 46 S. 21) einzuschalten:

„und E. VGH. v. 9. 11. 25 Nr. 52 III/25 betr. Kleinrentnerfürsorge für F.N."

Zu Seite 135 Zeile 17 von unten (Fußnote mitgerechnet) ist einzuf.:

„Die Frage, ob die Aufgaben der öffentlichen Fürsorge den Gemeinden, Bezirken und Kreisen als Fürsorgeverbänden im „eigenen" oder im „übertragenen" Wirkungskreis übertragen sind (für das Jugendwohlfahrtsrecht s. Art. 1 bayer. JugAG.) ist gesetzgeberisch noch nicht geregelt. Sind es Angelegenheiten des übertragenen Wirkungskreises, so unterliegen sie der Aufsicht der Staatsbehörden auch in Fragen des Ermessens und der VGH. kann dann in den Fällen des Art. 10 Ziff. 1 und 2 VGH. nicht wegen Verletzung des Selbstverwaltungsrechts, sondern nur wegen Auferlegung einer gesetzlich nicht begründeten Leistung angerufen werden."

Zu Seite 136 ist nach Abschnitt B ein neuer Abschnitt einzufügen:

„C Verfahren bei sonstigen Streitfällen.

Verfahren bei Ersatzansprüchen des Fürsorgeverbandes gegen den leistungsfähig gewordenen Hilfsbedürftigen oder aus dem Nachlaß des Hilfsbedürftigen gemäß Art. 10, 75 Abs. I, Ziff. 1 und Abs. II Arm.Ges., Art. 10 Ziff. 6 VGH., aufrechterhalten durch Art. 8 Abs. II BAV., E. VGH. v. 21. 12. 25 Nr. 64 III/25, Art. 10 Arm.Ges. nur anwendbar, wenn tatsächlich öffentliche Armenfürsorge geleistet wurde. Nachträgliche Zahlungen für einen Zeitraum, in welchem eine Person tatsächlich ohne Armenhilfe ausgekommen ist, gelten nicht als Armenunterstützung und zwar weder im Verhältnis der Fürsorgeverbände untereinander, noch im Verhältnis zwischen Fürsorgeverband und Unterstützten, E. VGH. v. 21. 12. 25 Nr. 64 III/25."

Zu Seite 147 ist am Schluß der Anm. 7 einzufügen:

„Zulässig auch Übertragung dieser Aufgabe auf einen besonderen Ausschuß nach Art. 3 Abs. III Verw.VO.; der Vorsitzende des Wohlfahrtsausschusses allein ist im Hinblick auf § 3 der M. Bek. v. 13. 2. 20 nicht zuständig. In ME. v. 12. 12. 25 Nr. 4091 a 6."

Zu Seite 152 ist vor Absatz I einzufügen:

Vorbemerkung. Antrag der Vorstandschaft des Bayerischen Städtebundes auf Abänderung des Art. 3 wie folgt:

„Die Satzung des Bezirksfürsorgeverbandes kann bestimmen, daß die Behandlung von sonstigen Einzelgebieten der öffentlichen Fürsorge weiteren Ausschüssen oder dem Spruchausschuß übertragen werden, soweit nicht für die einfach gelagerten Fälle Erledigung durch den Sachbearbeiter vom Wohlfahrtsausschuß beschlossen wird."

Zu Seite 155 Anm. 3 a. E. des ersten Absatzes einzufügen:

„Besser der Ausdruck „Vollzugsausschuß", (Vorschlag des Bayerischen Städtebundes)."

Zu Seite 173 Zeile 11 von oben ist a. E. einzusetzen:

„s. auch §§ 558 a ff. RVO. (Berufsfürsorge für Unfallverletzte), abgedr. S. 91."

Sachregister.

Die Zahlen bedeuten die Seiten.
(§§ und Artikel sowie Absatzziffern, diese in römischen Zahlen, sind in Klammern beigefügt.)

A.

B.

C.

D.

E.

L.

M.

N.

O.

T.

U.

V.

W.

FSC
www.fsc.org
MIX
Papier | Fördert
gute Waldnutzung
FSC® C083411

Kolibri 360 GmbH
Ferdinand-Jühlke-Straße 7
99095 Erfurt, Deutschland
produktsicherheit@kolibri360.de